AS VIDAS DO MESTRE JESUS

GLENN SANDERFUR

AS VIDAS DO MESTRE JESUS

Baseado nas leituras mediúnicas
de Edgar Cayce

Tradução
MARIA SÍLVIA MOURÃO NETO

EDITORA PENSAMENTO
São Paulo

Título do original:
Lives of the Master
The Rest of the Jesus Story

Edição	Ano
1-2-3-4-5-6-7-8-9	99-00-01-02

Direitos de tradução para a língua portuguesa
adquiridos com exclusividade pela
EDITORA PENSAMENTO LTDA.
Rua Dr. Mário Vicente, 374 — 04270-000 — São Paulo, SP
Fone: 272-1399 — Fax: 272-4770
E-mail: pensamento@snet.com.br
http://www.pensamento-cultrix.com.br
que se reserva a propriedade literária desta tradução.

Impresso em nossas oficinas gráficas.

SUMÁRIO

"Há, porém, muitas outras coisas que Jesus fez e que, se fossem escritas uma por uma, creio que o mundo não poderia conter os livros que se escreveriam."

João 21:25

Dedicatória

Este livro é dedicado, com humilde gratidão, ao Mestre dos Mestres: Jesus, o Cristo. Seu amor por nós tornou-se desde o começo uma viagem de redenção cuja magnitude jamais conseguiremos vislumbrar e cujo alcance nunca antes havíamos ousado sonhar. É uma viagem que prosseguirá até que a última ovelha extraviada seja devolvida ao rebanho.

Este livro é a história do Bom Pastor que, desde o início dos tempos, repetidas vezes, mediante sacrifícios e martírios, vem mostrando o caminho ao rebanho errante.

Agradecimentos

Agradeço, nesta oportunidade, ao meu amigo Gary D. Rose, cujo encorajamento, inspiração, pesquisas e conselhos foram importantíssimos, principalmente nos primeiros tempos da redação deste trabalho, quando a história a ser contada parecia tão difícil e inacreditável.

Também quero expressar meu reconhecimento a Nell Clairmonte, que anos atrás começou a escrever a narração cronológica da vida de Jesus, mas de bom grado desistiu da tarefa e participou desta iniciativa.

A estes e a todos os demais cujo amor por Cristo e cujas contribuições foram tão motivadoras e valiosas, posso apenas expressar meus mais sinceros e profundos agradecimentos.

INTRODUÇÃO

A primeira vez em que tomei conhecimento da idéia de que Jesus teria tido outras vidas foi há muitos anos, durante a leitura do trabalho de Jeffrey Furst, *Edgar Cayce's Story of Jesus (A história de Jesus segundo Edgar Cayce)*, baseado nas informações paranormais transmitidas por Edgar Cayce na primeira metade do século XX.

Era uma idéia revolucionária. Minha formação batista era por demais limitada para abarcar a noção de que o "Filho de Deus" houvesse tido múltiplas existências na Terra. Não obstante, quanto mais eu pensava nesse conceito, mais começava a "saber" que era correto. Afinal de contas, minha formação religiosa tampouco englobava a noção de reencarnação, mas eu estava convencido de que tinha tido outras vidas.

Ocorreu-me que seria adequado empreender um estudo sobre as vidas pregressas de Jesus, mencionadas por Cayce, para avaliar que espécie de endosso essa idéia poderia receber de outras fontes que não essa leitura, e também para extrair as possíveis lições que essas vidas estariam oferecendo. Com o passar do tempo, essa idéia foi se tornando mais forte e começou a se transformar em verdadeira obsessão. Conseguiríamos acompanhar a progressão gradativa da espiritualidade dessa alma? Teria ele errado e experimentado os tipos de problemas que todos nós temos? Eu estava convencido de que um estudo como esse seria extremamente útil.

Depois de algum tempo, constatando que ninguém o havia feito, comecei a considerar a possibilidade de fazê-lo eu mesmo. Não alimentava, porém, ilusão alguma acerca de ser esta uma tarefa fácil, assim como da minha qualificação para empreendê-la. Eu achava que teria de ser algum estudioso da Bíblia a realizar tal obra. Por fim, decidi pesquisar o tema e talvez acabar redigindo um artigo sobre os dados que tivesse podido levantar. Na época, eu pensava que não haveria material suficiente para um livro. O projeto se estendeu por oito anos e houve vezes em que pensei que seria impossível concluí-lo. Tendo, porém, experimentado alguns momentos de forte intuição e de experiências quase paranormais, prossegui com a pesquisa e, mais animado, fui em frente com a redação do texto. As informações a respeito das vidas anteriores de Jesus – vindas de fontes freqüentemente desvinculadas entre si e até divergentes – em breve tornaram-se volumosas.

A secretária vitalícia de Edgar Cayce, Gladys Davis (Turner), contou-me pouco antes de falecer, em 1986, que as informações sobre as vidas anteriores de Jesus haviam entusiasmado e interessado o sr. Cayce mais do que qualquer outro tópico discutido em suas revelações paranormais. Era para ela uma satisfação que, finalmente, esse tema estivesse sendo estudado em profundidade.

Este livro é uma obra de amor pontilhada por um inegável senso de dever. Durante sua realização, aprendi muito e desenvolvi uma genuína sensação de proximidade e amor pelo Mestre. Outro resultado foi a conclusão firme de que os textos de Cayce são verdadeiros, pelo menos quanto a Jesus ter tido existências anteriores. O fato de Cayce ter revelado essas informações, antes que algumas das fontes de corroboração discutidas neste livro fossem efetivamente "descobertas" em achados arqueológicos, acrescenta uma nota extra de credibilidade às realizações desse sensitivo.

Acredito que há diversos benefícios a serem derivados da história das vidas do Mestre. Com isso, ele se torna para nós um modelo mais significativo a ser seguido. Trata-se de uma trama cujos fios se estendem até muitas das principais religiões mundiais. As realizações do homem Jesus tornam-se ainda mais significativas quando vistas da perspectiva de suas primeiras vidas, menos perfeitas. Configura-se com este quadro mais amplo a sensação de uma orquestração cósmica, divina, de proporções assombrosas, inspiradoras e reconfortantes para todos nós, mortais. Patenteiam-se a lógica e o significado de coisas que, até então, tinham de ser admitidas exclusivamente como artigos de fé.

Minha intenção é que outras pessoas usufruam de alguns dos benefícios que até aqui foram só meus, em decorrência do estudo das vidas anteriores de Jesus. Essa é a finalidade do livro.

* * *

A menos que esteja expressamente indicado no texto, as referências ou citações da Bíblia serão extraídas da *Revised Standard Version* (e da Bíblia de Jerusalém, Edições Paulinas, SP, no caso desta tradução para o português).

Em nome da simplicidade, nesses capítulos, a menos que as palavras ou o contexto claramente o indiquem, as referências a Edgar Cayce dizem respeito a seus comentários em estado de transe paranormal e às informações neles contidas. As leituras mediúnicas de Edgar Cayce serão identificadas pelo seu número oficial. Os textos originais estão guardados na *A.R.E. Library* e na *Edgar Cayce Foundation*, em Virginia Beach, Virginia.

CAPÍTULO 1

EDGAR CAYCE

O local e a época do seu nascimento certamente não foram acidentais.O ambiente sulista do meio-oeste americano, naquela pequena localidade, ajudou-o a evitar o intenso e sufocante assédio público com que sem dúvida ele se teria deparado numa grande área metropolitana. Eram tempos de comunicação fácil, mas felizmente desprovidos de todas as técnicas atuais de divulgação popular em massa que tantas vezes resultam em fama e publicidade instantâneas. O talento paranormal de Edgar Cayce teve, portanto, a possibilidade de desabrochar, desenvolver-se e gradualmente adaptar-se à atenção do público e ao ceticismo. No entanto, seu talento especial foi bastante bem documentado para evitar a obscuridade e poder ser transmitido às gerações seguintes.

As preleções paranormais de Edgar Cayce constituem o maior volume de informações dessa natureza até hoje reunido e registrado. Abrangem praticamente todos os assuntos imagináveis e, desde o início, tiveram a sua exatidão testada e comprovada nos campos da saúde e da medicina.

Edgar Cayce nasceu perto de Hopkinsville, no lado oeste do Kentucky, a 18 de março de 1877. A família Cayce já era nativa da região havia algumas gerações e era constituída por gente do campo, respeitada, parcimoniosa e trabalhadora.

Os estudos escolares de Edgar detiveram-se na oitava série, mas sua sede de conhecimento motivou-o a ir em busca de um saber maior, ao longo de toda a sua vida. Um dia, quando preparava suas lições em casa, descobriu que, dormindo sobre um livro, conseguia aprender seu conteúdo, palavra por palavra. Essa experiência, e outra em que uma pessoa semelhante a um anjo lhe apareceu, marcaram o início do seu encaminhamento sensitivo. O jovem Edgar pediu ao "anjo" o poder de ajudar a curar os outros, solicitação que, certamente, foi atendida em anos subseqüentes.

O primeiro emprego de Edgar em regime integral foi como comerciante; mas seu talento para a fotografia logo o encaminhou para essa profissão, em que mostrou-se muito bem-sucedido no Kentucky e no Alabama. Nessa época, conheceu Gertrude Evans, uma atraente nativa de Hopkinsville. Permaneceram casados pelo resto da vida e criaram dois filhos, Hugh Lynn e Edgar Evans. Gertrude tornou-se uma valiosa assistente e fonte de apoio para Edgar em sua vida e trabalho paranormal.

Foi quando ainda estava em Hopkinsville, aos 24 anos de idade, que Edgar passou a sofrer de um problema na garganta, tornando-se incapaz de falar. Um artista e hipnotizador itinerante induziu-o ao transe e Edgar – em hipnose – diagnosticou seu próprio problema e deu as instruções necessárias para curá-lo. O tratamento funcionou e ele conseguiu voltar a falar. Logo se descobriu que Edgar, em hipnose, conseguia também diagnosticar os males de outras pessoas e oferecer conselhos para sua cura. Geralmente, os tratamentos não eram convencionais e a medicina oficial os menosprezava, mas eles davam certo, até mesmo em casos tidos como incuráveis.

Cayce foi notícia de âmbito nacional pela primeira vez quando o dr. Wesley H. Ketchum, médico local que vinha trabalhando com ele, apresentou um artigo num congresso de medicina a respeito da estranha capacidade de Edgar. No dia 9 de outubro de 1910, um artigo no *New York Times* sobre a tese de Ketchum também arrastou Cayce numa onda de publicidade e solicitações de cura.

Depois de algum tempo, seu acordo de trabalho com o dr. Ketchum se encerrou e Edgar, agora morando em Selma, Alabama, contratou uma estenógrafa local, Gladys Davis, para registrar suas leituras mediúnicas. Assim deu ela início a uma notável tarefa de registro que somou mais de 14.000 leituras.

Praticamente desde o princípio, estabeleceu-se uma rotina para as sessões. Cayce deitava-se num divã ou cama, de rosto para cima. Assim que se sentia relaxado, um assistente passava-lhe sugestões hipnóticas e ele entrava em transe profundo. Então, o assistente começava a ler um roteiro previamente elaborado para obtenção de orientação espiritual, antes de formular as perguntas para as quais as pessoas queriam respostas. Cayce então dava essas respostas estando nesse "sono" profundo e com uma voz ligeiramente diferente daquela de seu estado habitual de vigília.

Inesperadamente, sua carreira de sensitivo tomou novo rumo. Em Dayton, Ohio, em 1923, ele começou a falar de outros temas além dos transtornos físicos. Começou a dar informações sobre assuntos filosóficos tais como o sentido da vida, a origem da humanidade e o relacionamento desta com Deus. Nessas leituras, a humanidade era descrita como uma criação e expressão de Deus, presente neste mundo material como resultado de uma escolha e do esquecimento de sua origem divina. O retorno a Deus poderia ser realizado por meio de uma série de vidas e experiências de aprendizado. Cayce estava se referindo a uma questão – a reencarnação – que parecia estar além dos limites de sua formação tradicional na igreja protestante.

Desde o começo, Edgar Cayce tomou muito cuidado com as informações paranormais que vinham através dele em estado hipnótico de transe ou sono profundo, prometendo abandonar essa atividade caso qualquer problema ocorresse com alguma pessoa em decorrência disso. Como isso jamais aconteceu, depois de algum tempo ele mesmo passou a aceitar plenamente a validade das informações, incluindo as que eram relativas a vidas passadas. Chegou, inclusive, a seguir um conselho paranormal e mudar com sua família para Virginia Beach, na Virginia, onde passou a trabalhar. Quando ele chegou ali, em 1925, a localidade era uma pequena aldeia de pescadores, e foi lá que ele passou todo o resto da sua vida, tendo consolidado uma organização permanente para dar seguimento ao seu trabalho.

Hoje, em Virginia Beach, a *Association for Research and Enlightenment, Inc.*, com mais de 50.000 membros cadastrados de âmbito mundial, continua o trabalho iniciado por Edgar Cayce. Essa organização é mantida pela *Edgar Cayce Foundation* e pela *Atlantic University*. As leituras de Cayce estão arquivadas em uma singularíssima biblioteca que também inclui mais de 50.000 volumes sobre temas ligados aos assuntos que Cayce abordou. Entre 75 e 100 livros foram até o momento escritos especificamente sobre Edgar Cayce ou sobre seu trabalho, e continuam crescendo as pesquisas relativas aos conceitos revelados em suas sessões.

Em 1942, surgiu a primeira biografia de Edgar Cayce, *There is a River (Há um rio)*, escrita por Thomas Sugrue. Jess Stearn denominou a sua versão de *The Sleeping Prophet (O profeta adormecido)* e publicou-a em 1967. Esse livro marcou um recorde de vendas nos EUA.

O material das sessões de Cayce cobre uma ampla variedade de temas e focos de interesse. Além de material sobre saúde e medicina, suas leituras incluem dados sobre tópicos como civilizações antigas, pré-história, arqueologia, religião, filosofia, psicologia, parapsicologia, meditação, sonhos, mudanças planetárias e profecias sobre o futuro. Em sua biografia, Jess Stearn chamou Edgar Cayce de "um dos mais notáveis paranormais de todos os tempos". O autor e teólogo Richard Drummond coloca Cayce ao lado de gigantes espirituais como São Francisco de Assis, Martinho Luthero, São João da Cruz, Santa Teresa de Ávila, Santo Inácio de Loyola, São Francisco Xavier, Jakob Boehme, George Fox, John Wesley e Rudolph Steiner.[1]

Edgar Cayce ofereceu-nos um material que vem curando as enfermidades e os problemas de saúde de milhares de pessoas. Mas, talvez ainda mais importante que isso, esse material paranormal pode vir a ajudar homens e mulheres a encontrar novos rumos para suas idéias e para o modo de viver a vida. A filosofia de suas leituras acentua a unidade e a unicidade que ligam Deus e a humanidade, ou, melhor dizendo, que entreligam toda a criação de Deus. O serviço prestado a todas as pessoas é apresentado como o ideal que a humanidade deveria adotar e como o passaporte para a viagem de volta ao reino divino – aquele estado de perfeição e unicidade da nossa vontade com a Vontade Divina. Dois temas que resguardam possibilidades infinitas destacam-se dos demais: somos filhos de Deus e a vida de cada alma é contínua e eterna. Perguntaram a Cayce, quando estava em transe, qual a razão de seu talento incomum. A resposta que veio oferece a todos nós uma promessa:

É somente uma dádiva Daquele que falou: "Se observarem minhas leis, eu os amarei, estarei com vocês e dar-lhes-ei a lembrança de todas as coisas desde o início do mundo." **2072-8**

O talento sensitivo cuja precisão pode ser testada e comprovada a respeito de alguns assuntos deve logicamente conter algum grau de exatidão também a respeito daquelas áreas que não podem ser objeto de verificação. Assim, Edgar Cayce, cujo registro médico paranormal era excelente, deveria ser capaz de nos abrir uma janela parapsicológica razoavelmente precisa para examinarmos os eventos passados e a pré-história. Quando, por exemplo, sua fonte sensitiva nos diz que Jesus disse ou fez alguma coisa, esses comentários são merecedores de certo respeito. Quando os detalhes não são incoerentes com a Bíblia e a história, são dignos de uma atenção ainda maior. E, quando encontramos documentos antigos e fatos históricos que concordam com a revelação paranormal, então podemos sentir-nos legitimados em atribuir-lhes um significativo grau de respeitabilidade e autoridade.

Algumas pessoas talvez fiquem desconcertadas com a idéia de se usar informações obtidas através de um sensitivo, especialmente se ele, em estado de transe, nos diz palavras que vêm de uma fonte desconhecida. Existem interdições bíblicas contra determinadas práticas ocultistas ou sensitivas; não obstante, tanto o Antigo como o Novo Testamentos seriam vazios e desprovidos de sentido sem as experiências paranormais de seus personagens. A mensagem espiritual da Bíblia está inscrita nas palavras dos profetas e nos atos paranormais dos santos. Um questionamento cuidadoso e uma avaliação criteriosa do material e dos acontecimentos paranormais, portanto, são providências apropriadas a serem encorajadas.

Depois de examinar o conselho quase contraditório da Bíblia a respeito do uso dos fenômenos paranormais e dos pronunciamentos proféticos, parece que se desenha uma regra ou diretriz significativa: em primeiro lugar, a informação paranormal deve ser precisa e passar pelo teste da veracidade imposto pelo tempo; depois, deve ser de uma natureza tal que oriente, sem desvios, a pessoa até Deus e, de uma perspectiva cristã, a Cristo.[2] Se esses critérios se verificam, então, nas palavras de Paulo, os talentos da profecia, do falar em várias línguas e outros congêneres são, efetivamente, dons do Espírito. A instrução de Jesus para distinguir o verdadeiro profeta do falso milagreiro ensina a ver os frutos dos atos da pessoa, os resultados obtidos com seu trabalho.

Para este autor, as informações paranormais de Edgar Cayce satisfazem claramente os testes de validação acima citados. Cada qual, porém, é convidado a examinar os próximos capítulos e a fazer seu próprio juízo a respeito da veracidade e do valor da história sensitiva de Cayce sobre as vidas do Mestre.

* * *

Hoje em dia pode-se fazer, melhor do que há alguns anos, uma análise de algumas informações religiosas e filosóficas não-convencionais dadas por Edgar Cayce – especialmente aquelas relativas ao tópico que este livro aborda. Recentes descobertas arqueológicas e a disponibilidade de documentos existentes nesses achados permitem-nos examinar um material que data dos primórdios do Cristianismo, e de outras épocas históricas, pesquisando em textos que permaneceram imunes a filtragens editoriais e mudanças no decorrer de todos esses anos. O material, em muitos desses antigos documentos, é importantíssimo e altamente compatível com as informações dadas pela fonte de Edgar Cayce que compõem o conteúdo deste livro.

Edgar Cayce morreu em janeiro de 1945, e todas as suas leituras mediúnicas são anteriores a essa data. No final da década de 1940 e início da de 1950, vários documentos significativos, a maioria dos quais desaparecidos há séculos, foram descobertos em Qumram, perto do Mar Morto, na Palestina (hoje Israel), e no Egito, em Nag Hammadi.

A opinião geral é a de que esses rolos de pergaminho e outros documentos encontrados em Qumram foram escritos entre 250 a.C e 68 d.C., preservados e depois escondidos pelos essênios, um grupo religioso monástico. Essa é uma seita freqüentemente mencionada nos textos de Cayce, e sua existência histórica e crenças gerais foram documentadas pelos historiadores judeus Fílon e Josephus, e por Plínio. Cayce disse que o significado do termo "essênio" é expectativa. (254-109) Certamente, a história e os documentos essênios indicam que eles estavam esperando e preparando-se para a vinda de uma figura messiânica.

Alguns dos trabalhos descobertos em Qumram eram até então desconhecidos dos modernos estudiosos, ou só conhecidos em referências de outros textos. A interpretação e a análise dos documentos têm sido lentas, e alguns críticos têm inclusive acusado os eruditos cristãos de ocultar os dados por medo de que a autoria original dos ensinamentos e palavras de Jesus possa ser colocada em risco. A maioria desses documentos, porém, está hoje publicamente disponível e não impugna a mensagem de Jesus. O efeito dos mesmos sobre a nossa compreensão dos conceitos cristãos messiânicos originais, todavia, foi muito profundo.

> Eles (os conceitos messiânicos) estavam sendo moldados por escritos e ensinamentos que em grande parte vinham dos essênios e, em ampla medida, eram tidos como inspirados. Até ter-se tornado possível, recentemente, tomar-se plena consciência desse fato e ter-se acesso a uma parcela significativa dos documentos em pauta, a verdadeira história dos primórdios do Cristianismo não podia ser determinada. Nossas perspectivas eram incorretas e, quase que inevitavelmente, também o eram as nossas conclusões. Este fato ainda não foi compreendido pela grande maioria dos cristãos.[3]

Os primeiros livros da biblioteca egípcia de Nag Hammadi foram descobertos em dezembro de 1945, mas sua publicação tem sido bastante retardada em virtude da existência de numerosos obstáculos políticos e acadêmicos. Sua plena interpretação – seus efeitos – só está começando agora.

A biblioteca de Nag Hammadi é, basicamente, uma coleção de textos gnósticos dos primórdios do Cristianismo. O gnosticismo era uma força poderosa entre os primeiros cristãos, os quais alegavam "conhecer" o significado oculto verdadeiro dos ensinamentos de Jesus. Durante dois ou três séculos, esse grupo existiu lado a lado com os grupos cristãos mais conservadores e tradicionais. Com a conversão do Império Romano ao Cristianismo convencional, contudo, a chance de o Cristianismo gnóstico sobreviver tornou-se remota, especialmente diante dos subseqüentes esforços de padronização do Cristianismo, que declararam heréticas as suas variantes. Não obstante, alguns estudiosos, atualmente, supõem que no material gnóstico podem ser encontrados a doutrina e os ensinamentos que mais de perto se conformam aos de Jesus e seus apóstolos[4].

Os essênios podem ter sido os precursores dos gnósticos, embora haja uma substancial diferença em muitos de seus ensinamentos e crenças. Os documentos de Qumram certamente revelam tendências que confluíram para o gnosticismo[5]. A história do gnosticismo, tal como se pode derivar dos livros de Nag Hammadi, começa onde termina a história dos manuscritos essênios do Mar Morto. Em geral, os documentos do Mar Morto ou de Qumram referem-se aos acontecimentos do Antigo Testamento, ao passo que os textos de Nag Hammadi referem-se ao Cristianismo dos primórdios e ao Novo Testamento.

Como vimos, as duas maiores e mais importantes descobertas de documentos antigos ocorreram no Mar Morto e em Nag Hammadi; existem, porém, outros textos, que se pensavam perdidos ou mesmo inexistentes, mas que vieram à luz no século passado, aproximadamente, e serão usados como fontes de referência.

O fato de um documento ser antigo e não ter estado disponível durante séculos não o priva de autenticidade. Por outro lado, existem fios filosóficos comuns que percorrem muitos deles e que se relacionam com o tema deste livro. Eles merecem portanto um exame criterioso e uma detida atenção, e serão citados freqüentemente ao longo dos próximos capítulos.

CAPÍTULO 2

A HISTÓRIA DO MESTRE (SEGUNDO AS LEITURAS DE EDGAR CAYCE)

Então disse Jesus: "Vê, Pai, ela caminha pela terra perseguida pelo mal. Longe do teu Espírito, ela está se perdendo. Está tentando fugir ao amargo Caos, e não sabe como escapar-lhe. Envia-me, pois, ó Pai, e eu, portador do selo, descerei e percorrerei todas as eras e revelarei todos os mistérios. Manifestarei as formas dos deuses e ensinarei os segredos do caminho sagrado..."

(Salmo dos primeiros cristãos naassênicos)

Recapitulação das vidas do Mestre, em forma narrativa:

Há muitas eras, antes de existir o tempo, Deus existia. Num gesto de amor, Deus criou seres para Lhe servirem de companhia e serem com Ele co-criadores. Desse modo, passaram a existir as almas de cada um de nós.

A primeira alma criada, aquela que agora chamamos de nosso Irmão Mais Velho, era muito especial para Deus e ajudou-O com o resto da criação.

Era uma época perfeita, em que as almas recém-formadas desfrutavam de tudo o que Deus criara. Também existiam anjos e arcanjos, e todas as espécies de animais, plantas e minerais espalhavam-se por muitos planetas e mundos. Uma parte de Deus foi dada a cada alma e a totalidade da vida tornou-se, dessa maneira, um reflexo de Deus.

Deus, todavia, concedeu às almas uma capacidade singular – a do livre-arbítrio. Elas poderiam fazer o que quisessem, até mesmo as coisas que Deus não desejava e que corromperiam o plano da criação. Esse dom, que Deus não iria retirar nem controlar, mostra o imenso amor que nosso Criador teve por nós. Afinal de contas, Deus é amor. É um amor que não conseguimos compreender – assim como não podemos compreender Deus.

Embora os anjos não tivessem tanta liberdade de expressão quanto as almas, alguns deles desafiaram Deus e houve uma luta no céu. O líder dos anjos rebelados era Lúcifer, ou Satã, que finalmente foi expulso do céu. Essa guerra afetou a totalidade da criação, incluindo a Terra e as almas que hoje vivem nela. O conflito será longo e difícil; porém, Deus e os anjos leais triunfarão no fim.

Com o passar das eras, muitas almas começaram a fazer experimentos com a criação de Deus e a criar coisas que não faziam parte do plano. Com isso, aos poucos elas foram perdendo a proximidade com Deus e esquecendo-se da sua divindade, da centelha divina em cada uma delas. Só vagamente é que conseguiam recordar-se do Criador e lembrar-se do propósito para o qual haviam sido criadas. Era uma situação lamentável que piorava cada vez mais, e não parecia haver solução alguma em vista. Deus podia destruir as almas perdidas, mas não podia controlá-las nem coibir os erros que estavam cometendo.

Quando a Terra e o plano material foram criados, as almas podiam entrar neles por um simples ato de vontade. Da mesma maneira, podiam sair do corpo e regressar aos reinos espirituais. Com o passar do tempo, no entanto, tornou-se cada vez mais difícil deixar o mundo material desse modo. Finalmente, chegou o momento em que essas almas não podiam mais sair voluntariamente do corpo em que haviam entrado, por mais que se esforçassem. Elas tinham que esperar até morrer. Mesmo então, as almas não podiam regressar aos céus espirituais, e só podiam retornar ao mundo material nascendo em novos corpos. Era um círculo interminável e sem esperanças. Não havia meios de escapar nem de voltar ao Pai celestial.

Finalmente, Deus confessou ao nosso Irmão Mais Velho sua profunda aflição por ter criado as almas e ter-lhes dado o livre-arbítrio. Aquelas que tinham usado inadequadamente seu poder de decisão teriam de ser destruídas.

Mas o Irmão Mais Velho não conseguia aceitar a destruição de seus irmãos perdidos. Reuniu à sua volta algumas outras almas que ainda não estavam presas à matéria e discutiu maneiras de ajudar as que se haviam extraviado. O Irmão Mais Velho concordou em conversar com Deus a respeito dessa situação.

Ao se aproximar de Deus, caiu aos pés Dele e suplicou: "Pai Todo-Poderoso, tu criaste as almas com toda a Tua sabedoria e amor. Elas tinham sido destinadas a servir-te de companhia e ajudar na criação de outros mundos ainda por vir. Mas se extraviaram. Eu te suplico que não as destruas. Envia-me, para que eu lhes mostre o caminho de volta para recuperar a Tua graça e encontrar novamente o seu verdadeiro lar. Envia-me junto com estas outras almas que não Te esqueceram. Servirei de líder para elas, e juntos salvaremos as almas perdidas e mostrar-lhes-emos o caminho de volta para casa."

Deus ficou comovido com essa generosa demonstração de amor. Essas almas não haviam perdido sua condição celestial, e no entanto estavam se dispondo a arriscar essa dádiva para ajudar as que estavam perdidas. Queriam que seus irmãos desorientados também partilhassem da mesma herança.

Deus não poderia dizer-lhes "não". Ele abençoou o Irmão Mais Velho e as almas fiéis e incentivou-os a dar início à sua missão de misericórdia. No entanto, advertiu-os de que seria uma tarefa árdua e o desfecho, incerto.

Nessa época do desenvolvimento da Terra, a maior massa de terra e as ilhas que a circundavam eram chamadas de Atlântida. Era uma terra maravilhosa, mas as almas haviam se envolvido com o desenvolvimento e a criação de plantas e animais daquela área, deixando de ser fiéis ao desejo de Deus para a criação. Tinham desenvolvido pragas, ervas indesejáveis e animais ferozes que caçavam tudo, incluindo as almas-corpos. Ainda pior, essas almas tinham criado formas corporais que eram misturas de vários tipos de vida. Alguns corpos continham partes de animais, tais como cascos, pêlos, escamas e chifres. Outros tinham até características botânicas, como folhas e verdadeiros troncos. Nossa memória preservou essas monstruosidades nas lendas de sereias, sátiros, unicórnios e outras estranhas formas biológicas.

O Irmão Mais Velho, e outros filhos de Deus que se mantinham intactos, chegaram a Atlântida e se acercaram das almas perdidas nessas estranhas formas corporais. Não entraram em nenhuma delas, contudo, porque eram formas poluídas da criação. Vieram em forma espiritual, mas mesmo assim eram capazes de se comunicar com as almas perdidas. O Irmão Mais Velho era o líder e, nessa ocasião, era chamado de Amilius.

Conversaram com as almas perdidas e lembraram-nas de sua origem divina. Em vão, Amilius e seus amigos tentaram reavivar em todas as almas a memória dos primórdios e do estado celestial de todas elas. Aprisionadas nos corpos e na matéria, essas almas apenas riram dos filhos de Deus e continuaram em frente com sua vontade egoísta e com o uso indevido da materialidade. O mundo sensual era o máximo que elas conseguiam enxergar ou de que podiam se lembrar.

Até mesmo Amilius e os filhos de Deus quase se perderam no meio desse mundo material. Relutantes, decidiram desistir de sua missão e voltar para Deus, enquanto ainda podiam fazê-lo. Entristecidos, deixaram seus irmãos perdidos e aprisionados, e voltaram para os céus. Ao se encontrarem novamente diante do Pai, pediram o Seu perdão por haverem fracassado, mas suplicaram que Ele tivesse paciência e tolerância para com as almas perdidas.

O Irmão Mais Velho voltou mais uma vez diante de Deus, na qualidade de porta-voz das almas intactas, para Lhe pedir outra oportunidade para ajudar os irmãos perdidos. Embora ainda amasse todas as almas que tinham sido criadas, Deus estava mais desanimado que nunca a respeito das almas perdidas e quanto às chances de um dia voltarem para Ele.

Deus disse ao Irmão Mais Velho: "Não posso ajudar as almas perdidas enquanto elas não perceberem quão medonho é o seu sofrimento e não pedirem a Minha ajuda. Embora eu lhes fale, elas não me podem ouvir. Até que alguém viva uma vida perfeita de amor e lhes mostre o caminho, não haverá esperança. Só então as barreiras entre nós serão removidas. Mas, por enquanto, eles se esqueceram de quem são e mostram-se incapazes de um amor desinteressado e de um retorno à divindade."

O Irmão Mais Velho respondeu: "Tudo o que disseste, ó Pai, é verdade. Eles não conhecem o caminho e não ouvirão. Se não podem ouvir-te, deixa-me então ir novamente e falar com eles. Deixa-me viver a vida perfeita e ser um exemplo de amor. Então eles se recordarão de quem são e voltarão para ti."

Mas Deus replicou: "Falaste bem, filho primogênito, e eu te amo ainda mais pela tua coragem e misericórdia, mas isso não é suficiente. As almas perdidas não conseguem mais compreender os seres espirituais. Só conseguem reconhecer um exemplo naquele que for como elas; não darão ouvidos a ninguém, exceto a uma delas. Infelizmente, agora as formas corporais estão tão corrompidas que a alma não será capaz de retornar à espiritualidade depois de entrar no corpo material. Não te deixarei fazer isso; não correrei o risco de perder-te."

O Irmão Mais Velho e as almas leais ponderaram sobre a verdade das palavras de Deus. A perda de seus irmãos desorientados parecia inevitável.

Mas, então, o Irmão Mais Velho apresentou uma sugestão: "Vamos pedir a Deus que crie uma nova forma corporal para as almas habitarem na Terra. Usaremos esses novos corpos e com eles mostraremos aos nossos irmãos o caminho de volta para Deus. Eu servirei de modelo para o novo corpo da Terra. Entrarei no primeiro deles, e vocês podem seguir-me em corpos semelhantes. Viveremos vidas de amor e mostraremos aos nossos irmãos o caminho até Deus."

Quando o Irmão Mais Velho apresentou este plano a Deus, não houve uma resposta imediata. Finalmente, depois de muito deliberar, Deus falou: "Não quero que nenhuma alma pereça." Por conseguinte, foi acordado um plano que iria desenvolver-se da seguinte maneira:

1. Cada alma teria de enfrentar seus erros ou pecados várias vezes seguidas, até aprender a enfrentá-los corretamente no amor, e não no egoísmo. Nenhuma alma, no entanto, receberia mais do que poderia suportar a cada vez.

2. Cada alma teria várias oportunidades, através de várias vidas terrestres, para superar o mundo da materialidade e do egoísmo. Somente se a alma continuasse repetidamente afundada no egoísmo, fugindo da luz do amor, é que perderia a oportunidade de salvação e seria lançada nas trevas exteriores.

3. Para ajudar as almas a se separar de Deus, Lúcifer, ou o demônio, teria permissão para tentá-las e conduzi-las a extremos de depravação. Somente então cada alma estaria em condições de reconhecer o seu absoluto descaminho e começar a buscar a volta ao Pai. Mergulhada em desilusões e sofrimentos, através do tempo, do espaço e da paciência, a alma chegaria à constatação de que sua verdadeira vontade é a vontade de Deus e que a felicidade e o céu estão justamente na prática dessa vontade.

4. Dando-se conta da dificuldade da situação, Deus propôs que cada pecado da alma fosse perdoado e suas conseqüências atenuadas sempre que a alma perdoasse o mesmo pecado nos outros.

5. As linhas truncadas de comunicação entre Deus e as almas perdidas poderiam ser desbloqueadas se uma delas se dispusesse a viver uma vida perfeita de amor, na materialidade.

6. Embora existissem outros planos e locais para o desenvolvimento da alma, a tarefa de vencer o egoísmo ou a desobediência à vontade de Deus seria completada na Terra, se lá tivesse tido início.

7. Quando a alma tivesse substituído o egoísmo por um amor genuíno pelos outros, manifestando-se tanto por pensamentos quanto por atos, ela então, finalmente, poderia deixar o plano terrestre e dirigir-se para outros reinos em sua viagem de volta ao Pai.

Deus refletiu sobre esse plano e viu que era bom. Quando as almas atingissem os extremos de degradação e separação de Deus, poderiam então tornar-se inclinadas a ir em busca de algo melhor. Nesse ponto, existiria a possibilidade de ser-lhes reavivada a memória da herança perdida. Se isso acontecesse, o plano previa uma via de saída para as almas perdidas e um meio de voltar a Deus. E se apenas uma, dentre todas as almas que lembravam, conseguisse mostrar o caminho para as outras, então as chances de retorno seriam largamente aumentadas.

Deus também reconheceu que, como decorrência dessa prolongada viagem pela matéria e pelo erro, cada alma, se conseguisse voltar, seria mais amadurecida e mais totalmente comprometida com o plano divino do Pai. Cada uma estaria mais plenamente consciente, tanto de sua unicidade com Deus como de sua própria individualidade. O caráter de cada alma seria enriquecido por suas experiências específicas e ímpares, e passaria a ter uma maturidade que lhe permitiria cumprir melhor seu papel dentro do plano original, de Deus, de criatividade e companheirismo.

As almas intactas ficaram muito entusiasmadas com o plano e comprometeram-se em conjunto a fazê-lo ter sucesso. O Irmão Mais Velho seria seu líder nessa missão rumo à materialidade. Daí em diante, elas o chamaram amorosamente de "Mestre". Em sua próxima vinda à Terra, no entanto, ele seria conhecido como Adão.

A Terra nunca conhecera tanta beleza como a que rodeou as almas intactas quando elas se aproximaram e prepararam a entrada de Adão nesse plano. As estrelas da manhã cantavam em uníssono com a música das esferas. E os anjos de Deus clamavam de alegria, prometendo ajudar o Mestre e todas as almas que buscavam implantar a vontade do Pai.

O novo corpo de Adão tinha sido preparado por Deus a partir do pó da terra. Estava pronto para receber o espírito da alma que Deus criara primeiro; esta seria também a primeira alma que Deus iria depositar na Terra. Para fins de companhia e ajuda, Deus dividiu a alma; uma parte entrou no corpo masculino de Adão e a outra, no corpo feminino de Eva. Juntos, atuariam como almas gêmeas em sua experiência na Terra.

Então, tudo por aqui estava sob o controle de Adão e Eva e existia para servi-los. Nunca tinha havido um lugar de tanta beleza quanto seu lar, o Jardim do Éden. Até os anjos no céu invejavam Adão e Eva e o paraíso do Éden.

Esse encanto, porém, não iria perdurar.

O anjo caído, Lúcifer, ideou estragar o plano de salvação das almas perdidas. Decidiu aproximar-se de Eva, disfarçado de serpente, que naquela época era um lindo animal. A serpente disse a Eva que o plano de Deus era muito lento; havia um meio mais rápido de ajudar as almas perdidas. Se ela e Adão comessem o fruto da árvore do conhecimento, seriam iguais a Deus e rapidamente ficariam conhecendo o caminho para ajudar as almas perdidas. Deus não tinha sido justo com eles, tornando tão árdua a sua missão; na realidade, existia uma maneira mais fácil de levá-la a cabo.

Eva confiou na serpente; afinal de contas, era o mais sábio dos animais. Certamente nenhum mal poderia advir de comer apenas um fruto daquela árvore, e talvez acabassem mesmo tornando-se como Deus.

Eva correu até Adão e contou-lhe as incríveis novidades, dizendo-lhe: "Adão, Deus não nos disse tudo. Poderemos ser deuses também se comermos da árvore do conhecimento."

Adão lembrou-se de que Deus lhes havia dito que não comessem daquela árvore, e falou para Eva que eles deveriam obedecer. Também lembrou-a da importante missão que tinham em mãos, de mostrar às almas perdidas o caminho de volta a Deus.

"Mas por isso é que devemos comer o fruto", ela disse. "Quando formos como Deus, poderemos rapidamente salvar as almas perdidas. Não há motivo pelo qual devamos tornar a tarefa mais difícil, esperando que o plano de Deus se desenrole." Ela estava muito animada diante desta recém-oferecida oportunidade.

Finalmente, Adão concordou com a argumentação de Eva e, juntos, comeram do fruto proibido.

Deus logo apareceu, mas Adão e Eva fugiram, sentindo-se culpados e envergonhados. Porém, não podiam esconder-se de Deus e foram confrontados com seu pecado.

Adão culpou Eva pelo erro, e Eva queixou-se de ter sido ludibriada pela serpente. Como punição, Deus disse que ambos teriam de sofrer da mesma morte que a das almas perdidas e que seriam banidos do Jardim. Pelo resto da vida, teriam de labutar e trabalhar a terra, para dela obter seu alimento e prover as necessidades de suas vidas. Eva teria de sofrer para trazer novas almas-corpos para o plano da Terra, e a serpente, daí em diante, permaneceria para sempre rastejando no nível do chão, onde seria ferida e pisoteada pelos pés dos homens.

Ao saírem do Jardim do Éden, eles suplicaram pela misericórdia de Deus e por uma segunda oportunidade. Mas a justiça divina é certa e infalível, e o erro deles não podia ser desfeito. Deus, porém, prometeu a Adão que um dia ele seria capaz de superar seu pecado e que ainda viria a ser o salvador das almas perdidas.

Quando essa promessa foi feita a Adão, Deus advertiu-o de que a caminhada seria longa. Somente com paciência é que Adão recuperaria a glória perdida de sua alma. Ele teria de vir para a Terra muitas vezes até corrigir seus erros e, no decorrer desse processo, mostrar o caminho de volta para todas as outras almas. Ele erraria pela Terra por eras sem fim, até redescobrir e revelar os mistérios e segredos do caminho sagrado.

Como as outras almas intactas seguiram Adão até a materialidade, elas também erraram e se envolveram na longa fieira de vidas terrestres. Elas precisavam confiar no Mestre para que ele lhes mostrasse o caminho para sair do caos, mas teriam de ser para ele uma fonte de conforto e apoio durante sua viagem redentora. Agora, todas as almas que entrassem na Terra passariam a estar aprisionadas.

Depois de banidos do Jardim do Éden, Adão e Eva aprenderam a trabalhar a terra e a viver dos seus frutos. Tiveram filhos, mas mesmo então sofreram decepções. Um deles, Caim, foi influenciado por Lúcifer e matou seu irmão Abel. Caim então casou-se com uma das almas que os filhos de Deus tinham vindo salvar e perdeu-se irremediavelmente nos caminhos do egoísmo e da materialidade.

Um terceiro filho, Set, manteve a elevada espiritualidade de Adão e Eva e recebeu destes os segredos que Deus havia confiado a seu pai. Através da descendência de Set, o Mestre voltaria muitas vezes para dar continuidade ao esforço de viver uma vida perfeita de amor.

E o Mestre voltou. Voltou como Henoc, que, de acordo com a Bíblia, era um homem muito religioso, respeitado por todos os amigos e uma fonte de inspiração para eles. Depois de algum tempo, Deus decidiu que chamaria Henoc de volta para o céu para lhe revelar todos os mistérios do universo. Henoc já havia tomado conhecimento destes antes, quando estivera com Deus no princípio, mas se havia esquecido. Então Henoc foi levado de volta ao céu, e Deus revelou-lhe todos os segredos e maravilhas da criação. Deus também colocou Seu selo em Henoc para designá-lo como aquele que triunfaria sobre o mal e seria o juiz final das almas.

Então Henoc regressou à Terra e contou à família e aos amigos as coisas que tinha aprendido com Deus. Muitas almas ouviram suas palavras e sentiram-se inspiradas o suficiente para levar vidas regidas pela espiritualidade, buscando voltar ao Criador. A fama de Henoc era grande, e várias nações sabiam dele e de suas notáveis revelações. Os egípcios chamavam-no Hermes. Deus estava tão satisfeito com Henoc e com o que ele realizara que concedeu-lhe a dádiva de evitar a morte, sendo levado diretamente ao céu ao final da vida na Terra.

Depois da partida de Henoc, no entanto, as pessoas se esqueceram do que ele havia dito e deixaram de trilhar o caminho do amor e da caridade. Até mesmo os mistérios que ele havia revelado se perderam ou passaram a ser considerados como meros mitos.

Deus e o Mestre decidiram então tentar novamente. Em virtude da vida correta que Henoc tinha vivido, Deus disse ao Mestre que ele não teria de sofrer nem o nascimento físico nem a morte em sua próxima ida à Terra. Ele poderia entrar e sair da mesma forma como as almas originais tinham feito.

Dessa feita, o Mestre tornou-se conhecido como Melquisedec. Era ao mesmo tempo sacerdote de Deus e rei da cidade de Jerusalém. Conheceu Abraão e incentivou-o em seu desenvolvimento espiritual. A influência de Melquisedec era muito forte e fazia com que muitas almas se lembrassem de sua natureza superior e do retorno a Deus. Por muitos anos ainda por vir, as pessoas iriam lembrar-se da vida de Melquisedec e reconhecer nesse personagem um padrão de retidão e referência para o viver digno e a perfeição do amor. Quando Deus, mais tarde, falou com seu povo escolhido, os hebreus, e prometeu-lhes que um dia ser-lhes-ia enviado um messias, alguns chegaram a pensar que seria alguém como Melquisedec.

Todavia, depois que Melquisedec foi levado para o céu ao fim de sua existência terrestre, as pessoas novamente se esqueceram de Deus e voltaram a agir de maneira egoísta. Para elas, Melquisedec era um deus que não sabia nem o que era nascer, nem o que era morrer; portanto, não era como elas e elas não conseguiriam fazer o que Melquisedec tinha feito.

Deus e o Mestre contemplaram uma possível solução. Talvez se, da próxima vez, o Mestre voltasse através de um nascimento e experimentasse também a morte, exatamente como todas as outras almas, elas se veriam nele e lembrariam de como ele agia, depois que se fosse.

Foi assim que o Mestre voltou à Terra como José, filho de Raquel e Jacó, depois de o casal ter desesperado de ter um filho. Seus meio-irmãos odiavam-no. José era bom demais. Os irmãos sentiam ciúme e tentaram matá-lo. Mas Deus protegeu José e ele foi levado para o Egito onde, durante a vida inteira, manteve a fidelidade e a retidão em meio a várias adversidades. Deus o abençoou e José tornou-se um líder no Egito, ao lado do Faraó. Como ouvia a Deus e servia aos outros, José salvou os egípcios e outros da morte pela fome causada por uma seca terrível. Inclusive perdoou seus irmãos que tinham tentado matá-lo, e eles foram para o Egito para viver na prosperidade com José. Às portas da morte, ele percebeu que tinha vivido uma vida boa que serviria de inspiração para outras almas por várias gerações ainda. Embora às vezes eles ainda viessem a afastar-se do verdadeiro caminho, sua vida seria um exemplo ao qual poderiam referir-se e seguir. Depois da morte, ele também sabia que deveria continuar voltando à Terra até ter vivido uma vida tão perfeita que todos tomassem conhecimento do caminho e sentissem que a separação entre Deus e a humanidade teria sido apagada para sempre.

Na vez seguinte, o Mestre voltou como Josué, que conduziu os filhos de Israel até a Terra Prometida, depois da morte de Moisés. Josué tinha uma fé perfeita em Deus; mas, como o povo não tinha essa fé, sua entrada na Terra Prometida teve de ser adiada por quarenta anos. Embora Josué já então fosse idoso, serviu como o comandante militar que expulsou e destruiu o inimigo da terra que Deus havia prometido ao Seu povo. Era a mesma terra para onde o Mestre acabaria vindo em sua última e triunfante vida de amor e redenção.

Uma das vidas do Mestre foi a de Asaf, músico que servia na casa de Deus para o rei Davi e o rei Salomão. Ele fora abençoado com o dom da profecia, e isso iria se refletir em seus escritos, entre os quais contam-se alguns dos Salmos da Bíblia. Asaf era um homem de imensa fé e amor por Deus e pelo Templo de Deus. Sua influência estendeu-se muito além do período da sua existência, e uma agremiação musical ou artística continuou existindo por várias gerações sob o nome de "filhos de Asaf".

O Mestre teve ainda outra existência como sacerdote de Deus. Sob o nome de Jesuá, participou decisivamente da reconstrução do templo de Jerusalém, depois que o povo judeu voltou do cativeiro na Babilônia. Durante sua vida, Jesuá foi reconhecido como um profeta de Israel, como o ungido de Deus que um dia iria destruir o demônio e sua diabólica influência, restituindo o trono de Deus às almas perdidas e caídas. O Mestre continuava portando o selo de Deus.

Nenhuma dessas vidas do Mestre tinha sido perfeita, mas ele tinha realizado muitas coisas para indicar o caminho de volta a Deus. Várias vezes dera às almas perdidas revelações de Deus que descreviam os mistérios divinos e poderiam ter servido como modelo de salvação. Mas, a cada vez, o significado das revelações era esquecido assim que o Mestre partia. Houve uma revelação, no entanto, que não foi perdida e que continuaria servindo como guia para voltar a Deus. Era a Bíblia judaica, a palavra de Deus, cujas partes o Mestre ou tinha escrito ou inspirado ao longo de todas essas existências.

O Mestre viveu outras vidas e influenciou todas as religiões que acreditam no único e verdadeiro Deus. Uma delas foi como Zend, pai de Zoroastro. Uma nova religião iria ter o nome de Zoroastro, e boa parte de sua mensagem foi revelada e transmitida por Zend. Era uma religião que vivificava o pensamento espiritual da humanidade e ajudava a preparar a entrada do Mestre em sua derradeira vida perfeita.

Antes que o Mestre voltasse novamente, para atingir seu objetivo, Deus foi até ele e falou-lhe com amor e afeto: "Filho querido, agiste bem. Não tens de voltar à Terra; podes permanecer Comigo para sempre, no céu."

O Mestre respondeu: "Agradeço-te, ó Pai, pelo Teu amor; mas também amo aos meus irmãos e irmãs. Quero mostrar-lhes o caminho, algo que ainda não fiz inteiramente. Agora estou pronto para viver uma vida perfeita na materialidade. Desta vez não falharei."

Deus reconheceu o compromisso de amor do Mestre para com seus irmãos e irmãs e ficou satisfeito. Contudo, Deus também advertiu-o: "Embora eu também pense que estás pronto para completar a tarefa que iniciou há tanto tempo, deves saber que a Tua vida na Terra, mesmo que seja perfeita, será pontilhada por sofrimentos e dificuldades. Estabeleceste determinados padrões nas tuas passagens pela terra que terás de reencontrar e, enfim, superar. Quando viveste como Josué, por exemplo, mataste muitas pessoas. Para completar a tua missão na Terra, terás de curar e devolver a vida a pessoas que vivem naquelas regiões em que tiraste tantas vidas. E terás de suportar a morte e experimentar uma parte da agonia que infligiste aos outros. Se fizeres tudo isso e não errares, tua missão estará completa. Serás absolvido da pena de morte em que incorreste quando foste Adão. O caminho para que todos sigam será mostrado e, desta vez, eles não esquecerão. Finalmente será resgatado o elo entre Eu e Meus filhos e filhas."

O Mestre sabia o que o esperava, mas agradeceu a Deus e disse humildemente: "Estou pronto."

Foi preparado o caminho para o retorno do Mestre. Eva voltou para ser o canal de seu nascimento; assim também muitos outros que tinham trabalhado com o Mestre desde o princípio voltaram para assisti-lo nessa sua aventura épica.

Da mesma forma como haviam feito quando Adão tinha entrado na Terra na primeira vez, os anjos cantaram de alegria por causa do nascimento do Mestre na Terra Sagrada e Prometida em que Josué tinha entrado muitos séculos antes. Os Sábios do

Oriente e da religião de Zend vieram prestar homenagens ao retorno do Mestre. Tudo o que viera antes em germe estava agora centrado nessa vida do Mestre.

Dessa feita ele foi chamado de Ieshua, o que significa "Deus é salvação". Ele já tivera esse nome antes; era o mesmo que Josué, em hebraico. Em grego, era Jesus.

Deus e as almas na Terra que eram próximas a Jesus cuidaram dele com muita atenção. Ele recebeu uma formação especial, não só na religião judaica mas também em outras que acreditavam no Deus verdadeiro. Viajou até o Egito, a Pérsia e a Índia e aprendeu muito. Ele e seu primo João completaram suas últimas iniciações espirituais na Grande Pirâmide, que o Mestre fundara como Hermes.

Com a idade de 30 anos, Jesus estava pronto para seu ministério de ensinamentos e curas. Escolheu um grupo de doze discípulos para ajudá-lo. Cada um deles havia estado com ele no início e em numerosas outras oportunidades, tentando salvar as almas perdidas. Cada um deles também tinha uma qualidade especial e uma experiência singular para participar da missão do Mestre. Foi até escolhido aquele que o trairia, mas que, assim procedendo, tornaria possível o ato final e supremo de amor da parte do Mestre.

Os profetas de Israel tinham sido notáveis, mas nenhum jamais ensinara como Jesus nem realizara os mesmos milagres. Os sacerdotes ficaram aborrecidos com as críticas que lhes eram feitas por ele e com a atenção que o povo lhe dispensava. Alguns líderes judeus também ficaram preocupados com as reações que teriam os regentes romanos em face desse jovem mestre, que alegava ter seu próprio reino e reunia tantos seguidores.

Durante três anos, Jesus viajou pelo interior da Galiléia e da Judéia. Curou, ensinou o povo, deu instruções especiais aos seus discípulos. Eles teriam de dar prosseguimento à obra depois que ele morresse, assegurando que o propósito da derradeira existência do Mestre não se perdesse.

Por fim, em Jerusalém, Jesus foi condenado à morte e crucificado. Foi sepultado mas, depois de três dias no túmulo, saiu de lá e novamente apareceu aos seus seguidores. Tinha superado a morte. O círculo desesperado da escravidão material tinha sido rompido; ele havia mostrado o caminho de volta ao Pai, deixando um mandamento como legado para o mundo depois de tê-lo cumprido totalmente. Era "amai-vos uns aos outros".

Depois de Jesus ter deixado seus seguidores e subido aos céus, eles deram início à tarefa aparentemente impossível de divulgar sua mensagem de amor pelo mundo inteiro. A maioria do povo judeu rejeitava o novo credo, mas os gentios estavam prontos para a nova religião e chegaram depois a adotá-la.

Com o passar do tempo, as nações pagãs converteram-se à nova religião, mas as pessoas começaram a esquecer as coisas que Jesus tinha dito e o seu mandamento único. Em vez de se amarem uns aos outros, as pessoas continuaram vivendo no egoísmo e as várias facções da fé começaram a lutar entre si e a declarar que as outras estavam erradas. Os grupos que tinham sido fundados pelos discípulos e conheciam os mistérios revelados por Jesus tornaram-se minoria, e suas crenças acabaram se perdendo em meio à formalização doutrinária empreendida pelos ramos grego e romano da igreja.

As pessoas esqueceram que Jesus – que se tornara Deus – tinha sido um ser humano como elas. Ele era uma alma que tinha feito seu caminho de volta a Deus, mas elas passaram a lembrar-se dele como o Deus que era capaz de fazer todas as coisas que para elas eram impossíveis. Esqueceram-se de que ele havia dito: "Sigam-me", e que os incentivara a fazer as coisas que ele havia feito. Queriam adorá-lo em vez de segui-lo. O propósito e o significado da vida de Jesus foi malbaratado e malcompreendido pelos irmãos que ele tinha vindo salvar. Era ainda o mesmo problema que o Mestre tinha vivido antes, especialmente em seus primeiros aparecimentos. A influência de Lúcifer continuava operante.

O Mestre tinha feito, porém, a promessa de que chegaria o tempo em que sua influência voltaria verdadeiramente à Terra. Ele então reinaria como seu rei e o povo da Terra conheceria a paz e o amor por mil anos. Embora, daí em diante, Lúcifer fosse solto por mais um tempo para errar pela Terra, os ensinamentos do Mestre passariam a prevalecer enfim, de maneira permanente. Ele seria então o juiz do mundo.

Por muitos séculos depois da morte dele, o mundo se debateu aflito em meio às trevas do egoísmo e da negação do amor que Jesus havia proclamado e personificado. A igreja que leva seu nome se fragmentou em facções que lutavam entre si, e os descrentes eram mortos por causa disso. No entanto, houve momentos de esperança e luz; santos e mestres apareceram de tempos em tempos, refrescando a memória das pessoas com a verdadeira mensagem de amor do Mestre.

E, quase milagrosamente, nos últimos anos, Deus tem permitido que se descubram documentos antigos capazes de nos fazer lembrar da longa missão do Mestre do caminho que leva de volta ao Pai, caminho que ele mesmo percorreu. Os escritos contidos nesses textos refletem os pensamentos e as crenças dos discípulos e de outros seguidores próximos a Jesus. Falam com veemência dos segredos do caminho sagrado e dos mistérios dos céus. Contam, como fez Edgar Cayce, deitado em seu divã de paranormal, a história das peregrinações do Mestre – através de muitas encarnações, o nosso Irmão Mais Velho – e do seu paciente e perseverante esforço de revelar a cada um o caminho de volta ao Criador e ao amor.

Nos próximos capítulos, essa história da missão e das vidas do Mestre será examinada à luz desses documentos redescobertos e de outros, esquecidos ou negligenciados ao longo dos anos, bem como da Bíblia. Esse exame terá início com um estudo da questão da reencarnação, ou seja, a crença de que as almas têm múltiplas vidas. Essa crença é a pedra angular de muitas religiões. Sua presença e poder na fé cristã e na fé judaica poderá ser uma surpresa para muitos.

CAPÍTULO 3

VIDAS PASSADAS?

O nascer é apenas sono e esquecimento:
A alma que nasce conosco, a estrela da vida,
Em outro lugar teve o seu ocaso,
E vem de muito longe:
Não em esquecimento absoluto,
E não em absoluta nudez,
Mas, arrastando nuvens de glória, nós viemos
De Deus, que é o nosso lar:
O céu paira sobre nós durante a infância!

(William Wordsworth)

Não é mais surpreendente nascer duas vezes do que uma só:
na natureza, tudo é ressurreição.

(Voltaire)

"Chegando Jesus ao território de Cesaréia de Felipe, perguntou aos discípulos: 'Quem dizem os homens ser o Filho do Homem?' E eles disseram: 'Uns afirmam que é João Batista, outros que é Elias, outros, ainda, que é Jeremias ou um dos profetas.' Então ele lhes perguntou: 'E vós, quem dizeis que eu sou?'" (Mateus, 16:13-15)

O mais admirável sensitivo dos tempos modernos respondeu a essa pergunta, que Jesus havia dirigido a seus discípulos. A fonte que falava por meio de Edgar Cayce em transe identificou uma série de vidas anteriores de Jesus antes que ele se tornasse o Cristo. Foi uma revelação que, de início, causou consternação ao Cayce consciente, mas que aos poucos foi soando cada vez mais verdadeira tanto para ele como para os que o cercavam, como ocorrera com as informações que eram dadas nas leituras sobre medicina e outras questões de ordem física. O problema desse novo conceito, assim como da idéia de reencarnação em geral, era que, ao contrário das informações médicas ou das que podiam ser verificadas mediante provas, esse conceito tinha de ser aceito pela fé e não podia ser nem verificado nem impugnado.

Edgar Cayce, depois de buscar na Bíblia provas de endosso ou refutação para a idéia de reencarnação, afirmou: "A Bíblia me dá mil razões para crer na reencarnação, mas pode dar a você mil e uma para condená-la como heresia!"

Seria a idéia de que homens e mulheres vivem várias vezes uma noção alheia às Escrituras? Seria sacrilégio especular a respeito desse conceito, especialmente em relação a Jesus, o Filho de Deus?

A última indagação pode, aparentemente, ser respondida com um "não", pois, como o indicam a citação de Mateus que abre este capítulo e outros episódios narrados nos outros três Evangelhos, essa discussão era comum entre as pessoas à época de Jesus. Não só Jesus não a condenou como pediu aos seus discípulos que entrassem na especulação. Deve ser observado que Pedro respondeu à pergunta de "quem" era Jesus afirmando: "Tu és o Cristo, o Filho do Deus vivo." As informações paranormais de Cayce também confirmam essa declaração. Repetidas vezes, as leituras de Cayce afirmam que Jesus era o Mestre dos mestres, o primogênito de Deus, nosso Irmão Mais Velho, o Cristo, o Filho de Deus, o Caminho e o modelo para a humanidade inteira.

A resposta de Pedro, no entanto, não nega a possibilidade de Jesus ter sido um dos profetas que voltava, ou qualquer outra pessoa. O fato é que essa resposta não trata necessariamente da questão de quais outras vidas Jesus poderia ter tido, ou mesmo se esse conceito era impossível ou errado. A resposta de Jesus à afirmação de Pedro também não nega essa possibilidade nem condena essa idéia. Jesus simplesmente abençoou o reconhecimento do Cristo por Pedro, caracterizando-o como uma revelação de Deus.

Pelo contrário, depois de examinar várias passagens bíblicas, parece que pelo menos a possibilidade de retorno das almas para mais vidas era aceita e presumida por Jesus e seus seguidores.

O Antigo Testamento conclui-se com esta profecia:

> "Eis que vos enviarei Elias, o profeta, antes que chegue o Dia do Senhor, grande e terrível."
>
> (Malaquias, 3:23)

No começo do Novo Testamento, Jesus identifica-se com essa profecia:

> "E os discípulos perguntaram-lhe: 'Por que razão os escribas dizem que é preciso que Elias venha primeiro?' Respondeu-lhes Jesus: 'Certamente Elias terá de vir para restaurar tudo. Eu vos digo, porém, que Elias já veio, e eles fizeram com ele tudo quanto quiseram. Assim também o Filho do Homem irá sofrer na mão deles.' Então os discípulos entenderam que ele se referia a João Batista." (Mateus, 17:10-13)

Esta citação mostra claramente que Jesus deu um exemplo de alguém que havia tido uma vida passada; também os discípulos entenderam o significado dos comentários de Jesus sem maiores esclarecimentos ou explicações, e isso indica que eles estavam familiarizados e habituados com esse conceito.

A identificação de João com Elias ocorreu também em outra ocasião. Da prisão, João tinha enviado dois de seus discípulos para Jesus. Depois que eles partiram, Jesus começou a falar de João e disse que ele era mais que um profeta. Como vemos no capítulo 11 de Mateus (10-15), ele acrescenta:

> 10 É dele que está escrito: Eis que envio o meu mensageiro à tua frente: ele preparará o teu caminho diante de ti.
> 11 Em verdade vos digo que, entre os nascidos de mulher, não surgiu nenhum maior do que João, o Batista...
> 13 Porque todos os profetas, bem como a Lei, profetizaram, até João.
> 14 E, se quiserdes dar crédito a isso, ele é o Elias que deve vir.
> 15 Quem tem ouvidos para ouvir, ouça!

A críptica declaração "Quem tem ouvidos, ouça!" aponta para um significado especial e é usada em outras partes do Novo Testamento, sempre ligada a parábolas e afirmações que parecem ter uma conotação espiritual oculta.

Observem que, no versículo 11 acima citado, Jesus afirma que, de todos os nascidos de mulher, ninguém maior que João tinha "surgido". A implicação óbvia deste termo é que outros também haviam surgido, mas ninguém que houvesse sido maior que João. Essa idéia dos mortos surgindo em novas vidas parece ter tido uma aceitação natural da parte de Jesus e seus discípulos.

De maneira semelhante, a familiaridade do público com uma idéia como essa é ilustrada não só pela pergunta que Jesus fez aos seus discípulos, citada no início desta discussão, mas também pelo seguinte texto:

> "O tetrarca Herodes, porém, ouviu tudo o que se passava, e ficou muito perplexo por alguns dizerem:
> É João, que foi ressuscitado dos mortos; e outros:
> É Elias que apareceu; e outros ainda: 'É um dos antigos profetas que ressuscitou'." (Lucas, 9:7-8)

Um estudioso da Bíblia que examinou o tema da reencarnação afirma:

> Existe, no judaísmo místico, uma longa tradição de crença na reencarnação, tradição cujas origens podem ser facilmente encontradas nos primeiros períodos desta era.[1]

O historiador judeu Flavius Josephus, que escreveu sobre esse período da história, afirma que os fariseus acreditavam que as boas almas voltavam à Terra em novos corpos[2]. Ele também inclui os essênios entre os que acreditavam na continuidade da vida, citando sua filosofia de que a alma imortal ocupa corpos corruptíveis[3]. O próprio Josephus deve ter alimentado uma crença semelhante, pois disse em um discurso aos soldados judeus:

> Vocês não se lembram de que todos os Espíritos puros, quando partem desta vida, vão para uma morada sacratíssima no céu, de onde, ao longo da revolução das eras, são novamente enviados em corpos puros...?[4]

A Bíblia e os historiadores concordam, contudo, em que os saduceus, diversamente dos fariseus e essênios, acreditavam que tanto o corpo como a alma eram corruptíveis e pereciam por ocasião da morte. Uma preleção de Cayce confirma que os saduceus não acreditavam na imortalidade da alma e acrescenta que essa questão era o ponto chave de uma pergunta dirigida a Jesus e discutida em três dos Evangelhos. Nesses Evangelhos, "os saduceus, que dizem que não existe a ressurreição", perguntam a Jesus a quem a mulher que teve muitos maridos deve pertencer ao ressuscitar. (Ver Mateus, 22:23, Marcos, 12:18 e Lucas, 20:27.) A resposta de Jesus parece referir-se à vida "do outro lado", e pode ter tido a intenção de evitar a defesa de um só lado numa disputa polêmica. Cayce disse que o termo "ressurreição" dizia respeito, na realidade, às pessoas no momento de sua encarnação – volta ou ressurreição – em outra vida. (5749-8) Era o termo com que se designava o conceito citado nas discussões de Jesus com seus discípulos a respeito das almas que voltavam dos túmulos e adquiriam nova vida. Hoje chamamo-lo de reencarnação.

A idéia de que "ressurreição" significava entrar em nova vida depois da morte já aparece em Isaías 26:19. Ali, ao discutir a época em que Israel seria libertado de sua presente escravidão, Isaías promete: "Os teus mortos tornarão a viver, os teus cadáveres ressurgirão."

De acordo com James Bonwick, em seu trabalho de 1878 *Egyptian Belief and Modern Thought*, os egípcios também consideravam que o termo "ressurreição" significava nascer em nova vida. Ele diz: "Os livros funerários mostram, com clareza, que a ressurreição, na realidade, era mais uma renovação, levando a uma nova existência, a uma nova infância e a uma nova juventude."[5]

Devemos observar que em Atos 23:8 aparece mais uma vez o termo "ressurreição":

> "Pois os saduceus dizem que não existe ressurreição, nem anjo, nem espírito, enquanto os fariseus sustentam uma e outra coisa."

Certamente, essa não é uma referência à ressurreição de Jesus, pois os fariseus não tinham adotado esse conceito cristão; tampouco a questão de anjos e espíritos tinha ficado vinculada unicamente com Jesus. Se aqui o termo "ressurreição" significa o conceito de almas voltando da morte a assumindo uma nova vida, ou "reencarnação" – e isso certamente deve ser visto à luz do que sabemos historicamente a respeito das crenças doutrinárias dessas seitas —, então uma passagem anterior dos Atos (4:1-2) assume um novo e diverso significado:

> "Estavam eles falando ao povo, quando chegaram os sacerdotes, o oficial do Templo e os saduceus, contrariados por vê-los ensinar ao povo e anunciar, em Jesus, a ressurreição dos mortos."

Esta passagem dá, então, a impressão de estar afirmando que os discípulos, pela autoridade de Jesus, estariam pregando uma crença na reencarnação ou ressurreição dos mortos, doutrina oposta à dos saduceus.

Além dos casos já citados, há outros na Bíblia que parecem implicar a aceitação da crença na preexistência das almas e na possibilidade de retorno destas para outras vidas. Seguem-se alguns exemplos:

1. O capítulo 9 de João começa com o seguinte incidente:

> "Ao passar, ele [Jesus] viu um homem, cego de nascença. E os seus discípulos lhe perguntaram: 'Rabi, quem pecou, ele ou seus pais, para que nascesse cego?' Jesus respondeu: 'Nem ele, nem seus pais pecaram, mas é para que nele sejam manifestadas as obras de Deus.' "
>
> (João 9:1-3)

Evidentemente, os discípulos acreditavam que a cegueira era resultante de pecado, ou da pessoa ou de seus pais; uma vez que o homem já tinha nascido cego, o pecado, caso fosse dele, teria de ter ocorrido numa existência anterior. Ao afirmar que ali não havia nenhum pecado, mas que aquela cegueira existia para que as obras de Deus pudessem manifestar-se, Jesus nem refutou nem condenou a lógica implícita na indagação de seus discípulos. Pelo contrário, sua resposta parece insinuar que haveria, simplesmente, uma explicação diferente para o caso.

2. Na seguinte passagem em Provérbios 8, o autor está falando sobre a sabedoria, mas seus comentários parecem referir-se à alma:

> 22 O Senhor me criou, primícias de sua obra, de seus feitos mais antigos.
> 23 Desde a eternidade fui estabelecida, desde o princípio, antes da origem da terra.
> 24 Quando os abismos não existiam, eu fui gerada. Quando não existiam os mananciais das águas.
> 25 Antes que as montanhas fossem implantadas, antes das colinas, eu fui gerada;
> 26 ele ainda não havia feito a terra e a erva, nem os primeiros elementos do mundo.

27 Quando firmava os céus, lá eu estava, quando traçava a abóbada sobre a face do abismo;
28 quando firmava as estrelas no alto, quando se enchiam as fontes do abismo;
29 quando punha um limite ao mar; e as águas não ultrapassavam o seu mandamento quando assentava os fundamentos da terra.
30 Eu estava junto com ele como o mestre-de-obra, eu era o seu encanto todos os dias, todo o tempo brincava na sua presença;
31 brincava na superfície da terra, e me alegrava com os homens.

(Mesmo supondo-se que o tema abstrato da sabedoria é tudo a que o texto acima se refere, essa citação é uma espantosa confirmação do processo da criação descrito por Edgar Cayce, que será discutido posteriormente.)

3. Vejamos a prece de Moisés a Deus, no Salmo 90, em que ele fala da brevidade da vida mas admite a exigência de muitos retornos:

1 Senhor, foste para nós um refúgio de geração em geração.
2 Antes que os montes tivessem nascido e fossem gerados a terra e o mundo, desde sempre e para sempre tu és Deus.
3 Fazes o mortal voltar ao pó, dizendo: 'Voltai, ó filhos de Adão!'
4 Pois mil anos são aos teus olhos como o dia de ontem que passou, uma vigília dentro da noite!
5 Tu os inundas com sono, eles são como erva que brota de manhã:
6 de manhã ela germina e brota, de tarde ela murcha e seca.
13 Volta, Senhor! Até quando?

(Tradução de G. Lamsa)*

4. Não será a citação seguinte (Jeremias, 1:4-5) um indício de que a alma de Jeremias preexistia ao seu nascimento e desde então conhecia Deus?

> "A palavra do Senhor me foi dirigida nos seguintes termos: 'Antes mesmo de te formar no ventre materno, eu te conheci; antes que saísses do seio, eu te consagrei. Eu te constituí profeta para as nações.'"

5. A seguinte passagem bíblica parece referir-se à preexistência da alma e de acontecimentos que escapam à memória do homem:

* George M. Lamza: *Holy Bible: from Ancient Eastern Manuscripts*, A. J. Holman Co., Filadélfia, 1957.

> "Mesmo que alguém afirmasse de algo: 'Eis que isto é novo!', eis que já sucedeu em outros tempos – muito antes de nós. Ninguém se lembra das coisas antigas, nem serão lembradas as coisas que aconteceram depois". (Eclesiastes, 1:10-11)

6. As preleções de Cayce indicam que, pela fé, pela graça e seguindo o exemplo de Jesus, o Cristo, podemos, como o filho pródigo, voltar ao Pai e desse modo fechar o ciclo de encarnações ou vidas terrestres. Não será este o princípio envolvido na seguinte promessa, atribuída a Cristo?

> "Quanto ao vencedor, farei dele uma coluna no templo do meu Deus, *e daí nunca mais sairá*. Escreverei sobre ele o nome do meu Deus e o nome da nova Jerusalém, que desce do céu, de junto do meu Deus; e escreverei sobre ele o meu novo nome." (Apoc. 3:12; trad. De G. Lamsa – itálicos do Autor)

A frase "e daí nunca mais sairá" pode significar que outras existências terrestres são desnecessárias para o vencedor.

7. O conceito de sair ou irromper está contido no Velho Testamento numa profecia a respeito do Messias que será enviado por Deus a Israel:

> "...de ti sairá
> aquele que será senhor em Israel;
> cujas origens foram preditas desde tempos antigos,
> desde a eternidade." (Miquéias, 5:2; trad. de Lamsa)

O profeta está dizendo que a vinda daquele que deve ser o Messias não é nova, mas data do princípio.

8. A necessidade de outras vidas resulta do pecado. Enquanto não corrigirmos nossos erros e os vencermos por atos corretos e pela graça, teremos de voltar para enfrentar as coisas que fizemos e tentar de novo. As religiões orientais chamam de "karma" à lei que nos obriga a encarar nossos atos passados. O princípio dessa lei está confirmado em vários pontos da Bíblia:

a. "Não vos iludais, de Deus não se zomba. Pois o que o homem semear, isso ele colherá." (Gálatas, 6:7)

b. "Se alguém leva em cativeiro, em cativeiro irá;
se alguém matar à espada,
é preciso que à espada seja morto.
Aqui está a paciência e a fé dos santos."

(Apocalipse, 13:10, trad. de G. Lamsa)

c. "E digo isto: Que o que semeia pouco, pouco também colherá, e o que semeia em abundância, com abundância também colherá." (II Coríntios, 9:6)

d. "Como fizeste, assim te será feito:
teus atos recairão sobre a tua cabeça!"

(Abdias, 1:15)

e. "... o que semeia justiça tem paga segura".

(Provérbios, 11:18)

Pode-se verificar nos registros históricos que muitos dos primeiros cristãos acreditavam em reencarnação. O famoso tradutor da Bíblia para o latim, São Gerônimo, diz numa de suas cartas que o conceito de reencarnação era aceito por muitos cristãos, especialmente os que habitavam as áreas em que se falava o grego, em torno da parte leste do Mediterrâneo, onde se concentrava o maior número de cristãos. Dois dos maiores porta-vozes do Cristianismo primitivo, Clemente e Orígenes, incluíam a crença na reencarnação como parte de sua teologia. Embora Orígenes tenha por algum tempo perdido os favores da igreja estabelecida, é hoje tido em geral como o melhor especialista em Bíblia dos primeiros seis séculos de Cristianismo[6]. Alguns documentos recentemente descobertos em Nag Hammadi, no Egito, e em outras partes, também revelam a crença na reencarnação professada por muitas seitas do início do Cristianismo, entre elas os gnósticos.

Contudo, para nós talvez seja mais importante o fato de que vários dos primeiros grupos de cristãos judeus acreditavam especificamente que Jesus tinha tido encarnações humanas anteriores. Os ebionitas ensinavam que a alma de Jesus primeiro tinha vindo à Terra como Adão e depois como Jesus. Santo Hipólito Padre, da Igreja Romana, afirmava que os elcasitas acreditavam que o nascimento virginal de Jesus não tinha sido seu primeiro nascimento, mas que antes ele havia ocupado outros corpos. Essa crença também era compartilhada pelos nazarenos. Até mesmo as Homilias Clementinas dizem que o Cristo havia aparecido como personagem histórico em várias ocasiões, desde o início do mundo. Nesses textos, ele é identificado com Adão, Henoc, Noé, Abraão, Isaac, Jacó, Moisés e, claro, Jesus[7].

Alguns estudiosos chegaram à conclusão de que a tradução "Jesus de Nazaré", que freqüentemente aparece no Novo Testamento, não está correta, e que a expressão deveria ser traduzida e interpretada de modo a identificar Jesus como um nazareno[8]. Existe evidência de que os primeiros cristãos eram designados como nazarenos, nazoreanos, nasoreanos, e os cristãos ainda são chamados de "an-Nasara" no Corão[9]. Mateus (2:23) diz que fora profetizado que o Messias seria chamado de "nazareno", e, em Atos 24:5, Paulo é identificado como "um dos da linha-de-frente da seita dos nazarenos". Essa seita era a recém-nascida igreja em Jerusalém.

Os nazarenos, ou nazoreanos, foram originalmente um grupo judeu. O nome poderia designar qualquer seita judaica onde se praticasse a estrita observância da lei, especialmente se ela contivesse ensinamentos secretos ou mistérios ocultos aos não-iniciados[10]. Sem sombra de dúvida, esse grupo existia nos primórdios do Cristianismo e pode ter sido um ramo descendente dos essênios, cujas doutrinas certamente são anteriores aos evangelhos da Bíblia. Os nazarenos acreditavam que Jesus era o mensageiro divino que tinha descido e ascendido novamente para a salvação dos homens[11]. João, o Batista, é tido como o fundador desse grupo gnóstico, e o Evangelho de João e as Epístolas de João são considerados explanações cristãs de crenças nazarenas[12]. A teologia nazarena é, pelo menos em parte, muito parecida com a de Cayce, e daria apoio à idéia de que o Cristo teve vidas anteriores.

Embora Hipólito, padre da Igreja primitiva, considerasse heréticas as crenças de um grupo religioso chamado naassênio, que pode ter sido uma variação gnóstica dos nazarenos, alguns detalhes que ele apresenta da teologia desse grupo equivalem de perto a informações dadas por Cayce[13].

Se o conceito de reencarnação era tão difundido nos primórdios do pensamento cristão, por que hoje em dia não faz parte da corrente oficial da teologia cristã? Embora essa crença tenha vindo à tona esporadicamente durante a longa história do Cristianismo, deixou de ser um fator significativo nessa religião depois do V Concílio Ecumênico de Constantinopla, em 553 d.C. Uma das decisões desse Concílio (embora seja aparentemente um acréscimo feito pelo Imperador Justiniano) foram "*Os quinze anátemas contra Orígenes*", em que as doutrinas de Orígenes, incluindo a crença na reencarnação, foram condenadas. Segue-se um excerto típico da condenação da filosofia de Orígenes:

> Se alguém afirmar a preexistência fabulosa das almas e afirmar a monstruosa restauração que se lhe segue, que essa pessoa seja anátema.
>
> ... Se alguém disser que Cristo... teve piedade das diversas quedas que sobrevieram aos espíritos... e que para restaurá-las Ele passou por diversas classes, teve vários corpos e diferentes nomes, tendo se tornado tudo para todos, um Anjo entre os Anjos, uma Potestade entre as Potestades... e finalmente encarnou em sangue e carne como os nossos e tornou-se homem para os homens... se alguém disser tudo isso e não professar que Deus o Verbo humilhou-Se e tornou-Se homem, que seja anátema.
>
> ... Se alguém disser que a vida dos Espíritos será como a vida que havia no começo, quando os espíritos ainda não tinham descido ou caído; de tal modo que o fim... seja a verdadeira medida do começo, que seja anátema.[14]

Os ensinamentos de Orígenes tinham sido confirmados pela Igreja no Decreto Calcedônio de 451 d.C. Como o ramo ocidental ou romano da Igreja mal se fez representar no V Concílio, recusou-se a aceitar sua legitimidade durante alguns anos, e talvez nunca o tenha feito oficialmente. Apesar disso, os pronunciamentos do Concílio de 553, depois de algum tempo, foram aceitos como dogma até pela Igreja Romana. Nos últimos anos, no entanto, algumas autoridades eclesiásticas começaram a examinar essa questão por um novo prisma.

> À luz das referências à reencarnação constantes da Bíblia, e dos pronunciamentos dos primeiros padres da Igreja, e, agora, à luz da posição assumida pelos estudiosos católicos que contestam a cruzada contra Orígenes, não é surpreendente que um número crescente de clérigos e autores religiosos cristãos esteja falando favoravelmente a respeito do renovado interesse pela reencarnação, chegando inclusive a esperar que esse "acorde perdido do Cristianismo" possa novamente soar em harmonia com o ensinamento de esperança e responsabilidade pregado por Cristo.[15]

Uma vez perguntaram a Edgar Cayce se o gnosticismo cristão do começo, que aceitava facilmente o conceito de reencarnação, era o paralelo mais próximo ao teor das suas leituras. Ao responder afirmativamente a essa indagação, ele disse também que essa forma de Cristianismo era a doutrina comumente aceita até "começarem a ser estipuladas algumas regras baseadas na tentativa de tomar atalhos. E no Cristianismo não existem atalhos" (5749-14). O texto gnóstico "O *livro de Baruch*" (atribuído a Justino) endossa a avaliação que Cayce fez do gnosticismo e apresenta Jesus como o primeiro iniciado na verdadeira gnose. Basilides também concluiu que Jesus foi o primeiro verdadeiro gnóstico[16].

A questão formulada a Cayce em seguida, bem como sua resposta, foram:

Q-22. Que ato ou concílio, da primeira igreja, pode ser mencionado como aquele que eliminou a reencarnação da teologia cristã?

R-22. Tal como indicado – tentativas de certos indivíduos de aceitar ou se aproveitar disso, por causa desse conhecimento, entendem? 5749-14

Poderíamos levar ainda mais adiante a nossa análise da questão da reencarnação no Cristianismo, mas isso parece desnecessário. Não é o propósito deste trabalho convencer quem quer que seja da reencarnação na Bíblia, nem como um preceito necessário da crença cristã, mas apenas assinalar palavras que aludem a isso e o contexto histórico que, pelo menos, permitiu que esse conceito fosse discutido e levado em conta. A partir do que foi visto, pois, não parece herético especular a respeito das vidas anteriores de Jesus. Essa especulação e crença não é nova no Cristianismo, e seria desejável que se pesassem objetivamente os prós e contras dessa proposição. O objetivo dos próximos capítulos será examinar as diversas fontes que abordam o tema.

As leituras de Edgar Cayce indicam que a alma de Jesus viveu até trinta vidas diferentes e, dentre elas, estão claramente identificadas as seguintes:

Amilius: encarnação apenas em forma espiritual.
Adão: o primeiro homem, descrito no começo da Bíblia.
Henoc: o homem que "caminhava com Deus", de acordo com o Gênesis.
Melquisedec: um sacerdote da época de Abraão.
José: filho de Jacó, vendido como escravo pelos irmãos.
Josué: o sucessor de Moisés, que levou os israelitas à Terra Prometida.
Asaf: músico na corte do rei David.
Jesuá: sacerdote que ajudou a restabelecer o culto a Deus depois do retorno dos israelitas do cativeiro na Babilônia.
Zend: pai do líder religioso Zoroastro.
Jesus: o Cristo.

As leituras dão a entender que Hermes do Egito também pode ter sido uma encarnação anterior de Jesus, e aqui será tratado como tal.

Embora essas vidas sejam todas as que foram especificamente mencionadas, as leituras de Cayce oferecem mais estas profundas observações adicionais a respeito dos aparecimentos da alma de Jesus no plano terrestre:

Ele caminhou com os homens em todos os períodos nos quais o princípio básico foi a Unicidade do Pai. 364-8

Como foi indicado, a entidade [Jesus] – enquanto entidade – influenciou direta ou indiretamente todas as formas de filosofia ou pensamento religioso que ensinavam que Deus era Uno. 364-9

Na leitura 364-7, a listagem das vidas subseqüentes de Adão inclui uma em que se chamou Ur. Uma pergunta sobre Ur foi incluída na leitura 364-9, e Cayce deu a seguinte resposta:

Ur foi antes uma terra, um local, uma cidade – e o pensamento, ou intento, ou chamado, veio de Ur. Portanto, Ur, presente ou representada na vida de Jesus, foi o que estimulou ou guiou aqueles pensamentos, naquele período ou experiência.*

Cayce não ofereceu mais nenhum detalhe sobre Ur. Sabe-se que Ur foi uma cidade da Mesopotâmia situada a poucos quilômetros da foz do rio Eufrates. Foi a cidade da qual o pai de Abraão supostamente migrou e que já era habitada desde 4000 a.C.

---

* As deficiências de linguagem das "leituras" são do original. (N. R.)

O nome Affa é mencionado na preleção 364-8 como uma das encarnações do Mestre. A única pista sobre essa vida é que pode ter sido egípcia, na época em que o Egito servia de referência a muitas nações.

Outra parte dá a entender sutilmente que Ram ou Rama, na Índia, que viveu perto de 2000 a.C., pode ter sido uma encarnação do Mestre.

Da mesma forma, a leitura 3360-1 parece indicar que Jesus e o Buda foram um só e o mesmo, mas não está claro se essa referência diz respeito às pessoas ou às suas filosofias.

Jesus também é identificado como "aquele Filho" na terra do sol poente do Japão e da China. É possível que essa leitura (2402-2) esteja vinculando Jesus com a religião oriental do taoísmo.

A leitura 364-9 também afirma que o "espírito" do Mestre caminhou entre os homens na França, na Inglaterra e na América.

No caso destes três últimos lugares, as informações eram tão vagas e o elo com o Mestre tão débil que nenhuma tentativa adicional foi feita de examinar mais a fundo essas vidas e suas significações.

As leituras de Cayce proclamam que a vida em si é indestrutível; ela pode mudar de forma, mas continua adiante. Esse é um princípio que se aplica a todas as variedades de vida, a todas as manifestações vivas de Deus, sejam elas de natureza mineral, vegetal ou animal. Diversamente da filosofia da reencarnação que faz parte de muitas religiões orientais, a interpretação que consta das leituras aparentemente sustenta que a vida continua sob a mesma forma todas as vezes; pelo menos, afirma-se claramente que os seres humanos continuam como seres humanos, no plano terrestre: eles não voltam como animais nem como outras formas de vida. A transmigração não faz parte da filosofia das leituras de Cayce.

Mais uma observação geral a respeito do assunto das vidas passadas: uma pergunta lógica que pode ser feita é por que essas vidas não são lembradas. Na realidade, algumas pessoas parecem lembrar-se de incidentes de vidas anteriores – havendo até as que se recordam de detalhes vívidos. No entanto, para a maioria, quando existe algum tipo de lembrança, não passa de um mero lampejo de algo que não faz parte da vida atual. Esses vislumbres retrospectivos assustadores geralmente são chamados de experiências de "déjà-vu". Quando perguntaram a Cayce por que as pessoas em geral não se lembram das vidas passadas, ele disse:

Pode-se perguntar igualmente por que não existe lembrança do momento em que, para a entidade, dois e dois somaram quatro, ou daquele em que ela entendeu que as letras G A T O formavam a palavra "gato". A entidade sempre soube disso! Vocês só se tornaram conscientes das coisas à medida que elas se tornaram necessárias para sua aplicação prática na vida! 2301-4

De modo mais técnico, em outra leitura, ele explicou:

O nascimento no plano material corresponde à morte no plano mental-espiritual. É por isso que as primeiras manifestações físicas que foram impressas nos centros cerebrais, ou seja, nas partes de uma entidade individual que estão em constante crescimento desde a primeira concepção —, eram impressões destinadas a reprimir em vez de evocar a lembrança de outras experiências.

2390-2

* * *

Na leitura 2072-4, fez-se a solicitação de uma "informação, diretriz e orientação prática" que mais pudesse ajudar a entidade em seus esforços criativos mentais e espirituais. Foi-lhe dito que "poderiam ser traçados paralelos, extraídas lições e recebidas instruções" das encarnações ou vidas "daquele poder doado ao homem como o ideal" – a Consciência do Cristo ou a Alma do Mestre, Jesus. Na crença de que o estudo dessas encarnações também pode oferecer ajuda aos outros, na sua busca mental e espiritual, os capítulos seguintes tentarão analisar o material apresentado nas leituras de Cayce e em outras fontes relativas a essas vidas.

Como é que alguém, dois mil anos depois da morte de Jesus, investiga a possibilidade de ele ter vivido outras vidas antes dessa?

Provavelmente não existe nenhuma forma de abordar essa questão com a esperança de obter uma resposta definitiva. Mas, certamente, a vida e os ensinamentos orais do próprio Jesus serão uma área importante e significativa para se analisar; as profecias e comentários bíblicos são relevantes; as lendas, mitos e textos antigos das pessoas que rodearam Jesus e dos que figuram com destaque na história judaica são valiosos. Finalmente, podemos passar os olhos em lendas e histórias associadas com cada um dos personagens que Cayce identificou como as vidas anteriores de Jesus, examinando também cuidadosamente o que Cayce tinha a dizer a respeito de cada um. De todas essas fontes pode vir alguma coisa que sustente as alegações de Edgar Cayce, ou então que torne as idéias desse sensitivo altamente questionáveis ou insustentáveis.

Esperamos que, ao empreender essa busca, ela seja realizada com uma postura aberta quanto ao seu desfecho. Haverá, no entanto, momentos em que, especialmente nos últimos capítulos, a hipótese das vidas anteriores será considerada como suficientemente endossada para que só se torne necessário investigar o seu significado para as existências subseqüentes. O leitor deve continuar pesando a legitimidade de quaisquer inferências desse teor, formulando seus próprios juízos com independência. É possível, contudo, que, como Cayce prometeu, no desenrolar desta revisão venha a aparecer algum material útil para quem estiver buscando o desenvolvimento mental e espiritual.

Até mesmo um cético é instigado a conjecturar sobre a questão "e se...?" e prosseguir com esta leitura.

CAPÍTULO 4

AMILIUS

Os discípulos disseram a Jesus: "Dize-nos como será o nosso fim." Jesus disse: "Então já descobristes o princípio para indagar sobre o fim? Pois, onde está o princípio, ali estará o fim. Abençoado é aquele que chega ao princípio, pois conhecerá o fim e não provará da morte."

(Evangelho segundo São Tomé, Logos 18)[1]

Q-6. Por favor, mencione as reencarnações importantes de Adão na história mundial.

R-6. No começo, como Amilius... 364-7

... ou como o primogênito do Pai que veio como Amilius à terra da Atlântida e deixou-se levar pelos caminhos do egoísmo. 364-8

Segundo as palavras de Edgar Cayce, a alma que se tornou Jesus Cristo foi a primeira alma criada ou gerada por Deus. Como tal, ele é o nosso irmão mais velho e o bem-amado de Deus. Depois de ter sido criado, ele participou com Deus dos atos seguintes da criação.

A alma primogênita não se havia precipitado na materialidade e perdido em meio a ela, como muitas das almas criadas depois dela. Ao contrário, esse primeiro ser gerado por Deus conduziu uma segunda leva de almas até o plano terrestre, e elas vieram como o propósito de auxiliar as outras que se tinham emaranhado na matéria. O nome dessa alma, nessa época, era Amilius, e sua estada na Terra se deu apenas em forma espiritual.

Quando as almas vieram à Terra pela primeira vez e entraram na matéria, a distribuição dos continentes e oceanos era muito diferente da de hoje em dia, e o período no qual ocorreram as visitas dessas almas remonta a muito atrás na antigüidade.

Para apresentar isso de maneira compreensível ao homem atual, [é] necessário que se entenda quais eram as condições da superfície da Terra e da posição do homem no plano terrestre, pois desde esse período, desde essa era ou idade, foram freqüentes as mudanças na forma de ocupação do planeta pelo homem. Naquele tempo, só as terras hoje conhecidas como o Saara e a região do Nilo apareciam onde hoje é o litoral africano; as do Tibete, Mongólia, Cáucaso e Noruega na Ásia e na Europa; as cordilheiras do sul e o Peru no hemisfério sudoeste; e as planícies de Utah, o Arizona e o México no hemisfério noroeste; e as esferas estavam então nas mesmas latitudes que ocupam no presente.

...o homem então ocupava o Saara e a região do alto Nilo, e as águas desembocavam então pelo que hoje é o Atlântico, vindas da região do Nilo, em vez de fluir para o norte. As águas no Tibete e no Cáucaso desembocavam no Mar do Norte; as da Mongólia fluíam para os Mares do Sul, e as da cordilheira entravam no Pacífico, enquanto que as do platô iam rumo aos Mares do Norte.

5748-1

... nessa época o número de almas humanas no plano terrestre era de 133.000.000 (cento e trinta e três milhões).

O período de existência do mundo desde essa época foi de 10.500.000 (dez milhões e quinhentos mil) anos... 5748-2

Em outra leitura, Cayce acrescenta:

... na terra onde hoje estão Utah e Nevada, quando as primeiras pessoas foram separadas em grupos de famílias, a entidade desenvolveu-se muito e muito concedeu às pessoas que viriam a ter êxito nessa terra. E nas ruínas que hoje são encontradas, nos montes e cavernas da parte noroeste do Novo México, podem ser vistos alguns desenhos feitos pela entidade. Aproximadamente, há dez milhões de anos. 2665-2

As pessoas também eram diferentes das atuais. As almas aos poucos foram assumindo a densidade da matéria, e os corpos que habitavam eram diferentes dos dos homens e mulheres modernos.

A idéia de que existiam almas na Terra antes da chegada de Adão pode parecer conflitante com a Bíblia. Por outro lado, esse conceito harmoniza-se com as referências do Gênesis aos "filhos e filhas dos homens" e outros comentários semelhantes a respeito de outras almas aparentemente terrestres à época da primeira família. Diz a *New Catholic Encyclopedia (Nova Enciclopédia Católica)*: "Nem a Escritura nem os ensinamentos da Igreja negam a possibilidade de pré-adamitas."[2]

O aparecimento de Amilius na Terra deu-se por volta de 200.000 anos atrás, e a distribuição e formato dos continentes ainda eram diferentes dos atuais. Uma das grandes diferenças era a presença de um grande continente, conhecido como Atlântida, situado onde hoje existe o chamado Oceano Atlântico.

A posição que o continente [de] Atlântida ocupava está entre, de um lado, o Golfo do México e, de outro lado, o Mediterrâneo. Podem-se encontrar vestígios dessa civilização perdida nos Pirineus e no Marrocos, por um lado, e nas Honduras Britânicas, na Península de Yucatán e na América do Norte, por outro. Algumas partes dessas regiões se projetam de uma tal maneira a indicar que, em uma ou outra época, foram porções desse grande continente. As Índias Ocidentais britânicas, ou as Bahamas, e uma porção do que pode ser visto ainda hoje em dia – se fosse feita uma pesquisa geológica em algumas dessas localidades – especial ou principalmente em Bimini e na corrente do golfo, nesses arredores, ainda poderiam ser determinadas. 364-5

Outras leituras indicam que algumas montanhas da Atlântida podem ser vistas acima da linha do oceano, hoje, como ilhas, não só nas Bahamas, mas também nos Açores e nas Ilhas Canárias. O continente original da Atlântida é descrito como muito belo e fértil.

Embora na literatura contemporânea existam muitas lendas, mitos e fantasias a respeito de Atlântida, ela foi citada seriamente pela primeira vez por Platão em seus diálogos *Timeu* e *Crítias*. São textos que datam do século V a.C., e as informações sobre Atlântida teriam supostamente sido transmitidas a Platão por seu tio Sólon, que as teria recebido de certos sacerdotes egípcios de Sais, com base em registros históricos guardados pelo clero.

Cayce diz que a Atlântida não foi o primeiro lugar visitado pelas almas. Outras áreas, como a Lemúria, ou Mu, La, Da e Ur, haviam existido antes ou durante o período da Atlântida, e foram cenário de muitas das primeiras visitas das almas.

Entretanto, foi no continente de Atlântida que as almas que não haviam saído da companhia de Deus e que eram conhecidas como os Filhos de Deus optaram por ir, em sua missão espiritual de conduzir as almas encarceradas de volta a Deus. Essa entrada marcou o zênite espiritual da civilização atlante, e os Filhos de Deus tinham como líder Amilius, a primeira alma criada por Deus.

No período, então – em torno de 100 ou 98.000 anos antes da chegada de Ram à Índia – viveu nessa terra de Atlântida um Amilius, que foi o primeiro a registrar a separação dos seres que habitavam aquela porção da esfera ou plano da Terra em criaturas do sexo masculino e feminino, enquanto entidades separadas ou indivíduos. Quanto às suas formas no sentido físico, eram muito semelhantes à natureza das formas-pensamentos, ou capazes de moldar-se de acordo com o fluxo do pensamento, de modo muito parecido ao da atual ameba em um sítio de águas estagnadas como uma baía ou lago. À medida que foram adquirindo forma, pela satisfação do próprio desejo de serem constituídos ou pela condição material ou acrescidos a ela, eles tornaram-se mais

sólidos ou amoldados, com uma configuração que se parece bastante com a do corpo humano de hoje, e cujas cores mudavam de acordo com o ambiente, de modo muito parecido com o que acontece atualmente com o camaleão. 364-3

Essas palavras descrevem o processo de ingresso das almas na matéria e a maneira pela qual, ao longo de um certo tempo, os invólucros dos espíritos se solidificaram e tornaram-se corpos físicos mais próximos dos que conhecemos hoje em dia. Um filho de Edgar Cayce apresentou esta sua interpretação de como o processo se desenrolou:

> Minha interpretação das leituras... é que as formas-pensamentos, que antes podiam mover-se livremente em um mundo imaterial (ou de um tipo diferente do que é experimentado pelos nossos cinco sentidos), haviam se projetado em corpos materiais. Assim que fizeram isso, foram capazes de experimentar as sensações materiais: calor, frio, prazer, dor, etc. Contudo, quanto mais buscavam o prazer sensual, pela gratificação de desejos egoístas, menos eram capazes de se mover com liberdade para entrar e sair dos corpos materiais. Ficaram então encasuladas dentro deles, do nascimento à morte, e dessa forma sujeitas a todas as leis do universo físico. Evidentemente, continuaram desfrutando de sua estada na materialidade, e começaram a explorar o universo físico e a moldá-lo para seu próprio prazer e diversão.[3]

Outra leitura acrescenta que, depois que as almas entraram na materialidade:

... houve então – *provenientes* de outras *fontes* (mundos) o contínuo ingresso daquelas que *supostamente* ajudariam na manutenção do equilíbrio, segundo o propósito original das Forças Criativas... entendem? E, daí, a segunda vinda, ou a *continuação* das almas ao que era conhecido como plano terrestre nesse período, com essa finalidade. 364-7

Amilius é qualificado não só como o líder dos que entraram buscando manter o equilíbrio com Deus, mas também como o mestre e guia dos que tinham se unido para manter "vivo nas mentes, nos corações, na mente *anímica* das entidades, para que pudesse ser visto seu relacionamento próximo com as influências divinas das Forças Criativas". (364-5)

As almas aprisionadas na materialidade eram conhecidas como os filhos e filhas dos homens, ou Filhos de Belial.

Os Filhos de Belial eram de um grupo, ou eram aqueles que buscavam mais a recompensa, a satisfação, o uso de coisas materiais para si mesmos, *sem* pensar ou considerar as fontes desses bens nem as agruras das vidas alheias.

Ou, em outras palavras, eram o que nos termos de hoje chamaríamos de pessoas sem moral.

O outro grupo – os que seguiam a Lei do Uno – tinham princípios morais. Os Filhos de Belial não tinham esses princípios, exceto os próprios, para o seu próprio engrandecimento. 877-26

Os Filhos de Deus estavam em forma espiritual na Terra e, nesse sentido, não se dividiam em sexos. Cada uma dessas almas era tanto masculina como feminina, como era o caso de Amilius. No entanto, ele observou que os filhos e filhas dos Homens, no processo de entrar em corpos físicos, tinham se dividido em entidades masculinas e femininas, e estavam repletos de desejos de gratificação sensual e sexual.

No processo de se projetarem numa variedade de corpos materiais, os filhos e filhas dos Homens, em muitos casos, tinham adotado características da vida vegetal e animal. Alguns corpos tinham projeções botânicas, tais como membros na forma de galhos e folhas; outros tinham pernas ou cascos de animais, escamas de peixes, pele com pêlo alto e congêneres. É dessas estranhas misturas que procedem as lendas de sátiros, unicórnios, sereias e outras criaturas mitológicas. Elas vêm sendo lembradas pelo homem através da memória da alma.

Edgar Cayce, ao dar palestras em sua escola dominical na aula de Bíblia, apresentou uma interpretação do que tinha dito enquanto dormia em transe mediúnico, a respeito da atividade das primeiras almas:

> Esses seres eram ao mesmo tempo masculinos e femininos; eram imagens (em espírito) daquele espírito divino que se movia e criou a Luz. Conseqüentemente, eles também tinham a capacidade de se reproduzir, ou de se dividir em várias manifestações. Começaram a fazer isso para sua satisfação pessoal, ou para a propagação do seu próprio egoísmo, e não para a glória do seu Criador.
>
> A menos que cheguemos a ter mesmo que uma vaga idéia do que seja esse estado de coisas, impossível nos será compreender a necessidade posterior de Deus criar um homem perfeito por meio do qual todas as almas pudessem voltar à sua fonte original.

As leituras indicam que até mesmo Amilius sucumbiu aos males e ao egoísmo desse mundo material. Aparentemente ele não ficou preso de uma maneira irremediável, pois continuou o trabalho para a libertação e a volta de todas as almas a Deus. Ele e outros Filhos de Deus ainda conseguiam lembrar-se da sua origem e da sua condição de inferioridade diante do Criador, mas os Filhos de Belial não conseguiam mais. As leituras também dizem que Amilius estabeleceu "altares nos quais sacrifícios do campo e da mata" poderiam ser realizados, como tributo religioso a Deus. (364-4)

Amilius viu que os corpos animais em que as almas se haviam aprisionado não eram adequados como habitação para uma alma. Concluiu que um corpo novo e mais perfeito era necessário para os Filhos de Deus, com o propósito de ajudar os irmãos perdidos, os Filhos de Belial, a reconhecer seu distanciamento em relação a Deus, instilando neles o desejo de voltar à companhia do Criador.

As leituras de Cayce indicam que Amilius e os Filhos de Deus, colaborando com o próprio Deus, foram os responsáveis pelo planejamento e desenvolvimento de um novo corpo, que veio a ser o do ser humano ou *homo sapiens*.

... na terra atlante ... [foi] quando um indivíduo [Amilius] viu pela primeira vez aquelas mudanças que depois abriram caminho para a necessidade, ou para o preparo, da obra da Consciência Universal que trouxe à vida o que a humanidade conhece como o primeiro homem criado. 2454-3

Uma outra leitura diz que Amilius "fez com que passasse a existir tudo o que pertence à aparência do homem enquanto homem, na forma de carne, neste mundo material". (364-7)

São escassas outras evidências a favor da história de Cayce a respeito do aparecimento da alma do Mestre como Amilius; mas elas não são inteiramente inexistentes. Como ainda iremos ver, no capítulo seguinte, tem bastante autoridade a idéia que vincula Adão ao messias e especificamente com Jesus. De acordo com os gnósticos mandeanos, houve um Adão secreto ou místico que precedeu o Adão humano em muitas miríades de anos[4]. Os hermetistas, dos quais falaremos bastante nos próximos capítulos, esposavam crenças semelhantes[5]. Os antigos místicos judeus diziam que "Deus primeiro criou o Homem Celestial, o Arquétipo, que encheu o universo e serviu de molde a partir do qual ele foi feito".[6]

Aparentemente, o período em que Amilius e os outros Filhos de Deus prepararam o caminho para a entrada do homem físico na Terra foi grandioso e movimentado. As leituras dizem que "as estrelas da manhã cantaram juntas na glória da vinda do Senhor" (2597-1) e que "os Filhos de Deus vieram juntos, e assim soou a trombeta da vinda do Homem" (234-1). Essa descrição aparece no Livro de Jó, em que, no Capítulo 38, Deus pergunta a Jó:

> 4 Onde estavas, quando lancei os fundamentos da terra?
> 7 quando as estrelas da manhã juntas cantavam alegremente, e todos os filhos de Deus rejubilavam?

Esse foi o período:

...em que os Filhos de Deus reuniram-se para anunciar à Matéria que um caminho tinha sido aberto para as almas dos homens, para as almas da criação de Deus voltarem a perceber seus erros. 2156-2

Foi a época em que a alma de Amilius, o primogênito de Deus, ficou completamente comprometida com a missão de levar as almas perdidas de volta à glória da presença de Deus. Seria uma longa e difícil jornada, em que essa alma terminaria se vendo no meio do palco desempenhando o papel de protagonista.

CAPÍTULO 5

ADÃO

"Eu [Jesus] sou o Alfa e o Ômega, o Primeiro e o Último, *o Princípio e o Fim."*

(Apocalipse, 22:13)

Quando houve, no começo, o advento do homem no plano conhecido como terrestre, e ele se tornou uma alma viva, sujeita às leis que governam esse plano tal como ele se apresenta, o Filho do Homem chegou à Terra como o primeiro homem. Portanto, o Filho do Homem, o Filho de Deus, o Filho da Causa Primeira, manifestando-se num corpo material.

Essa não foi a primeira influência espiritual, corpo espiritual, manifestação espiritual na Terra, mas o primeiro homem – carne e sangue; a primeira morada carnal, o primeiro corpo sujeito às leis do plano, segundo a posição deste dentro do universo. **5749-3**

Então, embora Ele fosse o primeiro dos homens, o primeiro dos filhos de Deus em espírito, em carne, foi necessário que Ele realizasse *todas* essas associações, essas ligações, que iriam eliminar na experiência do homem tudo aquilo que o separa do seu Criador. **5749-6**

Ele, a Consciência de Cristo, é aquilo a que primeiro se faz referência no princípio, quando Deus disse: "Faça-se a Luz, e a luz se fez." E essa é a luz que se manifesta em Cristo. Primeiro, ela se tornou fisicamente consciente em Adão. E, assim como em Adão todos morremos, no derradeiro Adão – em Jesus, tornado o Cristo – somos todos vivificados. **2879-1**

Pois saibam que Ele – que foi levado à Cruz, no Calvário – foi... também aquele que primeiro caminhou entre os homens, no início do advento do homem à carne! Pois efetivamente Ele foi e é o primeiro Adão, o derradeiro Adão; esse é o caminho, a verdade e a luz! **2402-2**

Um novo tipo de corpo tinha sido criado por Deus e Amilius – e talvez pelas demais almas que não haviam caído e que trabalhavam com eles – para uso das almas que então estavam ingressando na experiência terrestre. Esse corpo seria ocupado primeiro pela alma de Amilius e, na qualidade de primeiro homem, seria conhecido como Adão. É a mesma alma que, ao final, seria conhecida como Jesus, o Cristo.

Gênesis 1:26 cita estas palavras de Deus: "Façamos o homem à nossa imagem, à nossa semelhança..." O uso do termo "nossa" aqui tem sido um problema para os estudiosos da Bíblia porque, antes de mais nada, poderia ser interpretado como indício de politeísmo. As leituras de Cayce fornecem a resposta. "Nossa" refere-se a Deus e ao filho primogênito de Deus – a alma Amilius – que participou na criação do corpo adâmico.

A idéia de que Amilius esteve envolvido na criação de Adão tem respaldo na tradição. O Zohar cabalístico descreve dois Adões: o primeiro era "um ser divino que, saindo das mais excelsas trevas originais, criou o segundo Adão, ou Adão terrestre, à Sua própria imagem"[1].

O relato inicial da criação do homem, na Bíblia, está no primeiro capítulo do Gênesis, e os estudiosos referem-se a ele como a narração sacerdotal. O segundo relato está em Gênesis 2 e é chamado de "J" ou "Jeovástica" [de Jeová]. No primeiro, a humanidade foi criada à imagem de Deus e recebeu de presente o domínio sobre o resto da criação. Na segunda narrativa, depois de criar o céu e a terra e outras formas de vida, Deus moldou o homem, ou Adão, "do barro do chão, soprou vida em suas narinas, e colocou-o no Jardim do Éden para ser o guardião do lugar"[2].

As leituras mediúnicas de Edgar Cayce dizem que o primeiro relato da criação da humanidade se refere à criação original da alma, ao passo que o segundo diz respeito à criação do corpo físico terrestre. Dessa forma, seria a alma – objeto de referência em Gênesis 1 – que teria sido especificamente criada à imagem de Deus e beneficiada com o domínio sobre todo o restante da criação, incluindo, pelo menos originalmente, os outros planetas e esferas. E seria a criação do homem terrestre, Adão, que se descreve no Capítulo 2 do Gênesis. Como elemento de corroboração, deve ser notado que somente no segundo capítulo é que o homem criado é realmente chamado de Adão.

Alguns dentre os antigos filósofos judeus defendiam pontos de vista semelhantes a respeito do significado dos dois relatos da criação. Fílon, por exemplo, acreditava que o relato de Gênesis 1 se referia ao homem celestial criado à imagem de Deus, e que o de Gênesis 2 descrevia o homem terrestre, criado do barro da terra. O homem celestial é incorpóreo, ao passo que o terrestre é composto tanto de elementos corpóreos como incorpóreos, corpo e mente[3]. Maimônides concordou com Fílon quanto a essa interpretação.

O livro *2 de Henoc (Apocalipse Eslavônico)*, cuja data de composição é desconhecida, mas provavelmente remonta ao período do Antigo Testamento e narra a antiga tradição judaica, tece alguns comentários relevantes acerca de Adão e da sua criação por Deus:

> De substâncias invisíveis e visíveis Eu criei o homem.
> De ambas as suas naturezas vêm a morte e a vida.
> E (como minha) imagem ele conhece o mundo como
> (nenhuma) outra criatura.
> Mas mesmo na sua máxima grandeza ele é pequeno,
> e, novamente, no seu mínimo, ele é grande.
>
> E sobre a terra designei-o como segundo
> anjo, honrado, grande e glorioso. E designei-o para
> ser um rei, para reinar [sobre] a terra, [e] ter a
> minha sabedoria. E nada havia que lhe fosse
> comparável na terra, até entre as minhas criaturas
> que existem... E designei-lhe quatro estrelas especiais, e chamei seu
> nome de Adão. E dei-lhe o seu livre-arbítrio; e mostrei-lhe os dois
> caminhos – a luz e as trevas...[4]

A tradição judaica retrata Adão como a criatura perfeita. Exalta sua beleza e diz: "O calcanhar de Adão resplandece mais glorioso que o brilho do sol; muito mais ainda a luminosidade do seu rosto."[5] Tanto as lendas judaicas como as islâmicas dizem que alguns anjos tiveram inveja de Adão, embora outros quisessem render-lhe homenagens e adorá-lo. Depois, Deus esclareceu aos anjos as limitações do homem, e, à exceção de Satã, eles o aceitaram[6].

As leituras indicam que Amilius era tanto masculino como feminino. Enquanto Adão, porém, Deus quis dar-lhe uma parceira, ou auxiliar. A alma Amilius foi então dividida em contrapartes masculina (Adão) e feminina (Eva).

... esse Amilius – Adão, depois – discerniu primeiro que de si mesmo, e não dos animais selvagens à sua volta, poderia ser extraída – *foi extraída* – Eva, que garantiu a propagação de seres de carne e serviu de companhia, como se viu, para a criação nos mundos materiais em torno dele. 364-5

... essa, enquanto ser, veio como companhia; e quando houve esse voltar-se para o interior, por meio das forças da criação, para criar esposa... então – de dentro de si – foi trazida aquela [criatura] que seria para servir de cônjuge, não uma mera companhia para o corpo. 364-7

Gênesis 2:21-22 diz que Deus induziu um sono profundo em Adão e dele extraiu uma costela da qual foi feita a mulher, Eva.

Em hebraico, a palavra para "costela" também significa "lado", e a imagem de tirar um lado de Adão parece refletir melhor o conceito da divisão da alma dele no processo de criação de Eva. Segundo Cayce, Adão e Eva tornaram-se então almas gêmeas; uma masculina, outra feminina. Em virtude do papel dinâmico positivo que a alma Adão estava destinada a desempenhar na evolução espiritual da humanidade, pode ter sido necessário moldá-la no sexo masculino ativo. A alma Eva, feminina e receptiva, mais passiva, também tinha uma incumbência especial e particular pela frente, ao complementar e assistir os esforços de Adão.

Deus abençoou Adão e Eva e deu-lhes o domínio sobre a terra; eles deveriam ocupá-la e subjugá-la. Se Adão e Jesus são a mesma alma, não é incoerente que, no Novo Testamento, São Mateus tenha dito que todo o poder do céu e da terra tinha sido dado a Jesus (Mateus, 28:18).

A ordem da criação, de acordo com a Bíblia e também com Cayce, corresponde à que foi revelada pelos atuais registros fósseis da Terra. Cayce diz que a Bíblia fala de dias para mostrar a passagem de sucessivos períodos de criação e para expressar o poder do Deus vivo; não se trata de uma afirmação a respeito dos dias como hoje nós os compreendemos. A criação em seis dias não teria sido impossível; mas o que de fato aconteceu foi um processo de tempo de paciência que refletiu a majestade e a onipotência do Criador (262-57). Cayce acrescenta também que a forma humana foi uma criação especial e não descende dos macacos (3744-4).

Cayce diz que as almas em forma humana entraram na Terra em cinco lugares diferentes:

Por meio de Adão, homem (enquanto grupo, não enquanto indivíduo), entrou no mundo (como vemos, ele chegou a cinco lugares ao mesmo tempo, e foi chamado Adão em um deles, compreendem.... 900-227

Essas palavras, ao lado de informações tiradas de outras leituras, parecem dizer que o Adão bíblico foi assistido por outros Filhos de Deus quando liderou a entrada das almas no novo corpo terrestre. Os cinco locais de chegada representaram cada qual uma raça humana diferente (vermelha, amarela, branca, negra e marrom), e estavam localizados no Éden, na Atlântida, nos Andes, no oeste da América e na Índia, embora os continentes e oceanos tivessem configurações um pouco diferentes das atualmente existentes. (364-9, 364-13) É significativo que haja uma tradição islâmica que diz que Adão foi criado de barro vermelho, branco e preto, e que essa é a razão das várias cores de pele que tingem a humanidade. O Talmude também diz que a homogeneidade da raça humana multicolorida resulta de o barro ter sido coletado de toda a superfície da terra para a criação do corpo de Adão[7].

A localização do Jardim do Éden é uma questão que vem sendo debatida há muito tempo. Os estudiosos tradicionais da Bíblia têm, em geral, preferido localizá-lo entre os rios Tigre e Eufrates, provavelmente no noroeste da Mesopotâmia. Uma das leituras de Cayce descreve o Éden como a "terra do entremeio" e localiza-o "entre o Eufrates, ou onde o Mar Vermelho, o Mar Morto" estão situados atualmente (1179-2). Em outra, ele acrescenta:

Nessa... conhecida como o começo, ou no Caucasiano e nos Cárpatos, ou o Jardim do Éden, naquela terra que hoje fica em grande parte no deserto, mas ainda muito na montanha e muito na região suavemente montanhosa daquele local. **364-13**

Algumas versões do livro apocalíptico *2 de Henoc* afirmam que Adão foi criado em Akhuzan, o centro da terra, e que sua tumba final será lá (*2 Henoc*, 71:34-36). Jerusalém era mencionada freqüentemente como o centro da Terra em documentos antigos.

Segundo Cayce, a alma Adão permaneceu como líder dos Filhos de Deus e estipulou o padrão para os que tinham entrado nas outras quatro áreas. É interessante observar que, nas primeiras descrições de Adão em *2 Henoc*, está dito que Deus "designou-lhe quatro estrelas especiais". Essas quatro estrelas especiais podem referir-se às almas que entraram nos outros quatro agrupamentos raciais. Talvez haja também um significado oculto no seguinte veículo do Gênesis 2, que até esse ponto não fornece aos especialistas em Bíblia uma descrição significativa de um local real:

> 10 E saía um rio do Éden para regar o jardim;
> e dali se dividia, e se tornava em quatro
> cabeceiras. (Tradução de Lamsa)

Adão foi o contato original entre Deus e a humanidade, e foi a partir dele que as outras quatro cabeceiras de raças subdividiram-se e espalharam-se por suas áreas de influência.

A Bíblia conta como Satã, disfarçado de serpente, tentou Eva e, por meio dela, Adão, levando-os a desobedecer ao mandamento divino e, assim, comer o fruto da árvore proibida. A serpente argumentou dizendo que, comendo daquela árvore, "vossos olhos se abrirão e sereis como deuses, versados no bem e no mal". (Gênesis, 3:5) Cayce acrescenta outro comentário quanto à natureza desse erro:

Não ganhem conhecimento para o seu próprio descaminho. Lembrem-se de Adão.

Não obtenham aquilo que vocês não conseguirem tornar construtivo na sua própria vida e na daqueles com quem diariamente vocês entram em contato. **5753-2**

... conhecimento sem a capacidade prática de aplicá-lo torna-se pecado. Pois é o conhecimento mal-aplicado que foi a queda – ou a confusão – em Eva. **281-63**

A essência do erro de Adão e Eva foi a impaciência egoísta perante os planos de Deus e a perda da sintonia com a vontade do Senhor.

Depois de confrontar os dois e receber deles a confissão da culpa, Deus pronuncia Sua sentença no Capítulo 3 do Gênesis:

> 16 À mulher ele disse: "Multiplicarei as dores de tuas gravidezes, na dor darás à luz filhos. Teu desejo te impelirá ao teu marido e ele te dominará."
> 17 E a Adão ele disse: "Porque escutaste a voz de tua mulher e comeste da árvore que eu te proibira comer, maldito é o solo por causa de ti! Com sofrimentos dele te nutrirás todos os dias de tua vida.
> 18 Ele produzirá para ti espinhos e cardos, e comerás a erva dos campos.
> 19 Com o suor de teu rosto comerás teu pão até que retornes ao solo, pois dele foste tirado.. Tu és pó e em pó te hás de tornar."

Cayce explica melhor esse castigo:

E com o erro [o pecado] entraram no que se chamou *morte*, que é somente uma transição – ou passaram pela outra porta de Deus – e chegaram àquele reino onde a entidade construiu, em sua manifestação de acordo com o conhecimento e as atividades referentes à lei da influência universal. 5749-3

Fazia parte do castigo de Adão e Eva, evidentemente, sua expulsão do Jardim do Éden. Há alguns relatos interessantes sobre esse banimento em diversos dos primeiros documentos gnósticos cristãos, a maior parte dos quais veio a público há poucos anos. Nesses livros, o tema geral é que, depois de Adão e Eva terem deixado o Éden, eles sofreram muito e se arrependeram de seu erro. Como ato de penitência, permaneceram muito tempo nos rios Tigre e Jordão. Uma passagem descreve como Cristo vai batizar Adão no rio Jordão, enquanto outras falam do batismo de Jesus no Jordão e da reabertura do paraíso[8].

Os versículos 14 e 15 do Capítulo 3 do Gênesis descrevem o castigo imposto por Deus à serpente, mas conclui dizendo que a semente da mulher esmagará a cabeça da serpente. Essa profecia é considerada como a primeira promessa de um redentor ou messias.

Fizeram a Cayce a seguinte pergunta: "Quando foi que Jesus tomou consciência de que Ele seria o Salvador do mundo?" Resposta: "Quando ele caiu no Éden." (2067-7)

Os primeiros filhos de Adão e Eva foram Caim e Abel, e depois de algum tempo Caim matou seu irmão, movido pelo ciúme. Gênesis 4:16 relata que Caim foi para a terra de Nod e ali encontrou sua esposa. Somente com a explicação de Cayce de que, antes da vinda de Adão, as almas já estavam na Terra e aprisionadas na matéria, é que tem sentido o fato de Caim encontrar sua esposa dessa forma.

Logo em seguida, a Bíblia diz que "os Filhos de Deus" acharam belas "as filhas dos homens" e casaram-se com elas. (Gênesis 6:2) Esses termos, embora não explicitados na narrativa bíblica em si, foram identificados por Cayce em seu relato da criação. Os "filhos e filhas dos homens" são as almas perdidas que os "Filhos de Deus" vieram à Terra ajudar a salvar.

Quando as Forças Criativas, Deus, fizeram então o primeiro homem – ou Deus-homem – ele foi o princípio dos Filhos de Deus.

Então aquelas almas que entraram através de um canal feito por Deus – não por meio de pensamentos, desejos, lascívia ou coisas que continuamente separavam – foram os Filhos de Deus, as Filhas de Deus.

As filhas dos homens, então, foram as que se tornaram os canais por meio dos quais a lascívia conheceu sua atividade; e foi dessa maneira, então, que se manifestaram as condições estipuladas antigamente, de que os Filhos de Deus olhassem para as filhas dos homens e vissem que eram belas, e as desejassem! 262-119

Deus declarou então que o espírito não estaria sempre com a humanidade, "pois também é carne". (Gênesis 6:3) Cayce acrescenta mais detalhes a respeito da degeneração das classes sociais:

... vemo-los como os Filhos das Forças da Criação, fazendo em sua vida a experiência de observar essas formas modificadas, ou as filhas dos homens, e assim rebaixaram-se nessas poluções, poluindo-se com aquelas misturas que geraram desprezo, ódio, derramamento de sangue, e com as que se acumulam pelos próprios desejos, *sem* respeito pela liberdade e desejos dos *outros* e então começou, na parte final desse período de desenvolvimento, aquilo [que] desencadeou... as dissensões e as divisões entre os povos das terras. 364-4

Durante esse período, de acordo com Cayce, havia uma variedade de formas de corpos humanos que haviam resultado do casamento entre os "Filhos de Deus" e "as filhas dos homens". Havia gigantes de três a quatro metros de altura, embora a estatura e a forma ideais fossem as exemplificadas por Adão e Eva. (364-11) A existência de gigantes é comentada na Bíblia, em Gênesis 6:4:

> Ora, naquele tempo (e também depois), quando os filhos de Deus se uniam às filhas dos homens e estas lhes davam filhos, os Nefilim [gigantes] habitavam sobre a terra; estes eram os valentes que houve na antigüidade, os varões de fama.

A Bíblia registra que um outro filho nasceu a Adão e Eva – um filho à semelhança de Adão e "à sua imagem". Seu nome foi Set, e ele daria seguimento à linhagem espiritual de Adão.

Existem muitos textos apocalípticos judaicos e da fase inicial do Cristianismo a respeito de Set. Praticamente todos eles são unânimes em afirmar que, antes de morrer, Adão transmitiu-lhe seu grande conhecimento espiritual. Por exemplo, o *Apocalipse de Adão* relata que, no final de sua vida, Adão fez a Set uma revelação testamental. Nela, Adão narra as experiências que ele e Eva tiveram no Jardim do Éden e acrescenta revelações especiais que lhe haviam sido transmitidas por três informantes angélicos a respeito do futuro da raça eleita. Essas revelações profetizam a futura destruição da terra pela água e pelo fogo e a vinda de um salvador. Set, por sua vez, "ensinou à sua semente" essas revelações recebidas de Adão, seu pai. E o *Apocalipse de Adão* acrescenta que revelações especiais também tinham sido escritas "numa montanha alta, sobre a pedra da verdade".[9]

Informações semelhantes são dadas em *A vida de Adão e Eva*, em que Eva também diz aos seus filhos que escrevam as revelações que ela e Adão lhes fazem em tábuas de pedra e barro. As tábuas de pedra sobreviverão a um juízo pela inundação, e as de barro a um juízo pelo fogo[10]. Essa história é muito próxima da apresentada pelo historiador judeu Josephus, que afirma que, à época em que ele escrevia, as estelas ou tábuas de pedra ainda sobreviviam "na terra de Seiris"[11]. Considera-se que "Seiris" represente a terra do Egito[12].

No texto *Evangelho dos Egípcios*, Set é descrito como o autor de um livro sobre a "história da salvação", que ele guardou em uma montanha alta ou "na montanha que é chamada Qaraxio" para que pudesse ser usado como uma revelação no final dos tempos pelos eleitos. Um especialista propôs que o significado de "Qaraxio" seja entendido como "montanha dos dignos"[13].

Desse modo, as lições e orientações espirituais para o futuro da humanidade, tais como experimentadas e recebidas de Deus e dos anjos por Adão e Eva, foram transmitidas a Set. Segundo a lenda e a tradição, Set guardou muitos desses segredos em caráter permanente, num local especial.

Dois documentos especiais dentre os achados arqueológicos de Nag Hammadi, no Egito, são *Eugnostos, o Abençoado* e *A Sagrada Sabedoria de Jesus Cristo*. Nesses dois trabalhos gnósticos, as referências a Adão identificam-no como o "Filho do homem". O uso desse título para designar Adão pelos primeiros cristãos certamente evidencia que eles reconheciam em Adão a mesma alma que fora do Cristo, que adotava livremente esse título como seu[14].

O *Primeiro Livro de Adão e Eva* é uma coletânea de lendas judaicas sobre a primeira família. Sua remota data de composição é desconhecida mas, na qualidade de texto escrito, certamente é tão antigo quanto os primórdios do Cristianismo, e partes desse documento podem ser encontradas no Talmude, no Corão e em outras fontes. O Capítulo XLII contém a seguinte declaração de Deus, depois que Adão solicitou a Água da Vida que tinha conhecido no Éden:

7 E, mais uma vez, quanto à Água da Vida que buscas, ela não te será dada; mas somente no dia em que Eu verter o Meu Sangue sobre a tua cabeça na terra do Gólgota.
8 Pois o Meu sangue será a Água da Vida para ti nesse dia, e não só para ti, mas para todos os que vierem da tua semente e acreditarem em Mim; sobre eles cairá como bálsamo, para sempre.
9 O Senhor disse a Adão: "Ó Adão, quando estavas no jardim essas provações não te atingiam
10 Mas, desde que violaste o Meu mandamento, todos esses sofrimentos se abateram sobre ti."[15]

Dessa maneira, encontramos em uma lenda importante para a literatura de várias religiões uma promessa profética atribuída a Deus de que a Água da Vida que Adão tinha conhecido no Éden só seria obtida depois que o sangue de Deus fosse derramado sobre a cabeça de Adão no Gólgota. Essa profecia é uma referência óbvia à crucificação de Jesus no Gólgota; e, como o sangue deveria ser derramado sobre a cabeça de Adão, o texto parece deixar implícito que a crucificação seria do próprio Adão. É provável que essa aparente referência a Jesus tenha sido ou escrita ou acrescida à obra em questão por cristãos zelosos. Dizer, com base nesse documento, que a tradição judaica atribuía um papel messiânico a Adão pode, portanto, ser questionável; mas pelo menos a tradição dos primórdios do Cristianismo encontrou esse elo de ligação entre Adão e Jesus.

Existem, no entanto, outras fontes da tradição judaica que vinculam Adão com o messias prometido. No "Notarikon" da Cabala, Adão, Davi e o Messias são todos considerados como a mesma alma[16].

A obra *Testamento de Adão* merece um comentário. De composição originalmente judaica, baseava-se em lendas e tradições relativas à criação. Foi remontada ou ampliada pelos primeiros cristãos e, na sua forma atual, é datada como obra dos séculos II a V d.C.[17] Na seção relativa às profecias, Adão conta para Set sobre a futura vinda de Deus, que nascerá de uma virgem e fará inúmeras outras coisas associadas exclusivamente com a vida de Jesus. Adão continua informando Set de suas conversas com Deus:

> Ele me falou sobre isso no Paraíso, depois que peguei um fruto no qual a morte estava escondida: "Adão, Adão, não temas. Tu quisestes ser um deus: eu hei de tornar-te um deus – não agora, porém, mas depois de muitos anos. Eu te destino à morte, e as larvas e vermes comerão teu corpo." E eu lhe respondi: "Por que, meu Senhor?" E ele me disse: "Porque deste ouvidos às palavras da serpente, tu e a tua posteridade servirão de alimento à serpente. Mas depois de algum tempo haverá misericórdia para vós porque fostes criados à minha imagem e eu não deixarei que vos percais no Sheol. Para o vosso bem, eu nascerei da Virgem Maria. Por vós provarei a morte e

entrarei na mansão dos mortos. Por vós farei um novo céu e reinarei sobre a vossa posteridade.

"E depois de três dias, enquanto ainda estiver no túmulo, farei ressurgir o corpo que recebi de ti. E o colocarei à direita da minha divindade, e farei de ti um deus, exatamente como querias. E receberei a graça de Deus, restituindo a ti e à tua posteridade a justiça do céu." (Sec. 3:3-4)[18]

Deus parece estar dizendo a Adão que, depois de três dias, o corpo de Adão será ressuscitado por Deus e que Adão terá, nesse momento, alcançado a divindade. Na última sentença, Adão parece estar dizendo a Set que ele, Adão, receberá a graça de Deus e devolverá à humanidade sua legítima herança. Os primeiros editores cristãos estariam, assim, identificando Adão com o papel messiânico de Jesus e dizendo, como Edgar Cayce, que a alma do Mestre tornou-se ciente desse papel no momento em que foi expulsa do Éden, ainda como Adão.

Num dos mais antigos documentos da *Pistis Sophia*, uma coletânea de textos gnósticos, um grande anjo chamado Jeú é mencionado freqüentemente. Ele é descrito como "supervisor da luz" e "organizador do Cosmo", sendo identificado como o "Primeiro Homem".[19] Uma identificação de Jesus (Jeú) com Adão (e talvez até Amilius) parece estar implícita, e com isso um outro escrito do Cristianismo primitivo está igualando Adão e Jesus.

Os elcasitas são um exemplo típico dos primeiros cristãos que acreditavam que Jesus tinha sido Adão. Segundo eles, Jesus já havia ocupado vários corpos, aparecendo a intervalos para lembrar a humanidade de sua origem espiritual.[20] Epifânio, um dos primeiros autores cristãos, assim disse a respeito dos elcasitas:

> Alguns deles também dizem que Cristo é Adão, o primogênito... Outros dizem que ele foi criado antes de todas as coisas, sendo superior aos anjos, reinando sobre tudo e que era chamado Cristo. Ele revestiu o corpo de Adão, apareceu como ser humano, foi crucificado, ressuscitou e subiu ao céu.[21]

Até o famoso psicólogo Carl Jung escreveu sobre a identificação de Adão com o Filho de Deus, ou Cristo, presente nos primeiros documentos do Cristianismo[22].

Não só documentos secundários ou apócrifos, mas a própria Bíblia parece insinuar que Jesus foi Adão. O Capítulo 15 de I Coríntios contém estas sentenças crípticas:

> 22 Pois, assim como todos morrem em Adão, assim também em Cristo todos receberão a vida.
> 45 Assim está escrito: "O primeiro homem, Adão, foi feito em alma vivente"; o último Adão tornou-se espírito que dá vida.

É razoável supor que nesses dois versículos está implícito o último aparecimento de Adão como Jesus Cristo. Em romanos 5:14 pode existir uma sugestão ainda mais forte na sua referência messiânica a Adão:

> Todavia, a morte reinou desde Adão até Moisés, mesmo sobre aqueles que não pecaram à semelhança da transgressão de Adão, que é figura daquele que havia de vir...

O Cristo do autor (provavelmente Paulo) não é Deus, mas a Sua primeira criação, Adão[23], o Homem Arquetípico[24].

Depois de um detalhado mapeamento da genealogia de Maria, através de Davi, Lucas conclui com estas palavras:

> ... o filho de Enós, o filho de Set, o filho de Adão, *o filho de Deus*. (Lucas 3:38) [Grifo do autor.]

A explicação rápida dessa descrição de Adão como "o filho de Deus" é que se trata de uma mera referência ao fato de que Deus o criou. Mas então segue-se a pergunta: quantos personagens bíblicos receberam o título de "filho de Deus"? O Novo Testamento deixa clara a identificação de Jesus como o único filho de Deus". Não é possível que o autor esteja aqui reconhecendo a unidade de Jesus e Adão?

No momento sentido, as palavras citadas como de Jesus, no último capítulo do Novo Testamento, merecem atenção:

> "16 Eu, Jesus, enviei o meu anjo para vos dar testemunho destas coisas nas Igrejas, eu sou a raiz e a geração de Davi, a resplandecente estrela da manhã."
>
> (Apocalipse 22:16)

O fato de Jesus ser descendente de Davi é um tema de destaque no Novo Testamento e um cumprimento da profecia do Velho Testamento. Mas como ele é a *raiz* de Davi? Uma resposta possível advém do reconhecimento de que Jesus foi Adão, ancestral e originador do ramo davídico.

Uma história do início do Cristianismo fornece outro elo simbólico entre Adão e Jesus:

> De acordo com uma tradição cristã, Adão não está enterrado na caverna Machpelah, em Hebron, mas sob o Calvário, no Santo Sepulcro, em Jerusalém, de modo que o sangue redentor de Jesus, vertido na sua crucificação, derramou-se sobre o túmulo dele.[25]

Essa é uma possibilidade semelhante à encontrada em outro documento sírio, A *Caverna dos Tesouros*, que fala de uma caverna em que Adão viveu e foi enterrado. Noé veio depois a essa caverna, pegou os ossos de Adão e levou-os para a arca. Depois do dilúvio, voltou a enterrá-los no Gólgota. Esse tema também está contido nos livros árabes dos *Apocrypha Arabica*.

O livro A *Vida de Adão e Eva* teve ampla circulação entre os primeiros cristãos e data de entre 100 a.C. e 200 d.C.[26] Ele insinua um papel messiânico para Adão:

> E todos os anjos soaram as trombetas e disseram: "Abençoado sois vós, SENHOR, que vos apiedastes da vossa criatura." Então Set viu a mão estendida do SENHOR segurando Adão, e Ele o entregou para Miguel, dizendo: "Que ele permaneça sob a tua custódia até o dia dos castigos, nos anos finais, quando transformarei o sofrimento dele em alegria. Então ele se sentará no trono daquele que o derrubou." (Par. 47)

Outra perspectiva interessante é apresentada no *Testamento de Adão* (3:6):

> E eu, Set, escrevi este testamento. E meu pai morreu e foi enterrado a leste do Paraíso, do lado oposto à primeira cidade construída na terra, que foi chamada (segundo) Henoc. E Adão foi levado até essa cova pelos anjos e poderes do céu porque tinha sido criado à imagem de Deus. E o sol e a lua escureceram, e houve densa treva durante sete dias. E selamos o testamento e o colocamos na caverna dos tesouros com as oferendas que Adão tinha trazido do Paraíso, o ouro e a mirra e o incenso. E os filhos dos reis, os magos, virão pegá-las e hão de levá-las até o filho de Deus, em Belém da Judéia, na caverna.

O texto acima parece estar dizendo que Adão foi enterrado perto ou "do lado oposto" de Jerusalém (que, historicamente, é reconhecida como a primeira cidade). Além disso, o testamento ou a última mensagem de Adão foi selado na caverna dos tesouros, que será aberta pelos Sábios que levarão essas oferendas e o testamento até Jesus. Que vínculo maravilhoso ao longo do tempo é-nos apresentado aqui entre Adão e Jesus!

A história de Adão é profunda e repleta de significados simbólicos para nós, e assume ainda mais essas qualidades quando vista à luz das leituras paranormais de Edgar Cayce e do rico legado de lendas e tradições sobre Adão que data desde a Antigüidade. Esse legado endossa as revelações de Cayce, não só quanto a detalhes da vida de Adão, mas também sobre o seu futuro papel messiânico e a identificação dele com Jesus. O alcance e a majestade da história de Adão, tal e qual se pode depreender dessas fontes e da Bíblia, provavelmente não encontra síntese melhor do que numa parte de uma leitura de Edgar Cayce:

> **Ao entrar no princípio do mundo, Adão, portanto, tem de tornar-se o salvador do mundo, pois este fora entregue aos seus cuidados: "Crescei, multiplicai-vos e *subjugai* a terra!" Então Amilius, Adão, o primeiro Adão, o último Adão, torna-se – nesse momento – aquele a quem é dado o poder sobre a terra, e – assim como em cada alma a primeira coisa a ser conquistada é o eu – depois *todas as coisas*, condições e elementos passam a sujeitar-se a esse ser! ... Assim, sendo dado Adão – como o *Filho* de Deus – ele tem de tornar-se aquele que seria capaz de levar o mundo, a terra, de volta àquela fonte da qual proveio, e *todo poder* lhe é dado para sua guarda da terra, que ele dominou; ser, morte, inferno e até túmulo tornam-se subservientes a Ele *através* da conquista de si mesmo feito carne; pois, assim como no princípio era o Verbo, e o Verbo estava em Deus, e o Verbo *era* Deus, o mesmo aconteceu no princípio. O Verbo veio e habitou entre os homens... 364-7**

Adão veio para o mundo para conduzir as almas perdidas de volta a Deus. No final de sua vida, não tinha tido êxito na tarefa de subjugar e conquistar a matéria, como Deus havia comandado. Aliás, ele tinha perdido sua batalha contra o mundo da materialidade. Havia desafiado o mandamento de Deus de não comer do fruto da árvore do conhecimento e havia sucumbido à tentação de ser como um deus, conhecendo o bem e o mal. No entanto, mesmo tendo fracassado, Deus fez-lhe a promessa de que um dia um homem esmagaria a cabeça da serpente e que Adão ainda conduziria os irmãos perdidos de volta ao paraíso do Pai.

Adão teve de sofrer a morte física pela sua desobediência, mas um Deus amoroso e misericordioso deu-lhe permissão para tentar de novo, repetidamente, até que tivesse encarado e vencido suas imperfeições e mostrado a todas as almas o caminho de volta ao Criador. Ele teria de conseguir isso do modo mais difícil e árduo – enfrentando e vencendo cada pecado e obstáculo que seus irmãos tivessem encontrado. Uma longa estrada terrestre estendia-se à sua frente. A alma de Adão teria de percorrer corajosamente uma trilha desconhecida, mas o primeiro passo já fora dado na estrada que um dia levaria até o Calvário.

CAPÍTULO 6

HENOC

"Foi pela fé que Henoc foi levado, para que não visse a morte; e não o encontraram, porque Deus o levou. Antes de ser arrebatado, porém, recebeu o testemunho de que foi agradável a Deus."

(Hebreus 11:5)

"E eis uma voz do céu que dizia: 'Este é o meu Filho amado [Jesus], com quem me comprazo.'"

(Mateus 3:17)

Lembrem-se das formas que foram dadas. Primeiro, Ele foi criado – concebido a partir de tudo o que existia na terra, como [Adão] um revestimento para a alma de uma entidade, parte do Criador; essa conhecia a separação na morte. Depois, Ele foi manifestado no nascimento através da união de canais que provinham daquele pensamento do Criador que se havia tornado manifesto, mas expresso e manifesto como "Henoc" para merecer escapar à morte [física] – a qual fora o resultado... da desobediência.

Novamente, ela [a alma que se tornou Jesus] manifestou-se em Henoc, que sempre buscava caminhar e falar à luz da divina influência; tinha capacidades latentes e manifestas em si para descobrir a essência nos vários reinos da consciência, mas usava o ministério dos relacionamentos como canal por meio do qual poderiam advir as bênçãos, assim como as recomendações e admoestações que fossem mais indicadas aos outros. 2072-4

Henoc ocupa uma posição especial tanto no Antigo como no Novo Testamento, mas em ambos é citado apenas esporadicamente.

No Antigo Testamento, tudo o que se refere a Henoc está contido nos seguintes versículos do Capítulo 5 do Gênesis:

18 Quando Jared completou cento e sessenta e dois anos, tornou-se
o pai de Henoc.

22 Henoc andou com Deus, depois do nascimento de Matusalém,
trezentos anos e teve outros filhos e filhas.
23 E toda a duração da vida de Henoc foi de trezentos e sessenta e
cinco anos.
24 Henoc andou com Deus; e desapareceu, pois Deus o arrebatou.

A duração da vida de Henoc é curta em comparação com a de seus contemporâneos, mas o número de anos que viveu pode estar ligado ao papel cósmico que lhe é atribuído por Cayce e pela lenda – pois os anos de sua vida correspondem ao número de dias do ano solar.

A frase "Deus o arrebatou" geralmente é interpretada como significando que ele foi levado ao céu por Deus sem sofrer morte física, e a referência a Henoc no Novo Testamento (Epístola aos Hebreus), citada no início deste capítulo, corrobora essa interpretação.

A epístola de Judas, versículos 14-15, completa as breves referências bíblicas a Henoc:

> Foi sobre estes que Henoc, na sétima geração a partir de Adão, profetizou dizendo: "Eis que o Senhor veio com suas sagradas miríades, para executar o julgamento de todos, e para condenar todos os atos ímpios que cometeram de maneira tão ímpia, e todas as coisas grosseiras que os ímpios pecadores falaram contra ele."

Os especialistas em Bíblia concluíram que essa referência a Henoc foi extraída dos livros henoquianos apocalípticos que recentemente reapareceram. Era sabido que eles existiam, de alguma maneira, desde o início da era cristã e que os autores do Novo Testamento consideravam-nos com certo respeito. A validade dos livros de Henoc, dos quais agora temos três versões diferentes, não é uma unanimidade, mas admite-se que exerceram considerável influência sobre o conteúdo do Novo Testamento. As profecias dos livros de Henoc são consideradas pelos estudiosos da Bíblia como as mais antigas revelações documentadas da Segunda Vinda do Cristo.

O dr. R.H. Charles, uma autoridade no estudo de Henoc, observou, há alguns anos, que "a influência de Henoc no Novo Testamento foi maior do que a de todos os outros livros apócrifos e pseudoepígrafos em conjunto[1]". O *Livro Etíope de Henoc* é considerado como um texto ao qual Paulo se referia constantemente; João foi bastante influenciado por Henoc, especialmente no Apocalipse; e as epístolas de Pedro, no Novo Testamento, refletem a influência considerável de Henoc[2]. A verdadeira tradução de Lucas 9:35 é: "Este é o meu Filho, o Eleito." O termo "o Eleito" é freqüentemente usado nos livros henoquianos para designar o próprio Henoc e, aparentemente, foi tomado por Lucas para identificar Jesus[3]. Do mesmo modo, o título "Filho do Homem", geralmente usado por Jesus para referir-se a si mesmo, aparece muitas vezes no *Livro Etíope de Henoc*, em que o próprio Henoc é chamado de "Filho do Homem" por Deus. Estudiosos eminentes acreditam que foi o Livro de Henoc que inspirou esse termo-chave para referir-se a Jesus[4].

A epístola apócrifa de Barnabé cita o Livro de Henoc três vezes e, em duas delas, chama-o de "a Escritura" – termo especificamente reservado para denotar a palavra inspirada de Deus[5].

Observou-se uma semelhança entre a história de Henoc e a lenda mesopotâmica de Enmeduranna, o sétimo rei antes do dilúvio. Tratava-se de um rei devotado ao deus-sol, a quem sua cidade capital era dedicada; com isso, associaram-no ao culto de um deus único. A literatura judaica apócrifa, valendo-se de motivos semelhantes, coligou Henoc, o sétimo a partir de Adão, a Enmeduranna[6]. Henoc, portanto, pode ter sido uma figura histórica de importância arquetípica, comum a mais que uma raça ou nacionalidade.

Há muito mais sobre o homem Henoc nos livros henoquianos que na Bíblia, e a melhor maneira de começar um estudo desse personagem é fazendo uma pesquisa nesses textos. Para a discussão dos três livros de Henoc, serão usadas as traduções, os comentários e o sistema de numeração adotados por Charlesworth no seu *The Old Testament Pseudepigrapha (Os pseudoepígrafos do Velho Testamento)*[7].

O *Primeiro Livro de Henoc* às vezes é citado como o *Livro Etíope de Henoc*, mas aqui será indicado como 1 *Henoc*. Foi um documento importante tanto para os essênios judeus como para os primeiros cristãos. Foi usado pelos autores dos Jubileus e de outros trabalhos não-bíblicos e, como dissemos antes, é explicitamente citado em Judas. Contém conceitos localizáveis em vários livros do Novo Testamento, incluindo os Evangelhos e o Apocalipse. Vários outros textos do início do Cristianismo foram inspirados em 1 *Henoc* e vários Patriarcas da Igreja têm-no em alta conta. Por exemplo, Tertuliano considerava-o parte do cânone cristão[8]. A partir do século IV, contudo, 1 *Henoc* passou a perder a força e terminou por ser relegado ao esquecimento.

Por algum motivo, 1 *Henoc* continuou popular na Etiópia e ali sobreviveu. Por isso, às vezes é denominado de o *Livro Etíope de Henoc*. Foi levado em 1773 para a Europa, mas só foi traduzido no início dos anos 1800; e só recentemente é que veio a chamar mais a atenção.

O livro 1 *Henoc* começa com a história dos filhos perdidos de Deus, à qual se refere Gênesis 6:1-4, e oferece muitos detalhes das confusões e da corrupção desses anjos caídos. Sua forma de retratar o homem original e seu *status* espiritual é muito semelhante à de Edgar Cayce. Segue-se então uma longa discussão acerca do messias, o "Justo" ou "Filho do Homem", que é descrito como "um ser celestial preexistente que é resplandecente e majestoso, e possui todo o domínio"; essa criatura julga todos os seres mortais e espirituais[9]. O livro conclui-se com o juízo final, a destruição futura dos perversos e o triunfo dos justos. É aqui que se encontram as primeiras profecias de uma Segunda Vinda do Cristo, ou messias.

Em 1 *Henoc* 71, lemos:

> Então um anjo veio a mim [Henoc], saudou-me e disse: "Tu, filho do homem, que nasceste da justiça e em quem a justiça habitou, não serás abandonado pela justiça do Ancião dos Dias." Disse-me ainda: "Ele proclamará a paz para ti, em nome do mundo que está por vir. Pois daqui procede a paz desde a criação do mundo, e assim será para ti por todo o sempre. Todos os que vierem a existir e a caminhar seguirão o teu caminho, pois a justiça nunca te abandonará. Eles habitarão contigo; contigo terão o quinhão que lhes cabe. Não serão separados de ti jamais."

Henoc não só é chamado de o "Filho do Homem" como é descrito como aquele que trilha um caminho que os outros devem seguir e do qual a justiça nunca se ausenta. A paz recairá sobre ele para sempre. Não há dúvida de que é o Príncipe da Paz, o Cristo messiânico que está sendo descrito.

O significado da citação acima, extraída de *1 Henoc*, também foi reconhecido por outros autores:

> Como é bem sabido, 1 *Henoc* 71 identifica o filho do homem com o próprio Henoc. Isso pode ter algo que ver com o texto da Sabedoria de Salomão, porque o autor desse trabalho apresenta Henoc como o homem justo por excelência. Não é preciso nenhum esforço de imaginação em exegese para identificar o justo exaltado no Capítulo 5 da Sabedoria de Salomão como Henoc.[10]

Outro autor acrescenta:

> Desse modo, é feita ao patriarca antediluviano Henoc uma revelação que descreve o futuro papel redentor do Filho do Homem, e que, em última análise, identifica o próprio Henoc com essa figura![11]

Antes de Henoc ser identificado com o Filho do Homem, ele é inteirado do papel messiânico do Filho do Homem e dos mistérios que só serão revelados a este (e que, depois, são revelados ao próprio Henoc). Nele estarão escondidos todos os tesouros da sabedoria e da ciência. Depois lê-se:

> Pois o Filho do Homem esteve oculto desde o princípio, e o Altíssimo preservou-o na presença de seu poder; depois revelou-o aos santos e eleitos. (Henoc 1-62:7)

Henoc é chamado tanto por Deus como pelos anjos ou Guardiães como o "escriba" ou "escriba da justiça". De acordo com as leituras de Cayce, a alma de Jesus, através de inúmeras encarnações, foi responsável pela redação de boa parte do Antigo Testamento. O título "escriba", portanto, seria altamente adequado para descrever essa alma única.

Vem de *1 Henoc* o conceito de um messias preexistente, que foi usado pelo Cristianismo para provar a divindade de Jesus[12]. É irônico que o conceito de um messias preexistente seja parte importante da crônica de Cayce, que por muitos autores é vista como adversária da teologia cristã aceita em geral. A diferença, é claro, está em que Cayce atribui a Jesus uma divindade readquirida, ao passo que o Cristianismo convencional afirma que do começo ao fim ele foi Deus. Essa foi uma questão que dividiu os primeiros cristãos e tornou-se o tema de muitos concílios e conclaves nos primórdios da Igreja. Com o tempo, a teologia de que Jesus foi e sempre fora uma parte da Divindade tornou-se dogma, e a opinião inicialmente defendida por muitos de que Jesus foi apenas um homem que se tornou Deus terminou como heresia.

O livro seguinte de Henoc é, às vezes, chamado de O *Apocalipse Eslavônico de Henoc*, mas vamos referir-nos a ele apenas como *2 Henoc*. Ele é conhecido apenas por alguns manuscritos redigidos em antigo eslavônico, que só receberam a atenção do Cristianismo ocidental há pouco tempo, depois de terem permanecido "perdidos" por aproximadamente 1.200 anos. Provavelmente, o livro chegou aos países eslavos há muitos anos, oriundo de textos gregos hoje extintos, os quais se baseavam em lendas e tradições semíticas. No entanto, debate-se a procedência de *2 Henoc*, que pode ter-se originado tanto no círculo judaico como no cristão. Ele pode ser datado de qualquer ano entre os tempos pré-cristãos e o final da Idade Média, mas o mais provável é que remonte ao período imediatamente anterior ao Cristianismo[15].

Existe, em *2 Henoc*, uma amplificação de Gênesis 5:21-32, que vai desde a vida de Henoc até o dilúvio. A primeira parte do livro trata de Henoc sendo levado aos céus, sua experiência diante de Deus e sua volta à terra para contar à família o que havia aprendido. A segunda parte cobre as vidas de seus sucessores imediatos. O livro concentra-se geralmente em conceitos da criação e representa uma das primeiras tentativas de conciliar a ciência e as Escrituras a esse respeito. Novamente, há passagens cujas ressonâncias de significado e cuja linguagem lembram muitíssimo a história da criação segundo Cayce. Adão, por exemplo, é descrito como uma criatura que originalmente fora celeste.

Enquanto está no céu, Henoc é agraciado por Deus com uma visão dos segredos do universo, e é-lhe dito que essas informações não foram transmitidas sequer aos anjos. Henoc é instruído a escrever sobre suas experiências para as próximas gerações da humanidade e a narrar a crônica da história de seus antepassados desde Adão. Novamente vemos Henoc identificado com o papel de escriba.

Depois de Henoc voltar à terra, e logo antes de ser finalmente transladado ao céu por Deus, sua família terrestre e seus amigos lhe rogam:

> Ó Pai Nosso, Henoc! Abençoado sejas pelo Senhor, ó rei eterno! E agora, abençoa os teus filhos e todas as pessoas para que pos-

> samos ser glorificados diante de ti, hoje. Pois serás glorificado diante de DEUS por toda a eternidade, porque tu és aquele que DEUS escolheu dentre todas as pessoas que vivem na terra; e selou-te para ser o que faz o registro escrito de toda a Sua criação, visível e invisível, e o que lavou o pecado da humanidade, e o que ajuda aos da sua própria casa. (Henoc 64)

Essa passagem identifica claramente Henoc como um escriba e messias ou redentor da humanidade.

A linguagem de 2 *Henoc*, quando descreve Henoc e Adão, é muito parecida. Como diz *2 Henoc*, no capítulo sobre Adão, este é destinado por Deus a ser um rei, para reinar na terra e ter a sabedoria de Deus. Não existe nenhuma outra criatura que lhe seja comparável. Uma linguagem praticamente idêntica é usada para Henoc e, tendo em vista a exclusividade da terminologia, a conclusão proposta pelo autor, de que são uma única e a mesma pessoa, é uma suposição aceitável.

Finalmente, chegamos a 3 *Henoc*, ou *Apocalipse Hebreu de Henoc*, que data do século V ou VI d.C. Escrito originalmente em hebraico, o texto é atribuído ao rabino Ishmael, famoso erudito palestino que morreu em 132 d.C. O livro foi escrito depois de Ishmael, mas pode ter-se baseado em tradições a ele associadas e declara que é um relato de como Henoc foi para o céu, "viu o trono e a carruagem de Deus, recebeu revelações do arcanjo Metatron e viu as maravilhas do mundo superior"[14].

Percebemos que 3 *Henoc* é uma veemente corroboração da filosofia de Edgar Cayce sobre a preexistência da alma humana antes do nascimento e da sua sobrevivência à morte. De acordo com 3 *Henoc*, a alma sobrevive ao corpo e vai para as regiões celestes – ou, pelo menos, os que tiveram uma vida justa é para lá que irão. O livro diz que a alma existe antes do corpo e fala de sua descida do depósito celeste para entrar nos corpos na hora do nascimento *(3 Henoc, 43:3)*.

A hierarquia dos anjos é discutida extensamente nesse texto, e Metatron aparece como o anjo mais significativo. Ele é chamado de "o YHWH menor" e qualificado como o vice-regente de Deus, o qual, do seu trono, preside à corte celeste. Metatron é fundido a duas outras figuras celestes: o arcanjo Yaho'el e o Henoc transladado. Em *3 Henoc*, portanto, Henoc é claramente identificado com os títulos arcangélicos de Metatron e Yaho'el.

A tradição islâmica atribui uma posição favorável a Henoc, identificando-o com o justo Edris ou Idris do Corão[18]. E C. G. Jung conclui que Cristo foi Henoc[19].

O Texto Zohar da Cabala judaica espanhola também menciona Henoc: "De sob seus pés surgiu um jovem [Metatron] que se estendia de uma ponta do mundo à outra... e que é chamado 'Henoc, o filho de Jared'." E, de acordo com o folclore judaico, durante sua vida na terra, Henoc foi o guardião do "segredo da intercalação" e da "vara milagrosa" que Moisés usou, depois, para realizar milagres[20].

O *Segundo Livro de Adão e Eva* fala de Henoc e do final de sua vida:

> Quando Henoc terminou sua missão junto a eles [o povo], Deus transportou-o daquela montanha à terra da vida, às mansões dos justos e dos escolhidos, à morada do Paraíso de contentamento, na luz que chega até o céu, luz que está fora da luz deste mundo; pois é a luz de Deus que enche o mundo inteiro, mas nenhum lugar consegue conter. Assim, como Henoc estava na luz de Deus, viu-se fora do alcance da morte; até que Deus resolva que ele deve morrer. (XXII:8-9)[21]

Observe que o autor desse documento milenar não pára no momento em que Deus exime Henoc da morte, mas acrescenta "até que Deus resolva que ele deve morrer". Evidentemente, tratava-se da expectativa de que Henoc tivesse de enfrentar de novo a morte terrestre.

É farta, portanto, a tradição segundo a qual Henoc foi um ser especial e exaltado por Deus acima de todas as Suas outras criaturas terrestres e celestes. Ele recebeu de Deus a revelação de Seus tesouros ocultos de sabedoria e conhecimento, os quais não foram partilhados com mais ninguém, nem mesmo com os anjos. Era tão favorecido por Deus que até da morte física foi poupado. Ele ficou sabendo da vinda de um redentor ou messias e foi identificado com ele. A linguagem de Deus quanto a Henoc é semelhante à usada para Adão. E essas tradições a respeito de Henoc se fizeram presentes em numerosos países e religiões.

Em resumo, há provas que endossam as leituras de Edgar Cayce, nas quais se conferiu a Henoc um *status* especial que o liga à alma que veio a tornar-se Jesus, o Cristo.

Mas ainda há mais coisas a serem ditas, no capítulo seguinte, a respeito do homem Henoc.

CAPÍTULO 7

HERMES

A Alma passa de uma forma a outra; e as mansões de sua peregrinação são múltiplas. Tu pões fora os teus corpos como se fossem uma vestimenta; e como traje vais dobrá-los. És antiga, ó Alma do Homem; existes eternamente.

(Livro de Hermes)[1]

As leituras de Edgar Cayce dizem claramente que o Mestre, ou a alma Jesus, esteve no Egito 10.500 anos antes de Cristo, na época de um sacerdote chamado Rá ou Rá Tá. São oferecidos muitos detalhes acerca das atividades de Rá, que ajudou a constituir e manter uma estrutura religiosa baseada na crença em um único Deus; mas o Mestre não é identificado especificamente pelo seu nome. Apesar dessa falta de precisão, os que estavam próximos às leituras, assim como outros, que as pesquisaram, acreditam que as várias referências ao Mestre, nessa época, apontam-no sem sombra de dúvida como a lendária figura de Hermes. (Consultar a leitura 281-10.)

As leituras situam definitivamente Hermes junto com Rá nesse período da história antiga. Em uma leitura sobre o tema da construção e dos objetivos da Grande Pirâmide de Gizé, no Egito, Cayce disse:

Então, com Hermes e Rá... teve início a construção daquela hoje chamada Gizé, a qual foi construída segundo as profecias que haviam estado no Templo dos Registros e no Templo Maravilhoso, e cuja construção deveria servir como salão para os iniciados daquela que às vezes é chamada de Fraternidade Branca. **4748-5**

Uma outra leitura identifica Hermes como o "guia, ou (como seria atualmente denominado) verdadeiro construtor ou arquiteto" da Grande Pirâmide (294-151). Inúmeras leituras indicam que o propósito da pirâmide era servir como Salão dos Registros ou da profecia, ou como um local de iniciação espiritual.

O que é que se sabe, historicamente, sobre esse homem, Hermes?

Seus conterrâneos egípcios conheciam-no como Tot, ou Hermes-Tot, e com o tempo ele terminou sendo deificado como Tot, o deus egípcio da sabedoria. Nessa qualidade, era considerado o "escriba dos deuses", o "senhor das palavras divinas", e "o coração e a língua de Rá"[2]. Em desenhos egípcios, "Tot carrega uma tábua de cera para escrever e atua como escrivão que registra o peso da alma dos mortos"[3].

> [Ele] é a personificação da Sabedoria; é o próprio intelecto do Grande Deus que formou o mundo. Não é um mensageiro, mas o mestre. É verdade que ele é o portador dos segredos divinos, mas participa deles inteiramente e, em si mesmo, é tanto o Iniciador como o primeiro Iniciado, revelando conhecimentos de uma fonte inesgotável. Na qualidade de Senhor da Tábua de Escrever, enquanto portador do Estilete, ele é freqüentemente retratado com cabeça de íbis, anotando os julgamentos dos mortos perante o trono de Osíris.[4]

Mais tarde, os gregos chamaram-no de Hermes Trismegistus, que significa "três vezes grande". Esse título quer dizer que ele era o maior de todos os filósofos, o maior de todos os sacerdotes e o maior de todos os reis. Para eles, Hermes fora o primeiro e maior iniciador do Egito, e vários escritos sobre astrologia, magia e alquimia foram atribuídos a ele. O bem conhecido deus grego que tem o nome de Hermes pode ou não ter sido a mesma figura que o Hermes Trismegistus egípcio. Se foram um só e o mesmo, como pensam vários estudiosos, é interessante registrar que o Hermes grego era o filho do mais elevado dos deuses, Zeus. Nossa conclusão aqui, evidentemente, é que Hermes Trismegistus, enquanto encarnação da alma Jesus, era o filho do Deus único.

Dentro das tradições do mundo árabe, Hermes é apresentado como o discípulo de Agathodaimon, nome geralmente associado com um ser sobrenatural[5].

Nos primeiros anos do Cristianismo, algumas seitas gnósticas egípcias escreveram numerosos tratados sobre cosmologia, moral e profecia que atribuíram aos antigos ensinamentos de Hermes. Hoje esses trabalhos são conhecidos como os escritos herméticos ou a Hermética.

Os primeiros líderes cristãos são famosos por se terem interessado por Hermes Trismegistus e pelos escritos herméticos. Santo Agostinho, por exemplo, acreditava na extrema antigüidade de Hermes. Lactâncio, no século IV, ensinava que os escritos herméticos eram baseados nas obras de um vidente egípcio cujas referências a um "filho de Deus" eram uma profecia a respeito de Cristo. Ele comparou a terminologia da Hermética com a de determinadas passagens do Evangelho de João[6], e outros também apontaram sua notável semelhança[7], Clemente de Alexandria citou quarenta e dois livros escritos por Hermes. Praticamente todos esses livros se perderam no subseqüente incêndio de Alexandria e de suas famosas bibliotecas.

Num dos poucos textos herméticos que ainda temos hoje, Hermes é chamado de "pastor dos homens" e redentor ou revelador[8]. Um tema encontrado nos escritos herméticos é o de um Homem celestial que desce à terra de tempos em tempos para revelar o conhecimento do Pai, após o que ele ascende ou retorna a Deus Pai[9].

Num documento naassênio citado por Hipólito de Roma, datado de c. 200 d.C., Hermes é chamado de Logos e é identificado tanto com Adão como com Cristo[10]. E, segundo Carl G. Jung, a tradição ancestral diz que Adão é idêntico a Tot, o Hermes egípcio[11]. Ele cita também o ensinamento dos naassenos gnósticos, para quem Hermes é "o Logos, o intérprete e o modelador do que foi, é e será".[12] O termo "Logos" também é interpretado pelos cristãos, claro, como querendo significar o Cristo.

O texto 7 dos "Textos de Encantamento" dos Manuscritos do Mar Morto refere-se a Hermes como "o Grande Senhor". E o "Comentário a Habacuc" dos mesmos Manuscritos descreve o Mestre da Justiça essênio como aquele "a quem Deus deu a conhecer todos os mistérios das palavras de Seus servos, os profetas"[13]. Essa descrição se coaduna perfeitamente com o que sabemos de Hermes e Henoc. Como veremos mais adiante, os essênios esperavam que essa Alma-Mestra voltasse como o messias e o associavam com outros a cujo respeito Cayce disse que foram encarnações do Mestre.

Outras fontes além de Cayce, portanto – na realidade, fontes essênias e protocristãs – identificam Hermes com o papel messiânico do redentor, revelador, Senhor ou Cristo. Elas corroboram a tese de que Hermes voltou como o messias ou Jesus.

Hermes também é ligado pelos egípcios à construção da Grande Pirâmide de Gizé[14]. As leituras de Cayce datam a construção desse monumento entre 10490 e 10390 a.C. Essa localização no tempo, no entanto, é cerca de 8.000 anos anterior à apresentada pela arqueologia convencional. Ao se referir à Grande Pirâmide, Cayce diz:

Essa, então, recebe todos os registros desde os princípios que foram dados pelo sacerdote, por Arart, Araaraart e Rá, até o período em que deverá ocorrer uma mudança na posição da terra e a volta do Grande Iniciado àquela terra e a outras, para o cumprimento das profecias que estão inscritas ali. Todas as mudanças que aconteceram no pensamento religioso do mundo são mostradas ali, nas variações pelas quais a passagem pelo mesmo é alcançada, desde a base até o topo — ou até o túmulo aberto e o topo. Esses são representados tanto pela camada como pela cor em cuja direção é feita a curva.

5748-5

É interessante observar que Cayce usa o termo "Grande Iniciado" e fala da volta do Iniciado num papel aparentemente messiânico. Hermes era freqüentemente citado como o Grande Iniciado ou Iniciador, nos documentos antigos.

Finalmente, um estudo das leituras de Cayce sobre Hermes e Henoc leva à conclusão bastante provável de que eles são uma só e a mesma pessoa. Como já indicamos, as leituras nunca se referem diretamente a Hermes como encarnação da alma do Mestre, Jesus, mas situam um aparecimento dessa alma na mesma época de Hermes e fazem outras referências que parecem indicar, indiscutivelmente, que Jesus foi Hermes. A razão pela qual Cayce não usou o nome "Hermes" numa ligação específica com a alma Jesus pode ter sido sua preferência pelo nome bíblico Henoc.

Provavelmente não será possível elaborar, a partir das leituras, um argumento conclusivo para associar Henoc a Hermes, mas há outras tradições que ligam esses dois. Foram registradas semelhanças entre *2 Henoc* e a literatura hermética; e Duran, em *Heshev Há-Efod*, identifica especificamente Hermes com Henoc[15].

Os hermetistas árabes acreditavam que Hermes era Henoc, e, em escavações na Babilônia, encontraram-se tigelas para encantamentos que identificavam Hermes com o anjo Metatron[16]. Como vimos no capítulo sobre Henoc, os livros henoquianos e outros dizem que Metatron era o nome do Henoc transladado.

Embora Carl Jung não diga exatamente que Hermes e Henoc foram uma só e a mesma pessoa, ele diz que "Henoc também foi considerado uma prefiguração de Cristo"[17]. Como já dissemos, ele encontrou sinais de que Hermes tinha sido chamado de o Logos, termo reservado a Cristo, e concluiu também que Hermes corresponde a Adão[18].

Muitos pesquisadores chegaram à conclusão de que Hermes é a mesma pessoa a quem os judeus se referem como Henoc, o que "caminhou com Deus" e foi transladado ao céu[19]. De modo semelhante a Henoc, Hermes tem sido chamado de o "Segundo Mensageiro de Deus", e Manly Hall expressa a opinião de que "Hermes foi, dentre todas as criaturas, quem esteve mais perto de Deus"[20]. Hermes também recebe o crédito de autor dos rituais iniciáticos maçônicos[21]. Atribui-se-lhe ter reformado o calendário e aumentado o número de dias do ano de 360 para 365. A idade tradicional de Henoc, na Bíblia, é de 365 anos, e isso pode servir ainda como indício adicional de sua identificação com Hermes.

Numa citação anterior, relativa a Tot (Hermes), foi observado que ele é freqüentemente representado com uma cabeça de íbis, "registrando os julgamentos dos mortos diante do trono de Osíris [Deus]". Nos documentos de Henoc, lemos que essa também era a tarefa de Henoc perante o trono de Deus.

Um dos livros ainda existentes atribuído a Hermes é *Poimandres*, que às vezes é chamado de *O Gênesis de Henoc*[22]. Esse livro nos conta como Hermes, "enquanto perambulava por um local pedregoso e desolado, entregou-se à meditação e à oração". Revelações divinas então lhe ocorreram e, assim como com Henoc, ele recebeu informações sobre os mistérios dos céus e do funcionamento do universo.

Considera-se que o nome "Poimandres" seja a interpretação grega do termo egípcio que designa o "conhecimento de Rá"[23]. Essa interpretação é compatível com as informações que constam das leituras de Cayce, pois estas também mencionam Rá, e a referência ao texto do *Gênese de Henoc* fortalece a suposição de uma ligação entre Hermes e Henoc.

Observe, nos excertos de *Poimandres* citados adiante, a semelhança com as revelações recebidas por Henoc e também como essas informações se harmonizam com as adiantadas por Cayce a respeito da questão da criação e do papel de Amilius:

> Então o Pai – a Mente Suprema – sendo Luz e Vida, moldou um Homem Universal glorioso à Sua própria imagem, não um homem terrestre, mas um Homem celeste, que habitava na luz de Deus. A *Mente Suprema* amou o Homem que tinha moldado e entregou-lhe o controle das criações e das obras.[24]

Depois de contar como a humanidade na origem era masculina e feminina e, depois, tornou-se enamorada da terra e sujeita a ela, ele passa a discutir como o ser humano terrestre pode escapar dessa sina.

> É árduo o caminho da imortalidade e poucos são os que o encontram. O restante dos mortais aguarda o Grande Dia, quando as rodas do universo serão detidas e as centelhas imortais escaparão dos invólucros da substância. Desgraça para quem espera, pois esses terão de voltar mais uma vez, inconscientes e ignorantes, à sementeira de estrelas, para esperar por um novo começo. Os que se salvarem pela luz do mistério que te revelei, ó Hermes, e que agora rogo-te que instituas entre os homens, regressarão novamente ao Pai que habita na Luz Branca, e entregar-se-ão a essa Luz e nela deixar-se-ão absorver, pois na Luz tornar-se-ão Poderes de Deus. É esse o caminho do Bem, que só é revelado aos que têm sabedoria.
>
> Abençoado és tu, ó Filho da Luz, a quem entre todos os homens, eu, Poimandres, a Luz do Mundo, me revelei. Ordeno-te que sigas em frente, que te tornes um guia para os que vagam nas trevas, a fim de que todos os homens nos quais habita o espírito da *Minha Mente* (a Mente Universal) possam ser salvos pela Minha Mente em ti, que evocará a Minha Mente neles. Instituí Meus Mistérios e eles não decepcionarão a Terra, pois eu sou a Mente dos Mistérios, e até que a Mente falhe (o que nunca ocorrerá), meus Mistérios não poderão falhar.[25]

Mais uma vez como Henoc, Hermes fez essas revelações ao povo da terra. Alguns zombaram dele, mas outros aceitaram a mensagem e foram "salvos"[26]. As referências a um papel aparentemente messiânico de Hermes, em *Poimandres*, têm sido comparadas às expressões atribuídas a Cristo no Evangelho de João[27].

Finalmente, a cabala judaica relata que Henoc construiu salões subterrâneos para preservar os ensinamentos secretos recebidos por Set de Adão[28]. Essa informação casa notavelmente bem com as informações dadas pelas leituras de Cayce sobre o envolvimento de Hermes com a construção da Grande Pirâmide e a preservação de registros nesse local.

Uma leitura descreve o Salão dos Registros:

Um registro de Atlântida, desde os primórdios daqueles períodos em que o Espírito assumiu uma forma ou começou a criar os invólucros carnais naquela terra, e com os desenvolvimentos dos povos através dos tempos, [junto] com o registro da primeira destruição e das mudanças que aconteceram na terra, com o registro da permanência dos povos em variadas atividades em outras terras, e um registro dos encontros de todas as nações ou terras para as atividades de destruição que se tornaram necessárias com a destruição final da Atlântida e a construção da pirâmide de iniciação; [junto] com quem, o que, e de onde viria a abertura dos registros que são como cópias da Atlântida submersa... 378-16

Por conseguinte, um outro segmento de informação é acrescido à associação entre Hermes e Henoc.

À medida que as informações vão sendo resgatadas – pouco a pouco – da obscuridade que envolve o tempo e as eras, a imagem de Hermes vai entrando em foco e assumindo forma e significado. Ele é reconhecível como o Henoc bíblico e judaico, como a figura angelical de Metatron ou Yaho'el, como o Ídris justiceiro do Corão e como o deus Tot dos egípcios. Nesse processo de identificação, encontramos tradições e textos escritos vinculando esse personagem ao messias, redentor da humanidade, alma que, de acordo com o Cristianismo, tornou-se Jesus Cristo.

À medida que as peças do quebra-cabeça começam a se encaixar, tornam-se cada vez mais plausíveis as leituras mediúnicas de Edgar Cayce – pelo menos no que diz respeito às vidas do Mestre.

CAPÍTULO 8

MELQUISEDEC

[E Jesus] tendo recebido de Deus o título de sumo sacerdote segundo a ordem de Melquisedec.

(Hebreus, 5:10)

Quanto a essas experiências... Jesus veio à terra, o *primeiro* dos filhos de Deus a entrar na carne, *ali* o primeiro e unigênito de Deus. Outra vez, como diriam os nomes, Henoc caminhou com Deus, tornou-se consciente de Deus em seus movimentos – *ainda* aquela entidade, aquela *alma* chamada Jesus – como Melquisedec, sem pai, sem mãe, veio – *ainda* a alma de Jesus; a porção de Deus que se manifesta. 1158-5

... essa entidade [Jesus] foi aquela que se manifestou ao pai Abraão como príncipe, como o sacerdote de Salém, sem pai e sem mãe, sem dias ou anos, mas um ser humano vivo em carne e osso, tornado manifesto na terra segundo o desejo do Deus-Pai para preparar uma saída para o homem...

5023-2

Novamente, pode ser traçado com a essência um paralelo, desde o reino da iluminação espiritual, com aquela entidade conhecida como Melquisedec, príncipe da paz, uma criatura em busca permanente de ser capaz de abençoar os que, em seus julgamentos, tentaram tornar-se canais de uma influência positiva sem buscar qualquer vantagem material ou glória material ou mental; apenas engrandecendo as virtudes e minimizando as faltas nas experiências de todos... 2072-4

Melquisedec é uma figura bíblica interessante, conquanto enigmática. A primeira menção que lhe é feita ocorre no capítulo 14 do Gênesis, depois de uma vitória milagrosa de Abrão (antes de Deus ter-lhe mudado o nome para Abraão) e seus servos sobre o rei Codorlaomor e os numerosos exércitos por ele comandados. O rei de Sodoma, com Melquisedec, rei de Salém, foram ao encontro do vitorioso Abrão para saudá-lo e oferecer-lhe sua gratidão por ele os haver libertado.

> E Melquisedec, rei de Salém, trouxe pão e vinho; ele era sacerdote do Deus Altíssimo. E ele abençoou-o e disse: "Bendito seja Abrão pelo Deus Altíssimo que criou o céu e a terra, e bendito seja o Deus Altíssimo que entregou teus inimigos entre tuas mãos." E Abrão lhe deu o dízimo de tudo. (Gênesis, 14:18-20)

A frase "Deus altíssimo" ou, em hebraico, *El Elyon*, é um dos termos que eram usados para Deus naquela época. Uma caracterização típica era que El Elyon era o "criador do céu e da terra". Depois de pagar o dízimo a Melquisedec, Abrão demonstrou-lhe ainda mais respeito ao dirigir-se ao Senhor com os termos "Deus Altíssimo, criador do céu e da terra". (Gênesis 14:22)

Melquisedec está envolvido em duas atitudes que, depois, tornaram-se ritos judeu-cristãos muito importantes: o pagamento do dízimo e o uso simbólico de pão e vinho, como na eucaristia da Ceia do Senhor. Ele recebeu o primeiro dízimo bíblico e foi o primeiro, nos relatos da Bíblia, a usar pão e vinho. Sabemos, pelos Manuscritos do Mar Morto, que os judeus essênios tinham um ritual que usava esses elementos, do qual Jesus pode ter-se valido[1].

No cânone da missa, a Igreja Católica levou ainda mais adiante a proeminência de Melquisedec recebendo o dízimo. A Igreja reza para que o Pai aceite essa oferenda da mesma forma como aceitou "o sacrifício oferecido por Vosso sumo sacerdote, Melquisedec". Alguns teólogos cristãos disseram que o nome de Melquisedec está colocado onde deveria constar o nome de Jesus na missa, pois foi Jesus quem sacrificou sua vida a Deus e é considerado o mediador entre nós e Deus. Diante do relacionamento especial que a Igreja dos primórdios encontrou entre Jesus e Melquisedec, como veremos mais adiante, a substituição do nome de Jesus pelo de Melquisedec pode ter sido proposital.

A única outra referência a Melquisedec existente no Antigo Testamento aparece no Salmo 110, salmo de teor profético, que faz promessas a respeito do messias: "Iahweh jurou e não se arrependerá: 'Tu és sacerdote para sempre, segundo a ordem de Melquisedec.'" (versículo 4) Dessa forma, sob juramento, Deus afirma que o messias estará eternamente ligado ao sacerdócio de Melquisedec. Esse salmo, nesse versículo e em outros subseqüentes, usa o termo "Senhor" para designar tanto Deus como o messias. Isso é significativo para o Cristianismo, porque se torna uma validação da divindade do messias e autoriza o título de "Senhor" para Jesus.

Depois, Melquisedec é citado na Epístola aos Hebreus, no Novo Testamento. Ali é descrito da seguinte maneira: "Sem pai, sem mãe, sem genealogia, nem princípio de dias nem fim de vida, mas assemelhando-se ao Filho de Deus, ele permanece sacerdote para sempre." (Hebreus 7:3)

O autor da Epístola aos Hebreus entra em pormenores para ligar o sacerdócio de Melquisedec com Jesus. O Capítulo 7 reconhece que Jesus veio da tribo de Judá, "tribo a respeito da qual Moisés nada diz quando se trata dos sacerdotes" (versículo 14). O autor examina o sacerdócio de Levi, que fora estabelecido por

Moisés, quando ele nomeou Aarão e seus descendentes (a tribo de Levi) para ministrar o culto e cuidar do tabernáculo do testemunho (ver Hebreus 8:2). Eles deveriam oferecer sacrifícios por seus próprios pecados e pelos pecados do povo, mas Hebreus 10:4 assinala: "Além do mais, é impossível que o sangue de touros e bodes elimine os pecados." Portanto, Hebreus enfatiza a suficiência do sacerdócio levítico; era necessário um acordo novo e melhor entre Deus e o homem. "Com efeito, ele faz uma repreensão: 'Dias virão, diz o Senhor, nos quais concluirei com a casa de Israel e com a casa de Judá uma nova aliança...' " (Hebreus 8:8) Essa aliança superior é firmada através do sacerdócio de Melquisedec em Cristo Jesus, "Que se tornou sacerdote, não segundo a lei de uma prescrição carnal, mas de acordo com o poder de uma vida indestrutível". (Hebreus 8:15-16).

A preeminência do sacerdócio de Melquisedec evidencia-se de outra maneira ainda:

> E, por assim dizer, na pessoa de Abraão submeteu-se ao dízimo até mesmo Levi, que recebe o dízimo, pois ele ainda estava nos rins do seu antepassado quando se deu o encontro com Melquisedec.
> (Hebreus 7:9-10)

Pelo raciocínio de que Levi pagou o dízimo a Melquisedec, e de que Melquisedec era mais do que uma mera representação de sacrifícios carnais entre Deus e o homem, Melquisedec é reconhecido, no Novo Testamento, como o sacerdote de uma ordem superior à de Levi. Seu sacerdócio tem estatura suficiente para acomodar o Filho de Deus.

Hebreus também reconhece Jesus como o Messias descrito no Salmo 110. Referindo-se primeiro ao sacerdócio levítico, diz:

> Pois eles foram feitos sacerdotes sem juramentos; mas este foi feito sacerdote com um juramento, como se afirmou a respeito dele por Davi: O Senhor jurou, e não faltará à verdade. Tu és sacerdote para sempre, segundo a ordem de Melquisedec. Todas essas coisas firmaram uma aliança mais forte, porque Jesus era a sua garantia.
> (Hebreus, 7:21-22, trad. de G. Lamsa)

O versículo 21 contém efetivamente uma citação *ipsis literis* do Salmo 110:4, mencionado anteriormente.

Há vários paralelos interessantes entre Melquisedec e Jesus:

1. Ambos são caracterizados como sacerdotes ordenados especificamente por Deus, e não pelo homem. Nenhum deles era considerado elegível pela lei e pela tradição judaicas para o posto de sacerdote, pois Melquisedec era gentio e Jesus não vinha da tribo sacerdotal de Levi. Os dois representam uma dimensão acima da lei, fruto de uma ordenação divina.

2. Rei de Salém significa Rei da Paz, e Jesus foi anunciado e proclamado como Príncipe da Paz.

3. Melquisedec foi tanto um sacerdote como um rei. O sacerdócio de Jesus está documentado em Hebreus, e ele foi conhecido como "Rei dos Judeus" por um sinal na cruz.

4. Ao dar sua bênção a Abrão, Melquisedec trouxe pão e vinho, objetos tradicionais de oferenda e sacrifício. Jesus, do mesmo modo, ao abençoar seus discípulos antes de ser julgado e crucificado, ofereceu pão e vinho como símbolos de seu corpo e sangue e do sacrifício que estava por fazer.

5. Em tábuas escavadas em Tell el Amarna, datadas de 1400 a.C., Jerusalém é chamada Uru-Salem e, no Salmo 76:2 (escrito por Asaf, que, a propósito, as leituras de Edgar Cayce dizem ter sido outra encarnação da alma do Mestre), Jerusalém é chamada simplesmente Salém. A maioria dos estudiosos concluiu, como o fez Josephus, historiador judeu do século I, que Jerusalém fora originalmente conhecida como Salém. Nesse caso, então, Melquisedec foi o rei da cidade em que depois Jesus foi crucificado e encerrou seu ministério. A lamentação de Jesus pelo descaminho de Jerusalém e sua destruição iminente assume, então, um significado especial e pungente:

> Jerusalém, Jerusalém, que matas os profetas e apedrejas os que te são enviados! Quantas vezes eu quis ajuntar os teus filhos, como a galinha recolhe os seus pintainhos debaixo das asas, e não o quiseste! Eis que a vossa casa está deserta e desolada, pois eu vos digo: não me vereis mais, até o dia em que digais: "Bendito aquele que vem em nome do Senhor!" (Mateus 23:37-39)

6. Duas histórias bíblicas se destacam como contos de profunda significação simbólica para a evolução espiritual da humanidade. Cada uma delas é considerada uma obra-prima de significado alegórico e esotérico e um sermão completo em si mesma. Uma é a parábola do filho pródigo, no Novo Testamento; outra, a história de Jó, no Antigo Testamento. A parábola do filho pródigo, claro, é de Jesus e, de acordo com Cayce, Melquisedec escreveu o Livro de Jó. (262-55) Cayce também diz que Jó não foi um personagem verdadeiro, histórico, mas uma figura simbólica – como é o caso do filho pródigo. Embora especialistas modernos estejam incertos quanto à autoria do Livro de Jó, alguns inserem o texto no período histórico dos patriarcas e da aliança de Abraão – e, portanto, na época de Melquisedec.

Três capítulos na Epístola aos Hebreus (5, 6 e 7) versam extensamente sobre a igualdade e a semelhança entre Jesus e Melquisedec. O autor de Hebreus pára antes de dizer efetivamente que eram uma só e a mesma entidade, mas não deixa de insinuar um mistério. Hebreus 5:10 e 11 afirma que, embora Jesus fosse "chamado de sumo sacerdote de Deus segundo a ordem de Melquisedec", há mais a ser dito, mas é "difícil de ver e duro de ouvir". O autor continua:

> Pois, devendo já ser mestres pelo tempo, ainda necessitais de que se vos torne a ensinar quais sejam os primeiros rudimentos da palavra. Precisais de leite, e não de alimento sólido; de fato, aquele que ainda se amamenta não está experimentado na palavra da justiça, pois é uma criança. Mas o alimento sólido é para os adultos, para aqueles que têm suas faculdades exercitadas para discernir o bem do mal. (Hebreus 5:12-14)

A mesma linguagem aparece também em I Coríntios 3:1-2, onde Paulo indica que sua audiência não está pronta para ouvir a história inteira.

De maneira semelhante, Cayce afirmou que a crença nas vidas anteriores das pessoas, ou reencarnação, foi abandonada pela Igreja logo no início para criar um "atalho". Esse subterfúgio tinha aparentemente a finalidade de aumentar a simplicidade e a aceitabilidade da doutrina entre o povo. Os "bebês" não estavam prontos para o "alimento sólido" e para o aprendizado dos mistérios da alma.

Alguns dos primeiros cristãos aparentemente compreenderam a plena implicação da ligação entre Melquisedec e Jesus. Uma nota de rodapé em Gênesis 14:17-26, na *Bíblia de Jerusalém*, afirma que vários dos primeiros Padres da Igreja "eram até da opinião de que Melquisedec era a manifestação do Filho de Deus em pessoa"[2].

O nome "Melquisedec" em geral tem sido traduzido, desde Josephus até os modernos pesquisadores, como Rei ou Senhor da Justiça[3]. Com esse significado em mente, a seguinte profecia messiânica feita pelo grande profeta hebreu Jeremias torna-se muito representativa:

> Em seus dias, Judá será salvo e Israel habitará em segurança.
> E este é o nome com que o chamarão: "O Senhor é a nossa justiça." (Jeremias, 23:6)

Não estará Jeremias identificando o futuro messias com Melquisedec? "O Senhor é a nossa justiça" é o significado literal, real, do nome "Melquisedec".

De acordo com a literatura esotérica judaica, Abraão recebeu diretamente de Melquisedec os ensinamentos que depois foram transmitidos às gerações posteriores como a cabala hebraica[4]. Melquisedec, portanto, teria sido o primeiro autor desses venerados ensinamentos.

Na *Enciclopédia Judaica*, Melquisedec é "colocado na mesma categoria [de importância] que Elias, o Messias filho de José, e o Messias filho de Davi"[5]. Os cristãos, é claro, reconhecem Jesus nessas referências messiânicas.

Outro comentário interessante sobre Melquisedec está numa citação do *Livro Etíope de Adão e Eva*:

> ...Noé diz a seu filho Shem, antes de morrer, que tome "Melquisedec, filho de Canaan, *a quem Deus escolheu dentre todas as*

> *gerações de homens*, e leva-o ao lado do corpo morto de Adão, trazido da arca até Jerusalém, centro da terra, a fim de cumprir o ministério diante de Deus". O anjo Miguel arrebatou então Melquisedec, aos 15 anos de idade, de seu pai, e, depois de tê-lo ungido sacerdote, levou-o até (Jerusalém) o centro da terra, dizendo ao pai que só falasse desse mistério com Shem, filho de Noé, enquanto o Espírito Santo, falando da arca onde o corpo de Adão estava escondido, saudou Melquisedec como "o primogênito de Deus".[6] [grifos do Autor]

As palavras "a quem Deus escolheu dentre todas as gerações de homens" são típicas do linguajar geralmente reservado ao messias, no Antigo Testamento, e às descrições de Jesus, no Novo. E a frase "o primogênito de Deus" parece, necessariamente, uma referência a Adão. Claro que todo esse texto é relativo a Melquisedec; logo, parece que o está identificando tanto com Adão como com o messias. Embora a narrativa pareça diferir tanto do Novo Testamento como de Cayce, ao dar a Melquisedec um pai terrestre, vale a pena registrar no texto acima citado que Melquisedec foi levado a ocupar um lugar ao lado do corpo morto de Adão. Segundo Cayce, Melquisedec estaria nessa posição ao lado do corpo que sua alma teria ocupado anteriormente. É possível que tenha sido essa a intenção de Noé.

A *Enciclopédia Judaica* nos diz que existem outras referências judaicas às funções messiânicas de Melquisedec, e que fontes rabínicas contam Melquisedec "entre as quatro figuras messiânicas alegoricamente implícitas nos quatro 'ferreiros' de Zacarias 2:3"[7].

Recentemente, foram descobertos na Rússia e na Sérvia alguns manuscritos do *Apocalipse Eslavônico de Henoc (2 Henoc)*. Conforme dissemos no capítulo sobre Henoc, pensa-se que o documento foi redigido no início da era cristã e que, provavelmente, baseou-se em tradições judaicas ainda mais antigas.

Alguns desses manuscritos eslavônicos de Henoc contam uma história sobre Melquisedec segundo a qual ele teria nascido de maneira milagrosa e ficado sob os cuidados de Nir, irmão de Noé. Apareceu então um anjo a Nir e disse-lhe que o arcanjo Miguel levaria Melquisedec para o Éden, antigo paraíso de Adão, e que ele se tornaria o sacerdote de todos os sacerdotes sagrados. Tornar-se-ia o primeiro de uma linha de sacerdotes que culminaria no messias prometido. Esperava-se que o messias, que deveria ser sacerdote e rei, fosse um Melquisedec escatológico.

> E, depois, na última geração, haverá outro Melquisedec, o primeiro de doze sacerdotes. E o último será o principal de todos eles, um grande arcipreste, o Verbo e o Poder de Deus, que realizará milagres maiores e mais gloriosos do que todos os precedentes. Ele, Melquisedec, será sacerdote e rei em Akhuzan, quer dizer, no centro da terra, onde Adão foi criado e onde será finalmente enterra-

do. E, em relação a esse arcipreste, está escrito que também ele será enterrado ali, onde está o centro da terra...

(2 Henoc, 71:34-36)

Jerusalém era tradicionalmente conhecida como o centro da terra, e esta citação parece identificar claramente a última aparição de Melquisedec com a vinda do messias. O túmulo *final* de Melquisedec de fato estaria em Jerusalém se ele, de fato, voltasse como Jesus. As referências a Adão também são intrigantes e já foram discutidas no capítulo sobre Adão.

O manuscrito gnóstico *Pistis Sophia*, que data dos séculos IV ou V d.C., contém mistérios supostamente revelados por Jesus a seus discípulos e a alguns eleitos, depois da ressurreição e antes da ascensão. Ele faz numerosas referências a Melquisedec, como membro da hierarquia dos mistérios e da divindade da qual Jesus fazia parte[8].

Talvez o mais veemente argumento de endosso às declarações de Cayce de que Jesus encarnara anteriormente como Melquisedec seja a própria Bíblia. Há inúmeras referências bíblicas, inclusive um de seus versículos mais citados, João 3:16, que se refere a Jesus como o "Filho unigênito" de Deus. O dicionário Webster define "conceber" como "gerar" e "procriar". Cayce deu uma definição bastante óbvia de "gerado por Deus", como "aquele que entrou na carne *sem* a intermediação do ato que o homem conhece como cópula". (1158-5) Jesus não é o único filho que na Bíblia aparece como tendo-se encarnado sem o ato da cópula. Adão, evidentemente, foi criado por Deus e não por um ser humano; e Melquisedec, de acordo com Hebreus, não tinha pai nem mãe. A menos que Adão e Melquisedec fossem a mesma entidade que Jesus, conforme diz Cayce, a Bíblia seria contraditória ao dizer que Jesus é o *único* filho gerado por Deus.

Até Jesus deu a entender que pode ter sido Melquisedec, quando disse:

> Abraão, vosso pai, exultou por ver o meu dia; ele o viu e encheu-se de alegria! Disseram-lhe, então, os judeus: "Não tens ainda cinqüenta anos e viste Abraão?" Jesus lhes disse: "Em verdade, em verdade, vos digo: antes que Abraão existisse, Eu sou."
>
> (João 8:56-58)

Essas citações tornam-se significativas à luz das informações de Cayce de que Jesus também foi Melquisedec que, conforme sabemos pela Bíblia, conheceu e abençoou Abrão ou Abraão. Abraão assim "exultou" ao ver o Dia (de Jesus) e, quando o viu, ficou "alegre".

Espalhadas pela liturgia cristã, existem algumas preces que se consideram remanescentes das orações da sinagoga judaica. Estão contidas nos livros Sete e Oito das *Constituições Apostólicas*[9]. Uma delas, datada de aproximadamente 200 d.C., contém o seguinte fraseado críptico, em uma súplica a Deus:

> Vós sois aquele que livrastes Abraão da impiedade dos seus pais, e o constituístes herdeiro do mundo, e *mostrastes-lhe vosso Cristo*; Vós nomeastes Melquisedec como sumo sacerdote a vosso serviço...[10]

As palavras em maiúsculas parecem ser interpolações cristãs. Uma interpretação razoável da citação inteira é que ela identifica Melquisedec, que foi mostrado a Abraão, com o Cristo.

A maioria dos documentos recentemente encontrados perto do Mar Morto, em Qumram, são livros do Antigo Testamento e outros materiais relativos a esse período, vistos pelos olhos dos essênios. Cayce apresenta uma perspectiva interessante ao dizer que os essênios se organizaram a partir dos ensinamentos de Melquisedec, tal como foram transmitidos pelos profetas Elias, Eliseu e Samuel. (254-109) Com base nos documentos de Qumram, sabemos que havia grande interesse por Melquisedec da parte desses essênios. Essa influência pode ter resultado de tradições que remontavam à escola dos profetas e ao próprio Melquisedec. Também sabemos que o sacerdócio essênio em Qumram fora padronizado segundo o modelo estabelecido por Melquisedec[11]. A preocupação dos essênios com Melquisedec pode ser inclusive a causa da detalhada discussão sobre ele na carta aos Hebreus[12].

Diversos documentos essênios referem-se a um Mestre da Justiça. No texto essênio *Comentário sobre o Livro de Habacuc*, o Mestre de Justiça é citado como aquele "a quem Deus tornou conhecidos todos os mistérios de Seus servidores, os profetas"[13]. Esse Mestre de Justiça deveria voltar um dia e promulgar a Era Messiânica e, segundo a tradição judaica, seria Elias, Finéias ou Melquisedec[14]. Pelo menos uma autoridade no estudo dos Manuscritos do Mar Morto declarou que, nesses documentos, Jesus "*aparece, em muitos sentidos*, como uma surpreendente reencarnação do Mestre de Justiça"[15].

Nem todos os documentos encontrados em Qumram foram traduzidos ou, pelo menos, colocados à disposição do público. Mas ao menos um tratado publicamente disponível trata diretamente da relação de Melquisedec com o messias prometido.

O Derradeiro Jubileu: Um Sermão "Textos de Melquisedec" (também conhecido como "Texto Melquisedec 11Q" ou "11Q Melquisedec"), encontrado em Qumram e considerado parte do que se conhece comumente como os Manuscritos do Mar Morto, refere-se em termos messiânicos a um futuro Rei de Justiça. No texto, esse Rei de Justiça é descrito como aquele que julgará Belial e seus seguidores à época do décimo e derradeiro jubileu. Depois do julgamento no céu, começará a destruição dos que seguiram Belial em vez de Deus. O texto afirma que "o destinado, pela graça de Deus, para ser Rei de Justiça (o que Melquisedec prefigura, já pelo seu nome), entrará no seu domínio". O momento dessa vinda ao "seu domínio" é identificado como o período que Isaías chamou de o ano do favor (ou "ano aceitável ao Senhor"):

> O espírito do Senhor Deus está sobre mim; porque o Senhor me ungiu para anunciar boas novas aos angustiados, para curar os quebrantados do coração e proclamar a liberdade aos cativos, a libertação aos que estão presos, a proclamar um ano aceitável ao Senhor e um dia de vingança do nosso Deus, a fim de consolar todos os tristes... (Isaías, 61:1-2)

Deve-se notar aqui que, quando Jesus fez sua primeira aparição em Nazaré, depois do início de seu ministério público, falou na sinagoga local, e o livro de Isaías foi-lhe entregue. Lucas registra que ele então localizou e leu os dois versículos citados acima (Lucas 4:17-19), mas parou depois de pronunciar a frase "o ano aceitável ao Senhor", no versículo dois. Os estudiosos da Bíblia concluíram que, ao suspender a leitura sem se referir ao dia de vingança de Deus, Jesus estava distinguindo entre seu ministério de graça e sua segunda vinda, quando executaria os julgamentos de Deus. Por outro lado, o fato de ele se haver detido depois dessa frase pode ter servido à intenção de enfatizar seu ministério, pois aquele realmente foi o "ano do Senhor". Depois que Jesus concluiu sua leitura, acrescenta no versículo 21: "Então ele começou a dizer-lhes: Hoje se cumpriu aos vossos ouvidos essa passagem da Escritura."

Nesse sentido, em Lucas 4:21, Jesus parece identificar-se como aquele prometido por Isaías "para proclamar o ano aceitável do Senhor" quando disse "Hoje se cumpriu aos vossos ouvidos essa passagem da Escritura". E os Textos de Melquisedec, no conjunto dos Manuscritos do Mar Morto, identificam Melquisedec como a pessoa que cumpriria essa profecia.

Os textos de Qumram sobre Melquisedec contêm diversos comentários que parecem identificar claramente o Rei de Justiça com o messias prometido. Neles, é discutido o papel do futuro Rei ao destronar Belial e executar o vingativo julgamento de Deus, e claramente se afirma que esse Rei será o "Melquisedec redivivo"(ou reencarnado). Um especialista resumiu o documento da seguinte maneira:

> Nesse fragmento, escrito em hebraico, Melquisedec aparece como um salvador escatológico que tem uma herança. Sua missão é fazer voltar os exilados no fim dos tempos, anunciando-lhes sua libertação... e a expiação de seus pecados.[16]

Também apontou-se uma semelhança, entre Melquisedec e Henoc (Metatron):

> Diversos paralelos nítidos entre o celeste Melquisedec de Qumram e o Metatron de *3 Henoc* destacam-se por si mesmos: as duas figuras sustentam posições exaltadas, se não preeminentes, entre os anjos; as duas são juízes celestes... e ambas, aparentemente, ti-

veram existências terrestres antes de atingir seu estado celeste de exaltação[17].

Esse paralelo existente em documentos milenares oferece credibilidade adicional à idéia cayceana de que Henoc e Melquisedec são a mesma alma.

Um dos documentos encontrados em Nag Hammadi, no Egito, no final da década de 1940, é um texto intitulado *Melquisedec*. Pouco se sabe de sua autoria ou significação para a teologia cristã original, mas pelo menos uma seita gnóstica denominava-se segundo Melquisedec. Segue-se um excerto desse texto:

> E tu me crucificaste desde a terceira hora da véspera do Sabbath até a hora nona. E depois dessas coisas eu me levantei dos mortos. Meu corpo saiu do túmulo para mim. [...] não encontraram ninguém [...] saudaram-me [...] Disseram-me, Sê forte, Ó Melquisedec, Sumo Sacerdote do Deus Altíssimo [...] [Os colchetes indicam fragmentos ausentes ou letras ilegíveis.][18]

Pouca dúvida pode haver de que essa citação e o material relativo a essa fonte – obtida junto a um grupo de protocristãos – estejam se referindo à crucificação e à ressurreição de Jesus.

Ao comentar o texto acima, a consagrada autoridade Birger A. Pearson afirma: "A aparente identificação de Melquisedec com Jesus Cristo nesse tratado, também está documentada em outras regiões, no início do Cristianismo, em particular no Egito"[19]. Na *Biblioteca de Nag Hammadi* ampliada, Pearson acrescenta:

> Somos levados a concluir que, na revelação que o sacerdote Melquisedec recebeu, ele viu que teria que cumprir pessoalmente um papel redentor como o Salvador sofredor, morto, ressuscitado e triunfante, Jesus Cristo!
>
> ...A partir do que lemos... parece que a vitória de Jesus Cristo é a vitória de Melquisedec e que, na realidade, ele são um só e o mesmo.[20]

Em correspondência para o autor, Pearson diz: "Entendi e entendo que o texto (muito fragmentado!) do primeiro tratado implica que fora profetizado que Melquisedec voltaria como Jesus."

Esse tratado contém outros dados que podem dizer respeito às vidas do Mestre. Numa das seções (12,1), que parece citar uma fonte angélica, há uma lista de vários personagens bíblicos. Como estão faltando algumas partes do texto, não fica claro o que essa lista se propõe. Alguns estudiosos acrescentaram os nomes de Noé e Abel a ela, provavelmente porque foram incluídos em alguns outros documentos, e não porque fizessem parte do texto legível. Tem-se presumido que a lista pode referir-se aos heróis antigos que também foram sacerdotes. A relação é encerrada com o nome de Melquisedec que, como dissemos, em outra parte do documento é identificado com Jesus Cristo. Os outros dois nomes legíveis são Adão e Henoc. Pode-se deduzir facilmente que esses nomes foram apresentados como encarnações anteriores do Mestre.

Como vimos, há outros textos, além das leituras de Cayce, que identificam Melquisedec como Jesus. Na realidade, antes da época de Jesus tinha sido feita a profecia de que o Cristo ou messias seria Melquisedec de volta; e uma outra, escrita pelos primeiros cristãos, efetivamente identifica Cristo Jesus com Melquisedec. Deve ser apontado, no entanto, que esses documentos não vieram a público senão depois da morte de Edgar Cayce.

Melquisedec era, evidentemente, uma alma muito avançada. Pode-se, logicamente, perguntar por que foi necessário que ela encarnasse mais vezes, como afirma Cayce, até chegar, como Jesus, à qualidade de Cristo. Presumivelmente, cada vida intermediária foi uma experiência de aprendizagem e, mesmo quando entrou na terra como Jesus, ainda havia mais que aquela alma podia aprender. Diz Hebreus 5:8: "E embora ele [Jesus] fosse Filho, aprendeu, contudo, a obediência pelo sofrimento (...)"

Thomas Sugrue escreveu a biografia definitiva de Edgar Cayce, *There is a River (Há um rio)*. Ao compilar a seção sobre filosofia, ele recebeu diretamente de Cayce conselhos e orientações através de preleções mediúnicas. Lendo essa parte do livro, podemos formular uma teoria adicional a respeito de por que a alma do Mestre encarnaria novamente, depois da experiência de Melquisedec:

> A alma Cristo ajudou o homem. Como Henoc, como Melquisedec, encarnou para ensinar a orientar... Henoc e Melquisedec não nasceram, não morreram. A alma Cristo percebeu, depois de ter sido carne, que era necessário estabelecer um padrão para o homem, mostrar-lhe o caminho de volta a si mesmo. Assumindo essa tarefa, nasceu de uma mulher, começando voluntariamente uma nova individualidade, um novo registro de alma; embora por trás dessa nova individualidade brilhasse a pura alma crística. Mas sobre esta desceu o véu e o Filho de Deus começou sua peregrinação.[21]

Nesse sentido, a alma do Mestre, depois de encarnar como Melquisedec, assumiu aparentemente a missão de se relacionar diretamente com a humanidade e tornar-se o padrão da sua volta ao Criador, atravessando encarnações e nascimentos concebidos por seres humanos. Essas vidas, portanto, devem revestir-se de significado e relevância especiais para nós, e a primeira delas, segundo Cayce, foi como José, vendido como escravo pelos irmãos.

Disseminadas em escritos religiosos esotéricos ao longo dos séculos, e até mesmo na Bíblia, podemos encontrar referências à ordem sacerdotal de Melquisedec, qualificada como uma ordem de altíssimo gabarito espiritual.

Melquisedec estabeleceu essa ordem, e ela foi infinitamente mais elevada e perfeita do que o sacerdócio de Aarão. O sacerdócio de Aarão terminou em morte, mas o de Melquisedec foi uma ordem espiritual, cujos sacerdotes foram sacerdotes para sempre. Os sacerdotes aarônico-levíticos ofereciam sacrifícios pelos pecados de seu povo; Jesus deu sua vida em sacrifício por seu povo. Ao ressuscitar seu corpo, tornou eterno o sacerdócio de Jesus-Melquisedec. Esse sacerdócio, segundo a interpretação dada pela *Enciclopédia Judaica* à Epístola aos Hebreus, "é excelente, superior à descendência de Abraão, e transcende todas as ordens humanas e imperfeitas"[22].

O autor de Hebreus usa Melquisedec como padrão por meio do qual validar o ministério sacerdotal de Jesus, e diz de Melquisedec:

> Vede, pois, a grandeza deste homem, a quem Abraão, o patriarca, entregou o dízimo da melhor parte dos despojos. (Hebreus 7:4)

Em vista dessas demonstrações de veneração a Melquisedec, tanto no Novo Testamento como na rica tradição messiânica que pudemos localizar, os cristãos não deveriam considerar como um rebaixamento a correlação que se faz da alma de Melquisedec com a de Jesus. Eles certamente foram duas pessoas que atuaram como importantes instrumentos de Deus, e cada uma dessas vidas assinala um marco histórico na evolução espiritual da humanidade.

CAPÍTULO 9

JOSÉ

Eu o vejo – mas não agora,
eu o contemplo – mas não de perto:
uma estrela procederá de Jacó
e um cetro se levantará de Israel...
(Profecia messiânica em Números 24:17)

A história de José, como é contada no Gênesis, é uma das mais queridas e lidas de toda a Bíblia. É a história "da riqueza para a pobreza e da pobreza para a riqueza – no feitio do Livro de Jó e da parábola do filho pródigo; do bem triunfando sobre o mal; da inocência e da pureza sacrificando-se pelos outros; e do perdão e do amor. Edgar Cayce diz que José foi de fato uma encarnação daquela alma-Mestra que se tornou Jesus.

Primeiro, no princípio, é claro; depois como Henoc, Melquisedec, em estado de perfeição. Depois, na terra, como José, Josué, Jesuá, Jesus. 5749-14

A encarnação da alma do Mestre no começo, como o Adão criado por Deus, foi singular e especial, e como Henoc e Melquisedec essa alma viveu em estado de perfeição, na qual a morte física não era necessária. Mas, enquanto José, teve início uma jornada através de encarnações e mortes, que culminou em Jesus, na condição de Cristo. Aparentemente, esses nascimentos e mortes físicas foram necessários para que o Mestre servisse como um modelo eficiente, apontando para a humanidade o caminho de volta ao Pai. Portanto, a vida de José assume um significado especial, como a primeira encarnação da alma do Mestre com a qual as almas presas à terra poderiam identificar-se completamente.

De acordo com a história bíblica (Gênesis 37-50), Jacó, a quem Deus chamou de Israel, não tinha tido filhos com sua esposa preferida, Raquel. Quando finalmente José nasceu dela, foi muito bem recebido e tornou-se o filho favorito de Jacó. Seus irmãos ficaram enciumados e magoados por causa dele, especialmente quando ele contava sonhos em que seus irmãos apareciam-lhe como servos seus. Quando estavam no campo e viram que ele se aproximava para entregar-lhes um recado de seu pai, os irmãos decidiram matá-lo. Por meio da intercessão de Rubem, José não foi morto imediatamente, mas colocado em uma cisterna, e quando um bando itinerante de comerciantes ismaelitas passou por ali, Judá propôs que José fosse vendido. Os irmãos então venderam-no e sujaram a túnica de José com o sangue de um animal. Depois de mostrar a túnica ao pai, eles lhe disseram que José tinha sido devorado por um animal selvagem.

Os comerciantes levaram José para o Egito onde ele se tornou servo na casa de Putifar, oficial do faraó. Logo tornou-se o administrador-chefe do palácio, mas foi preso sob a acusação de seduzir a esposa de Putifar, embora, na realidade, ele houvesse repelido os avanços dela. Na prisão, José foi nomeado guardião dos outros prisioneiros. Quando o faraó mandou prender seu padeiro-chefe e seu provador de vinhos, José interpretou corretamente um sonho de cada um deles. José profetizou que, em três dias, o provador de vinhos voltaria ao rei ou faraó e que o padeiro seria decapitado e pendurado de uma árvore. Quando essas duas coisas aconteceram tal como ele as havia previsto, o provador de vinhos esqueceu-se de comentar com o faraó sobre o talento de José, tal como ele havia prometido fazer. Dois anos depois, no entanto, quando o faraó teve sonhos que mais ninguém conseguia interpretar corretamente, o provador de vinhos acabou se lembrando de José.

A partir dos sonhos do faraó, José profetizou que haveria sete anos de fartura na terra, seguidos por outros sete de escassez. O faraó nomeou José o segundo homem no comando do Egito para que administrasse um programa de conservação dos alimentos durante os anos de fartura, de acordo com as recomendações que havia feito. Sete anos bons foram efetivamente seguidos por outros sete de miséria, e toda a região recorreu aos estoques do Egito para aliviar sua penúria.

O faraó deu Aseneth, filha do sacerdote de On, como esposa a José. Tiveram dois filhos, Manassés e Efraim.

Até na distante Canaã, o pai de José, já idoso, e seus irmãos, sofriam os efeitos da seca; e estes, com exceção do jovem Benjamim, foram até o Egito comprar cereais. José reconheceu seus irmãos mas eles não o reconheceram. José armou um plano e acusou-os de serem espiões, mantendo Simeão como refém até que voltassem com Benjamim. De volta à casa, os irmãos ficaram apreensivos porque o dinheiro que tinham usado para comprar os cereais estava de volta nas sacolas e porque Jacó recusava-se a deixar que Benjamim fosse para o Egito.

Finalmente, diante da escassez de víveres e das promessas de Judá, Jacó foi forçado a recuar e os irmãos voltaram ao Egito com Benjamim. Dessa vez, depois de ter deixado que partissem de volta para casa e tê-los mandado buscar por causa de uma taça do palácio que fizera esconder na sacola de Benjamim, José revelou-lhes sua identidade. Perdoou os irmãos e insistiu com eles para que trouxessem Jacó para viver no Egito. Eles assim o fizeram, e a família de José recebeu terras especiais em Goshen, além de outros privilégios.

Jacó viveu mais dezessete anos e morreu no Egito, depois de dar aos filhos bênçãos individuais. É de seus doze filhos que derivaram as doze tribos de Israel. Antes de morrer, José predisse que tempos difíceis viriam pela frente, mas acrescentou que depois Deus libertaria os israelitas do Egito, levando-os à Terra Prometida em Canaã.

Os especialistas em geral atribuem autenticidade histórica à narrativa de José, e encontraram provas tanto da grande seca como dos administradores semitas no Egito. Encontraram-se referências aos sete anos de seca na Mesopotâmia e no Egito, em Sehel, e o consenso geral é de que José pode ter estado no Egito em qualquer época entre o reinado dos Hyksos e o de Ramsés II[1]. A rixa de José com a esposa de Putifar, na qual ela o acusou falsamente de sedução, tem até um paralelo no conto egípcio intitulado "Os dois irmãos". E um antigo canal que leva ao oásis de Faiyum é até os dias de hoje conhecido como "Bahr Yusuf", ou "canal de José". As lendas árabes dizem que foi construído pelo José bíblico[2].

Em uma leitura paranormal para uma senhora, em 1939, Cayce disse que ela havia vivido na época de José:

Antes disso, constatamos que a entidade esteve na terra que hoje é conhecida como egípcia, durante aqueles períodos nos quais havia o entendimento facultado pelas atividades e providências dos tempos em que José governava aquela região.

E a entidade então estava entre as princesas do Egito, e perto do rei que incentivou um relacionamento mais próximo com aqueles que haviam decidido servir o Deus vivo, em vez de a seus interesses pessoais.

Pois a entidade conhecia e muitas vezes esteve com José... 1825-1

Uma outra leitura de 1943, Cayce oferece detalhes adicionais:

No tempo em que José tinha sido elevado da posição de zelador da prisão para um posto de autoridade junto ao rei, então a entidade – Zerlva – era uma princesa da segunda esposa do rei do Egito, daquele período. O nome desse rei aparece no próprio Êxodo.

A entidade tinha, na época, conhecimento da família da esposa de José. E, com isso, tornou-se uma adoradora do Deus único.

Depois da seca e da restauração da princesa e dos príncipes do Egito, e dos altos sacerdotes dos vários grupos ou cultos, a entidade interessou-se pelas atividades dos povos que buscavam ouro e prata e as gemas que faziam parte das insígnias reais da princesa e do príncipe do povo egípcio... 1825-2

As leituras acima citadas fazem com que venha à mente o nome de Akhenaton, também conhecido como Amenhotep IV e Amenófis IV. Ele assumiu o poder em 1379 a.C. na capital de Tebas, e ali reinou durante seis anos. Depois, mudou sua capital para quase 500 quilômetros ao norte, descendo o rio Nilo até

Akhetaton, hoje conhecida como Amarna ou Tel el Amarna. Instituiu uma nova religião baseada na crença em um só Deus e condenou os antigos cultos religiosos do Egito. Sua religião era a "que mais se aproximava do monoteísmo até aquela época"[3]. Tem-lhe sido creditado o "conceito revolucionário de um Deus único, onipotente, absoluto e eterno", semelhante ao dos hebreus em período posterior[4].

Sem levar em conta as leituras de Cayce, outros autores têm identificado José com o período de Akhenaton:

> O casamento do vice-rei [José] com a filha de um sacerdote do sol, assim como o fato de o faraó aceitar a religião monoteísta de José, indicam que esse faraó foi Amenhotep IV, o audacioso reformador religioso que só adorava Aten, o disco solar, mudou seu nome para Akhenaten [sic] e ergueu uma nova capital em Amarna.[5]

Por outro lado, não se fala que Akhenaton tenha tido uma segunda esposa, como Cayce disse a respeito do rei na leitura citada; tampouco o seu nome está no Êxodo (presumindo que Cayce estivesse se referindo a esse livro bíblico). Além disso, numa leitura feita para uma outra mulher, parece que ele situou o período de José em data muito anterior. Essa leitura (355-1) indica que a Princesa Hatshepsut foi aquela que salvou Moisés dos juncos, no Nilo. Depois ela se tornou rainha, e seu reinado precedeu o de Akhenaton em pouco mais de cem anos. Como José esteve no Egito cerca de 400 anos antes de Moisés, esse período parece eliminar Akhenaton e sugerir o reinado dos Hyksos, estrangeiros que se apoderaram do trono no período de 1720 a 1550 a.C. A maioria dos estudiosos parece preferir essa época para situar José.

Uma coisa em que as leituras efetivamente insistem é que a vida e a influência de José ajudaram na formação da crença em um único Deus. Esse é um resultado que sempre decorre de um aparecimento da alma do Mestre, dizem as leituras.

Independentemente da época em que José viveu, o simbolismo e as semelhanças entre a sua vida e a de Jesus são deveras impressionantes:

1. Ambos foram amados pelo pai. Gênesis 37:3 diz: "Israel amava mais a José do que a todos os seus outros filhos...", enquanto em João 3:35 lemos, a respeito de Jesus e seu Pai celeste: "O Pai ama o Filho e tudo entregou em sua mão." Mateus 3:17 acrescenta: "Ao mesmo tempo, uma voz vinda dos céus dizia: 'Este é o meu Filho amado, em quem me comprazo.' "

2. Por outro lado, os dois eram odiados pelos irmãos. "Mas quando seus irmãos viram que seu pai o amava [José] mais do que a todos os seus irmãos, odiaram-no, e se tornaram incapazes de lhe falar amigavelmente" (Gênesis 37:4). E, em João 15:25, em relação a Jesus, para quem todos os homens eram tidos como irmãos: "Odiaram-me sem motivo."

3. Os dois declaravam ter uma posição que os demais rejeitavam e combatiam. Em Gênesis 37:8, o conflito de José é descrito da seguinte forma: "Seus irmãos lhe responderam: 'Queres acaso governar-nos como rei ou dominar-nos como senhor?' E eles o odiaram ainda mais, por causa de seus sonhos e de suas palavras." Jesus alegava que ele e seu Pai, ou Deus, eram um só. Foi acusado de blasfêmia e disse: "Mas eles viram e nos odeiam, a mim e ao Pai." (João 15:24)

4. Os irmãos dos dois conspiraram para matá-los. Em Gênesis 37:18, afirma-se sobre os irmãos de José: "Eles o viram de longe e, antes que chegasse perto, tramaram sua morte." O mesmo aconteceu com os "irmãos" de Jesus: "Então os chefes dos sacerdotes e os anciãos do povo congregaram-se no pátio do Sumo Sacerdote, que era Caifás, e decidiram juntos que prenderiam a Jesus por um ardil e o matariam." (Mateus 26:3-4)

5. José foi vendido por 20 peças de prata por Judá, e Jesus foi vendido por 30 peças de prata por Judas. Em nota de rodapé na versão do historiador judeu Josephus para a história de José, fala-se numa tradição que diz que, na realidade, foram 30 peças de prata que os irmãos receberam pela venda de José, a mesma quantia envolvida na traição de Jesus[6].

6. Tanto José como Jesus perdoaram seus irmãos perdidos e os exaltaram. Talvez, a chave da história de José e seu tema mais importante seja o seu amor inabalável pelos irmãos e sua disposição para perdoar o passado e aceitá-lo como desígnio de Deus. Em Gênesis 50:20 ele diz aos irmãos: "O mal que tínheis intenção de fazer-me, o desígnio de Deus o mudou em bem, a fim de cumprir o que se realiza hoje: salvar a vida de um povo numeroso." Também destinou aos irmãos uma riqueza e glórias que ultrapassavam em muito sua posição anterior em Canaã. De maneira semelhante, o apelo imortal de Jesus foi, conforme o registro de Lucas (23:34): "Pai, perdoa-lhes, pois não sabem o que fazem." E ele prometeu: "E, quando eu for elevado da terra, atrairei todos os homens a mim." (João 12:32) Jesus não fez exceção para os que equivocadamente tinham abusado dele: era destes também a promessa do céu.

7. José passou três anos na prisão, no Egito, e Jesus passou três dias no sepulcro, antes da ressurreição. (Embora a Bíblia não seja específica, a *Enciclopédia Judaica* diz que é geralmente aceito que José tenha passado três anos na prisão.) Parece haver um simbolismo ainda maior na permanência de José na prisão: ele interpretou os sonhos do provador de vinhos e do padeiro do faraó, predizendo que esse último seria enforcado num prazo de três dias e que o outro seria restituído à sua antiga ocupação, junto ao rei ou faraó, no mesmo lapso de tempo. Esse episódio assemelha-se peculiarmente às palavras que Jesus disse aos dois ladrões crucificados ao seu lado, predizendo que um deles iria reunir-se a ele [Jesus] no paraíso, ou seja, que lhe seria devolvida sua antiga posição de glória junto ao rei, ou Deus. Até a maneira como iria morrer o padeiro do faraó – enforcado numa árvore – parece um presságio do modo como Jesus morreu. E o destino de Jesus seria tanto a crucificação como a volta à sua antiga posição junto ao Rei (celeste) – duas coisas que José predisse para seus companheiros de prisão.

8. Nem José, nem Jesus, foram reconhecidos. Quando os irmãos de José, que representam e são os patriarcas do povo judeu, vieram ao Egito para comprar cereais, não reconheceram José. Quando Jesus veio como o messias prometido, também não foi reconhecido pelo povo judeu.

9. Tanto a vida de José como a de Jesus foram salvas com suas idas para o Egito. Se não tivesse ido, José teria morrido nas mãos dos irmãos, e Jesus teria sido morto, ainda bebê, pelo decreto de Herodes se ele e a família não tivessem fugido para o Egito.

10. Em ambos os casos, a viagem para o Egito foi resultante de sonhos. Os problemas de José com os irmãos foram agravados pelos sonhos em que se refletia a sua superioridade sobre eles, e foi um sonho do pai de Jesus, José, que apressou a fuga da família da Palestina para o Egito.

11. José iniciou seu ministério como administrador do faraó aos 30 anos de idade, e, nessa mesma idade, Jesus começou seu ministério ativo.

12. Os filhos de Jacó eram em número de doze, e foram os pais das doze tribos de Israel. Por sua vez, Jesus escolheu doze discípulos para assisti-lo em seu ministério.

13. José fingiu não reconhecer seus irmãos quando eles foram até o Egito. De modo semelhante, Jesus, a caminho de Emaús depois de sua ressurreição, fingiu não conhecer seus amigos, senão quando repartiu com eles o pão, ao final do dia. (Lucas 24:13-31)

14. José e Jesus, ambos ofereceram a esperança de retorno à Terra Prometida para os fiéis ou escolhidos. Antes de sua morte, José disse aos seus bem-amados: "Deus vos visitará e vos fará subir deste país para a terra que ele prometeu, com juramento, a Abraão, Isaac e Jacó." (Gênesis 50:24) Jesus fez promessas desse teor aos que o amassem: "Não tenhais medo, pequenino rebanho, pois foi do agrado do vosso Pai dar-vos o reino!" (Lucas 12:32) "Vou preparar-vos um lugar... para que, onde Eu estiver, estejais vós também." (João 14:2-3)

15. A "morte", tanto de José como de Jesus, não foi "final", mas serviu para realizar os propósitos de Deus. José foi salvo da morte na cisterna ao ser vendido como escravo, e a morte de Jesus foi seguida pela sua ressurreição. Em ambos os casos, a "morte" atendeu a um objetivo de Deus: José venceu sua escravidão no Egito e salvou os egípcios e outros da fome: Jesus venceu o mundo e tornou-se o exemplo para toda a humanidade, o caminho de saída da escravidão do mundo material e de regresso ao Criador celeste.

16. Rejeitados por seu povo, tanto José como Jesus foram aceitos e exaltados por estrangeiros. Os irmãos de José expulsaram-no de seu país; no Egito, ele se tornou o vice-rei do faraó. A morte de Jesus foi-lhe imposta por seus conterrâneos, mas sua ressurreição e sua missão foram aceitas pelos gentios. Com o tempo, ele foi reconhecido como o Filho de Deus por numerosos países estrangeiros, incluindo o poderoso Império Romano.

Embora a Bíblia reflita muitas semelhanças entre José e Jesus, não chega a ponto de corroborar as declarações de Cayce de que José e Jesus foram encarnações da mesma alma. Nos livros apócrifos, porém, existe material que parece fazer esse tipo de ligação.

Os *Testamentos dos Doze Patriarcas* foram escritos entre 137 e 107 a.C. por um autor (ou autores) desconhecido(s), aparentemente a partir do folclore e da tradição judaicas. Eles contêm um testamento ou declaração feita no leito de morte de cada um dos doze filhos de Jacó, inclusive de José. Os primeiros cristãos parecem ter tido grande respeito por esse texto, e sua influência sobre alguns escritos do Novo Testamento, como o Sermão da Montanha e certas epístolas de Paulo, é bem evidente. Vários desses *Testamentos* contêm predições, semelhantes às profecias bíblicas, de que o Cordeiro de Deus ou messias viria das tribos ou dos descendentes de Judá e Levi. Como se sabe, Jesus nasceu da tribo de Judá e assumiu no seu ministério um papel sacerdotal típico da tribo de Levi.

No "Testamento de Neftali", Neftali conta um sonho ou visão que teve quando estava no Horto das Oliveiras e que pressagiava a vinda do messias. No sonho, o símbolo do messias era José, a única pessoa capaz de capturar uma criatura bovina alada que subiu com ele para o alto. A localização do sonho – o Horto das Oliveiras – tem uma associação especial com Jesus.

O "Testamento de José" contém afirmações imputadas a José que parecem ser muito semelhantes com certas palavras de Jesus. Aos seus irmãos que lhe sobreviveram, assim como a todos os descendentes de Jacó, ele disse: "Portanto, amai-vos também uns aos outros, e com clemência perdoai as faltas uns dos outros." Jesus freqüentemente admoestava seus discípulos e seguidores a amarem-se uns aos outros, e aconselhava-os a perdoar os irmãos, não sete vezes apenas, mas setenta vezes sete vezes. (Mateus 18:21-22) Jesus dizia-lhes para pagar o mal com o bem, e é atribuída a José a seguinte afirmação: "E, se alguém tentar fazer-te o mal, faze-lhe o bem e reza por ele, e serás redimido de todo o mal pelo Senhor."

Disse José:

> Fui levado em cativeiro, e Sua mão forte me sustentou.
> Fui atormentado pela fome, e o Senhor em pessoa me nutriu.
> Fiquei sozinho, e Deus me confortou;
> Fiquei doente, e o Senhor me visitou;
> Fui preso, e meu Deus estendeu-me Suas graças;
> Algemado, e Ele me soltou;
> Difamado, e Ele rogou por mim;
> Amargamente amaldiçoado pelos egípcios, e Ele me libertou;
> Invejado pelos meus companheiros de escravidão, e Ele me exaltou.
>
> ("Testamento de José", I:9-17)[7]

Como são semelhantes estes comentários aos de Jesus, conforme Mateus 25:35-36:

Pois tive fome, e me destes de comer. Tive sede, e me destes de beber. Era forasteiro, e me recolhestes. Estive nu, e me vestistes; doente, e me visitastes; preso, e viestes me ver."

José também fez a seguinte profecia:

> E vi que de Judá nasceu uma virgem que vestia um traje de linho, e dela nasceu um cordeiro imaculado; e na sua mão esquerda havia algo como um leão; e todos os animais selvagens acometeram contra ele e o cordeiro venceu-os a todos e subjugou-os aos seus pés. E por causa dele, os anjos e os homens regozijaram-se e toda a terra também. E essas coisas acontecerão a seu tempo, nos derradeiros dias.
>
> ("Testamento de José", II:74-76)[8]

A mais excitante profecia nos *Testamentos dos Patriarcas*, que certamente parece corroborar a ligação declarada por Cayce entre José e Jesus, está contida no "Testamento de Benjamim". Depois de Jacó ter-se reunido a José, no Egito, José pediu que Jacó rezasse por seus irmãos, os filhos dele mesmo, para que pudessem ser perdoados. Jacó então abraçou José e declarou:

> Em ti será realizada a profecia do céu a respeito do Cordeiro de Deus, o Salvador do Mundo, em que um ser irrepreensível será entregue aos homens sem lei, e um ser imaculado deverá morrer pelos ímpios, no sangue do acordo, pela salvação dos gentios e de Israel, e destruirá Belial e seus seguidores.
>
> ("Testamento de Benjamim", I:21)[9]

Uma história de provável origem judaica narra o casamento de José com Aseneth, a filha virgem do sacerdote egípcio Pentefres. Essa lenda é conhecida simplesmente como "José e Aseneth", e data aproximadamente de cerca de 100 a.C. a não mais que 117 d.C.[10] Algumas autoridades pensam que pode ter tido origem nos essênios; mas, de qualquer maneira, é de suficiente importância para que tenha sido incluída em algumas listas de livros cristãos canônicos e apócrifos[11].

Nessa história, José é chamado de "o poderoso de Deus", "o filho de Deus", "o abençoado de Deus", "o primogênito de Deus" e "o salvador" de seu povo[12]. Essa linguagem tem sido considerada como prova da identificação de José com o Redentor, Jesus Cristo[13]. Um hino etíope, do final do século XVI ou início do XVII, trata dessa ligação:

> Saudações a José que foi chamado à semelhança
> Do chefe do exército de Deus;

> Todos os meus ossos louvam este sábio, portador
> da gema,
> Guardião de suas riquezas, dizendo:
> "Ó Maria, ele é ti mesma."[14]

Na história de "José e Aseneth", esta é uma virgem muito linda. Ela é servida por sete outras virgens que vivem à sua volta, e, depois de apaixonar-se por José, recebe a visita de um anjo do céu. Este lhe diz:

> Eis, pois, que o teu nome estava escrito no livro dos que vivem no céu; no início do livro, como primeiro de todos, teu nome foi escrito pelo meu dedo e não será apagado jamais... E eis que hoje eu te entrego como noiva a José, e ele será teu noivo para todo o sempre.
>
> E o teu nome não será mais Aseneth, e sim Cidade do Refúgio, porque muitas nações em ti buscarão refúgio junto ao Senhor Deus, o Altíssimo, e sob as tuas asas muitos que acreditam no Senhor Deus encontrarão abrigo, e por trás das tuas paredes serão guardados aqueles que se conservam próximos ao Deus Altíssimo, em nome do Arrependimento.[15]

Esse hino parece identificar Aseneth com Eva, cujo nome estava escrito no "início do livro" como "o primeiro de todos". José (Adão) é seu noivo perpétuo. E é-lhe prometido um papel especial na execução do plano de Deus para o arrependimento da humanidade. Se essa alma é de fato Eva, então teremos adiante mais informações a respeito de sua futura encarnação, de acordo com Cayce, como Maria, a mãe de Jesus.

Os eventos narrados ocorrem em Heliópolis, lar de Aseneth. (Heliópolis é o nome grego de On, dado na Bíblia.) Heliópolis, em grego, significa "cidade do sol"; localizava-se aproximadamente a 6,5 km a noroeste da atual Cairo. Nas pessoas de Jesus e Maria, buscando refúgio no Egito para escapar do decreto de Herodes de matar todos os bebês, eles voltarão a essa mesma cidade.

A lenda diz que Zeitun é um dos lugares em que a Sagrada Família permaneceu enquanto esteve no Egito. Hoje, esse é um subúrbio do Cairo. A Igreja de Santa Maria, uma igreja cristã ortodoxa copta, foi construída num dos locais em que supostamente eles ficaram alojados. No final da década de 1960 e início da de 1970, uma série de aparições sobre a igreja, às vezes só de Maria, outras, da Sagrada Família completa, foram testemunhadas por milhares de pessoas. Muitas fotografias foram tiradas do espetáculo e esse acontecimento está bem documentado, junto com algumas curas milagrosas que supostamente teriam ocorrido ali. As aparições cessaram depois que o governo egípcio divulgou o evento e começou a cobrar ingresso[16]. Talvez as aparições fossem uma influência duradoura das almas que ali haviam vivido como Maria e Jesus, e também como Aseneth e José.

Essas vidas tiveram uma importância crucial para a evolução espiritual da humanidade.

Hoje sabemos, com base nos Manuscritos do Mar Morto, que os essênios tinham José em elevada estima. Eles o consideravam um sofredor inocente que também fora profeta e visionário. É da máxima importância que eles associassem o seu Verdadeiro Mestre, ou Mestre da Justiça, com José[17]. Ambos foram ligados, pelos essênios, à celebração do jejum judaico, o solene Dia do Perdão. Os essênios acreditavam que seu Mestre de Justiça voltaria como o messias, e por isso, segundo eles, a figura de José acabou assumindo uma significação messiânica[18]. Como veremos no capítulo sobre Asaf, esse Verdadeiro Mestre também foi identificado por eles como Asaf.

Logo antes de morrer, Jacó deu uma bênção profética a cada um de seus filhos. Em Gênesis 49:22, ele chama José de "um rebento fecundo [...] cujos ramos ultrapassam o muro". Como veremos em capítulos posteriores, o termo "ramo" será usado pelos profetas judeus subseqüentes como referência simbólica ao messias prometido.

Qual a importância deste homem José?

A tradição judaica considera José um profeta e o protótipo de um homem perfeitamente justo. De acordo com R. Phinehas, "o Espírito Santo habitou em José desde sua infância até sua morte"[19].

José também é aceito como profeta na literatura árabe, dotado de um tipo de beleza máscula que deu margem à expressão "um segundo José" para descrever alguém de beleza extraordinária. A tradição árabe também atribui grande quantidade de obras públicas no Egito a José. Ele tem a reputação de ter sido um grande matemático e astrônomo, e "alguns chegam a acreditar que ele ergueu a cidade de Mênfis, além de ter sido indispensável na construção dos obeliscos e pirâmides"[20]. Não é possível deixar de cogitar – mesmo porque não existem outros dados ligando José à construção das pirâmides – se essa reputação não é fruto das lendas árabes que atribuem a construção da Grande Pirâmide a Hermes (discutidas no capítulo sobre Hermes) e do reconhecimento de um elo de ligação entre Hermes e José.

José foi exaltado pelo judaísmo pela sua retidão diante da tentação sexual da mulher de Putifar. Este havia depositado irrestrita confiança em José e José recusou-se a traí-lo. O Quarto Livro dos Macabeus diz:

> Certamente é por isso que louvamos o virtuoso José, pelo seu Bom Senso; por um esforço mental, ele deteve o impulso carnal. Pois ele, um jovem na idade em que o desejo físico é muito forte, por meio de seu Bom Senso conteve o impulso de suas paixões.
>
> (II:68)

A retidão de José foi reconhecida na prisão, pois até mesmo ali o guardião "entregou nas mãos de José todos os prisioneiros que ali estavam". E a seguir o faraó, com base apenas na interpretação dos sonhos que José fizera, concluiu que não havia ninguém mais sábio que ele e tornou-o regente de todo o país, vindo imediatamente depois do rei na hierarquia.

Acima de tudo, José é considerado uma "vítima inocente da inveja e da má-vontade, que vira o jogo contra os seus perseguidores ao ter sucesso apesar deles e ao pagar o mal com o bem".[21] Ele demonstrou capacidade de perdoar, clemência, tolerância, paciência e amor.

Contudo, apesar de todo o seu mérito, José estava longe da perfeição. No ressentimento contra seus irmãos, existe uma ressonância de vaidade juvenil. Se o relato existente n' "O Testamento de José" pode ser considerado verídico, a princípio José teve dificuldade em perdoar os irmãos. A narrativa bíblica mostra-o fazendo um jogo com os irmãos quando eles vão até o Egito para comprar grãos, e ele aumenta-lhes a aflição com a exigência de que tragam Benjamim. Finalmente, foi José quem estipulou um sistema de impostos por meio do qual o excedente de grãos da época de fartura pertencia ao rei. Depois, durante a seca, o povo teve de comprá-lo de novo para sobreviver, e muitos deles, por causa disso, tornaram-se escravos do faraó (ver Gênesis 47:19-21). A responsabilidade por este sistema era de José, e, na sua encarnação seguinte como Josué, é significativo que ele mesmo tenha sido escravo no Egito e tenha passado a vida inteira fugindo do cativeiro.

Edgar Cayce ofereceu mais informações que revelam interessantes subenredos na história de José.

De acordo com essa fonte, Benjamim, o irmão de José, tinha sido Set, o filho de Adão (5148-2 e 281-48). Mesmo tendo sido uma grande figura espiritual, Set não podia ser comparado com seu pai, Adão, que depois se encarnou como José. E as condições nas quais Benjamim foi trazido ao mundo não são equivalentes às de José:

Também com base na mesma atitude assumida por aqueles pais [Jacó e Raquel] quando o segundo filho, Benjamim, foi concebido – quais são aqui as características diferentes? O amor material era igualmente grande; a satisfação do desejo material foi completamente realizada; no entanto, faltava-lhe o desejo de trazer ao mundo aquele que fosse todo inteiro um canal por meio do qual o plano espiritual pudesse se manifestar. Mas foi um canal que finalmente trouxe a matéria que se manifestou em Saul, uma encarnação de Benjamim. **281-48**

Assim, Cayce diz que Benjamim voltou como Saul, que se tornou o primeiro rei judeu.

Uma outra leitura deixa implícito que Jacó voltou mais tarde como o discípulo João (3976-15). Dessa forma, como Jacó, seu filho querido foi José; como João, ele foi o discípulo querido de Jesus, que antes tinha sido José.

Em resumo, vemos em José um homem de eminente significação histórica e espiritual. Tal como com outros que Cayce disse terem sido encarnações anteriores de Jesus, existe uma tradição muito antiga identificando-o com o messias ou salvador que salvaria, não só Israel, mas os gentios também. Ele foi a "estrela que veio de Jacó" e que se tornaria o cetro ou o rei proveniente de Israel.

Os muitos paralelos entre a saga de José e a de Jesus não deixaram de ser notados por outros escritores.

> A Igreja sempre associou a história de José com a experiência de nosso Senhor, que foi crucificado por seus irmãos, mas exaltado por seu Pai celeste para ser a bênção e a salvação do mundo[22].

Para resumir a vida de José, poder-se-ia dizer que ele exemplificou a obra redentora do povo de Deus, da mesma forma como Jesus, que a levou à sua forma mais completa. A história de José é um exemplo vivo da submissão à vontade de Deus, do paraíso perdido e do paraíso reconquistado.

CAPÍTULO 10

JOSUÉ

E Israel serviu ao Senhor durante toda a vida de Josué e durante toda a vida dos anciãos que sobreviveram a Josué e que haviam conhecido todos os feitos que o Senhor havia realizado em favor de Israel.

Josué 24:31

... Josué, o profeta, o místico, o líder, a encarnação do Príncipe da Paz. 362-1

Pois, sem Moisés e seu líder Josué (que era corporalmente Jesus) não existe Cristo. *CRISTO* não é um homem! *Jesus* foi o homem; Cristo, o mensageiro; Cristo em todas as eras, Jesus em uma, Josué em outra ... 991-1

Pois Josué foi o intérprete por meio do qual a mensagem foi entregue a Israel. 3645-1

E a resposta sempre depende de se há ou não aquela escolha que foi enunciada por outro líder [Josué] – e um protótipo Daquele que deu Sua vida como resgate por todos – "Na verdade, que os outros façam como melhor lhes convier, pois quanto a mim e à minha casa, *nós* serviremos o Deus vivo." 1497-2

... o paciente Josué, aquele que seguiu estritamente o caminho que daria à pessoa (que assim estudasse) a vida e a interpretação do Filho do homem. Na lida terrestre, esses dois (Josué e Jesus) foram muito semelhantes, não como combatentes nas disputas, mas em espírito e propósito, em ideais, esses dois foram um.

Assim... vocês podem usar o Filho do homem, Jesus, o Mestre, como o ideal no presente, e encontrar um novo significado – se for feito o estudo e o cotejo das vidas de Jesus e Josué. 3409-1

A Bíblia silencia quando se trata dos detalhes do início da vida de Josué, no Egito, como cativo. Ele é citado pela primeira vez cerca de dois meses depois que os israelitas tinham partido do Egito, quando chegaram a um lugar chamado Refidim, na região sul da Península do Sinai. Em um ataque desfechado pelos amalecitas, Moisés mandou chamar Josué para defender os israelitas. Aparentemente, Josué tinha demonstrado sua capacidade de liderança a Moisés, e nessa ocasião teve êxito contra os amalecitas.

A partir de então, Josué é freqüentemente encontrado na companhia de Moisés e é citado como o "ministro" de Moisés, quando se aproximaram do Monte Sinai. (Êxodo 24:13) Presume-se que tenha acompanhado Moisés até o alto da montanha quando Moisés recebeu as divinas revelações e instruções de Deus. Quando desceram, Josué alertou Moisés para o barulho que vinha do acampamento dos israelitas, em que o povo tinha dado início a um culto idolátrico. E quando Moisés estava reunido com Deus no tabernáculo ou tenda recém-construída, Josué estava lá. O registro de sua presença nessas ocasiões condiz com a premissa das leituras de Cayce de que Josué era o intérprete de Moisés.

Quando os israelitas se aproximaram da Terra Prometida, Moisés escolheu um homem de cada uma das doze tribos para inspecionar a terra. Josué representava a sua tribo, Efraim, e, depois da volta dos batedores, teve apoio apenas de Caleb em recomendar que fossem para Canaã. Essa falta de fé por parte dos israelitas resultou num decreto de Deus de que eles deveriam perambular durante quarenta anos pelo deserto, e Sua promessa de que, com exceção de Josué e Caleb, mais ninguém dos fugitivos originais alcançaria a Terra Prometida.

Durante quarenta anos, os israelitas foram nômades no deserto. Nesse período, o povo uniu-se em torno da inabalável determinação de estabelecer uma nação na terra que estava à frente. Quando cresceu a nova geração do povo, ele estava pronto para entrar na Terra Prometida.

Prevendo a própria morte, Moisés pediu a Deus que indicasse alguém para conduzir a nação dos israelitas, alguém "que saia e entre à frente dela, e que a faça sair e entrar". (Números 27:17) Deus atendeu à solicitação de Moisés e escolheu Josué.

Depois da morte de Moisés, os israelitas tiveram de enfrentar a tarefa de entrar na Terra Prometida e conquistá-la. Josué decidiu fazer uma investida contra o centro de Canaã, abrindo caminho depois para o norte e para o sul. Para a concretização desse objetivo, ele escolheu um local para cruzar o rio Jordão e entrar na Terra Prometida: ficava logo ao norte do Mar Morto e a aproximadamente 8 km ao sul da cidade de Jericó.

Por causa das chuvas sazonais, o rio estava muito cheio e a intervenção de Deus era necessária. Ele fez com que o fluxo do rio se interrompesse até que os israelitas fizessem a travessia a salvo. É interessante que esse fenômeno tenha ocorrido outras vezes, a última das quais em 1927. Tremores de terra mais ou menos 20 km rio acima ocasionaram a derrubada das altas barrancas de argila do rio, e o fluxo do rio Jordão ficou interrompido por mais de 21 horas[1].

Depois da travessia, eles pararam em Guilgal, no lado oeste do Jordão. Doze pedras tinham sido retiradas do leito do rio e colocadas em círculo em Guilgal, como monumento à milagrosa travessia. Os israelitas pararam ali e realizaram o ritual da circuncisão em todos os homens, para simbolizar a renovação de sua aliança com Deus e a conclusão da fuga do Egito até a Terra Prometida. E, pela primeira vez em Canaã, foi celebrada a Páscoa dos judeus.

A cidade de Jericó, à frente, parecia impenetrável. Seguindo as instruções de Josué, contudo, os israelitas cercaram-na todas as manhãs, durante seis dias seguidos, com sete sacerdotes no meio deles, carregando a Arca da Aliança e soprando suas trombetas de chifres de carneiros. No sétimo dia, deram a volta na cidade sete vezes; os sacerdotes sopraram uma derradeira e prolongada nota e os israelitas gritaram. Supostamente, os muros da cidade então caíram e Jericó foi saqueada e destruída. Arqueólogos modernos encontraram sinais de um tremor de terra ou de alguma calamidade semelhante, ocorrida nos tempos antigos – o tipo de destruição que a Bíblia descreve no capítulo sobre Josué e os israelitas.

Seguiu-se depois a ocupação sangrenta e sistemática de muitas cidades da Terra Prometida. Josué concentrava-se principalmente nas cidades que ficavam nas colinas, evitando as das planícies, onde as carretas mais bem equipadas dos cananeus teriam levado vantagem. Uma a uma, os israelitas tomaram Hai, Betel, Siquém, Gabaon, Aialon, Lebna, Laquis, Eglon, Hebron, Dabir e Hasor. Embora algumas cidades, como Jerusalém, tivessem sido evitadas, os israelitas já detinham amplamente o controle da Terra Prometida de Canaã.

Estava na hora de dividir a terra entre as tribos, e Josué exigiu que essa divisão e destinação fosse feita pela sorte, que deveria manifestar a vontade de Deus. O povo de Israel começou então o processo de cultivo da terra, construindo casas e cidades, assimilando o povo não-judeu à sua cultura e tornando-se uma nova nação.

Com 110 anos de idade, Josué reuniu todos os chefes de tribos e despediu-se. Insistiu com eles para que seguissem o Senhor e resistissem às tentações dos cananeus pagãos. Logo depois, Josué morreu e foi enterrado no Monte Efraim, provavelmente em Tamnat-Saré.

A vida de Josué não poderia ser melhor resumida do que em sua despedida do povo: "Mas quanto a mim e à minha casa, serviremos ao Senhor." (Josué, 24:15) Com base nessa afirmação e no exemplo de sua vida, os israelitas responderam: "Ao Senhor nosso Deus serviremos e à sua palavra obedeceremos." (Josué, 24:24) Ele, porém, advertiu o povo de que, se perdessem a fé, perderiam a terra.

Uma leitura de Cayce, citada anteriormente, indicou que um estudo da vida de Josué ajudaria a interpretar o significado da vida de Jesus, e que em sua atuação na terra – pelo menos em termos de espírito e propósito – os dois foram muito semelhantes. Em face do sangrento extermínio executado por Josué quando da conquista dos territórios, no entanto, torna-se difícil o paralelo com Jesus. Essa leitura, contudo, abre uma exceção no caso do comportamento combativo de Josué e suas lutas, mas mesmo aí podem haver paralelos dignos de consideração.

Em primeiro lugar, é preciso lembrar que a conquista de Canaã foi conduzida como *herem*, ou seja, uma guerra santa. Os israelitas acreditavam que essa guerra tinha sido ordenada e dirigida exclusivamente por Deus. A vitória pertenceria aos fiéis se eles obedecessem explicitamente às ordens divinas. A guerra contra Canaã foi deflagrada somente com o propósito de conquistar um lar para o povo de Deus, os israelitas, e acreditava-se que a terra só poderia ser purificada pelo extermínio dos pagãos que tinham vivido ali[2]. Essa guerra santa pode ter sido um símbolo da guerra que, em última instância, o messias declarou contra Belial, Satã, o diabo, em nome de Deus e do povo de Deus. Foi um prenúncio do papel depois desempenhado por Jesus.

As guerras em que Josué se envolveu em Canaã podem ter tido outro significado para Jesus. O ministério de Jesus foi levado a cabo na mesma região das cidades conquistadas por Josué. Pode ter sido necessário que Jesus curasse e ministrasse às pessoas das localidades cujos antigos habitantes ele, como Josué, tinha matado e destruído. Podem ter entrado em operação, aqui, as leis da justiça cármica de Deus. Embora não haja informações históricas suficientes para permitir uma comparação completa entre os detalhes das campanhas de Josué e o ministério de Jesus, podem-se fazer não obstante algumas observações interessantes.

A maior vitória de Josué em Canaã, a derradeira, ocorreu em Hasor, com a derrota de vários exércitos que se haviam unido contra os israelitas. Depois da batalha, Josué capturou e incendiou a cidade. Hasor situava-se perto do Mar da Galiléia; esse é o local em que Jesus passou grande parte do seu tempo e realizou diversos milagres. A cidade vizinha de Cafarnaum foi a principal base do ministério de Jesus.

Uma das maiores vitórias de Josué ocorreu no vale do Aialon, onde seu exército derrotou os reis confederados daquela área. Também foi aí que Josué desafiou as leis da física e fez com que o sol e a lua ficassem imóveis. Diz a Bíblia: "Nunca houve dia semelhante, nem antes, nem depois, quando o Senhor obedeceu à voz de um homem." (Josué, 10:14) Na época de Jesus, a cidade de Emaús ficava nessa região. Depois de sua ressurreição e triunfo sobre as leis físicas da morte, Jesus apareceu a dois de seus discípulos enquanto eles estavam viajando pela estrada que levava a Emaús.

Josué tinha evitado a cidade de Jerusalém, com medo da sua força. Enquanto Jesus, no entanto, ele ignorou o conselho dos amigos, entrou em Jerusalém e enfrentou-lhe os perigos. Foi ali, evidentemente, que encontrou a morte.

Logo no início da campanha de conquistas militares, cinco reis dos territórios prestes a serem tomados por Josué esconderam-se numa caverna em Maceda, mas foram descobertos pelos israelitas. Em razão da pressa de ir no encalço dos inimigos em fuga, Josué mandou que a caverna fosse lacrada até que pudessem voltar e dar um destino para aqueles reis. Ele disse: "Rolai grandes pedras à entrada da caverna e colocai junto a ela homens para guardá-la." (Josué, 10:18) Depois de algum tempo, os israelitas voltaram ao acampamento em Maceda. Quando a caverna foi aberta e os reis vieram para fora, Josué instruiu seus comandantes para que colocassem os pés sobre o pescoço desses reis e zombassem deles. Em seguida, Josué feriu-os e matou-os, e dependurou cada qual em uma árvore, onde ficaram até o final da tarde. Ordenou então que os reis mortos fossem retirados das árvores e lançados de volta à caverna; essa foi então fechada com grandes pedras. A Bíblia identifica esses reis; o primeiro a ser nomeado é o de Jerusalém.

Não pode haver paralelo mais forte entre esses acontecimentos e os da crucificação de Jesus, o que pode ajudar a explicar a necessidade de alguns detalhes horripilantes da sua Paixão. O costume de os mortos serem retirados das árvores antes do pôr-do-sol, na época de Josué, ainda fazia parte da tradição judaica nos tempos de Jesus, que foi retirado apressadamente da cruz e colocado em seu sepulcro na caverna antes que a noite caísse.

Outro dos cinco reis foi o de Hebron, uma cidade a cerca de 35 km de Jerusalém. Ali existe uma caverna, embora hoje tenham construído uma mesquita no mesmo local e os não-muçulmanos não possam entrar no recinto. Essa caverna de Machpelah pode ter sido aquela em que os cinco reis foram enterrados. Alguns estudiosos pensam que seja a mesma caverna onde os patriarcas judeus supostamente foram enterrados[3] e nesse sentido, de acordo com algumas lendas, é o local onde o corpo de Adão pode ter sido depositado.

Há outras ligações.

A conquista da Terra Prometida por Josué começou com a travessia do rio Jordão. O ministério de Jesus começou com o seu batismo no mesmo rio. De acordo com a tradição, ambos os incidentes ocorreram exatamente no mesmo local[4]. Um peregrino à região do rio Jordão no ano 670 d.C. diz que no meio do rio havia uma cruz, num ponto próximo de Jericó, que marcava o local do batismo de Jesus[5].

Esse também é o mesmo local em que Adão supostamente deu início à sua vida depois do exílio do Éden, permanecendo no rio Jordão durante 40 dias, arrependendo-se diante de Deus[6]. É claro que Adão foi uma vida anterior de Josué e de Jesus, segundo Edgar Cayce.

Depois de cruzar o Jordão, enquanto estava acampado em Guilgal, perto de Jericó, Josué fez uma pausa por algum tempo antes de iniciar seu ministério de conquistas. Ele queria que os israelitas se lembrassem da sua herança e renovassem seus votos para com Deus, antes de darem início aos embates que tinham pela frente. Da mesma forma, depois do seu batismo no rio Jordão, Jesus parou por quarenta dias (novamente o mesmo número!) no deserto para renovar seu compromisso com Deus e preparar-se para a missão que o esperava. Segundo a tradição, Jesus subiu uma pequena montanha à beira do vale do Jordão, que dava para Jericó[7]. Esse local é próximo de Guilgal.

Durante a fase de espera, a idéia de mover guerra contra a cidade fortificada de Jericó deve ter sido assustadora para Josué. Mas a Bíblia registra que um anjo do Senhor apareceu para ele. O anjo tinha vindo como "comandante do exército de Iahweh" para animar e incentivar Josué a ir adiante com suas conquistas.

Quando Jesus se retirou para o deserto, também ele deve ter vivido momentos de tremor perante a tarefa que tinha pela frente, pois o Novo Testamento lembra que ele foi tentado pelo demônio a achar maneiras mais fáceis de realizar sua missão. Ele venceu suas tentações, porém, e "os anjos vieram e puseram-se a servi-lo." (Mateus, 4:11)

Jesus não comeu durante seus quarenta dias no deserto, e uma das tentações que lhe foram feitas pelo demônio era que mitigasse a fome com as pedras que ele transformaria em pães. Em resposta, Jesus disse que "o homem não vive só de pão", e com isso indicava que tinha um novo alimento: a palavra de Deus. É interessante registrar que foi aí, depois da primeira festa da Páscoa judaica, na época de Josué, que os filhos de Israel deixaram de receber o maná. Também eles tinham um novo alimento: o fruto da Terra Prometida de Deus.

Deus havia assegurado a Moisés, no Monte Sinai, que um anjo seria enviado para abrir caminho "até o local que eu te preparei". Deus disse então:

> Respeita a sua presença e ouve a sua voz, e não lhe sejas rebelde, porque ele não perdoará a vossa rebelião, pois nele está o meu Nome. Mas se ouvires atentamente a sua voz e fizeres tudo o que eu disser, então serei inimigo dos teus inimigos e adversário dos teus adversários. O meu anjo irá adiante de ti, e te levará aos amorreus, e aos heteus, e aos ferezeus, e aos cananeus, aos heveus e aos jebuseus, e eu os exterminarei... (Êxodo, 23:20-23)

Como foi dito no capítulo sobre Henoc, a tradição judaica identifica esse anjo com Metatron ou Yaho'el, nome usado para a alma de Henoc transladada. De acordo com Edgar Cayce, Henoc e Josué foram a mesma alma. Na promessa a Moisés, acima transcrita, Deus estaria portanto referindo-se ao homólogo angélico de Josué, ou talvez ao próprio Josué – que pode ter sido simplesmente descrito por Deus em termos angelicais. Esse "anjo" levaria os israelitas à Terra Prometida e venceria os seus inimigos. Certamente, essa é uma descrição precisa do que Josué realizou em todos os seus anos como líder do povo escolhido de Deus.

De acordo com as leituras de Cayce, Josué foi responsável por escrever não só o livro de Josué como também os cinco primeiros livros do Antigo Testamento. Os estudiosos em geral concordam que o livro de Josué é constituído a partir das mesmas fontes que os primeiros cinco livros e que sua redação final se deu, aparentemente, na mesma época[8]. A tradição rabínica e talmúdica ainda diz que Josué escreveu o livro que leva seu nome e que Eleazar, o filho de Aarão, escreveu a parte relativa à morte de Josué[9].

Já vimos em capítulo anterior algumas semelhanças encontradas na Epístola aos Hebreus, no Novo Testamento, entre Jesus e Melquisedec. Antes das comparações com Melquisedec, no entanto, são feitos alguns paralelos entre Jesus e Josué, nos capítulos três e quatro da mesma Epístola. Referindo-se a Jesus, diz o autor:

> 7 Eis por que assim declara o Espírito Santo:
> "Hoje, se lhe ouvirdes a voz,
> 8 não endureçais os vossos corações, como aconteceu na rebelião,
> no dia da tentação no deserto,
> 9 onde vossos pais me puseram à prova, embora vissem minhas obras
> durante quarenta anos."
> 14 Pois nos tornamos companheiros de Cristo, contanto que man-
> tenhamos firme até o fim a nossa confiança inicial.
> 15 quando se diz: "Hoje, se lhe ouvirdes a voz não endureçais os vos-
> sos corações, como aconteceu na rebelião."
> (Hebreus, 3:7-9;14-15)

Foi Josué, claro, que incentivou os filhos de Israel a terem fé em Deus e a entrar na Terra Prometida sem mais delongas. Mas as pessoas endureceram seus corações e não ouviram. O povo de época posterior está sendo exortado a não repetir o mesmo erro, mas a ouvir a voz de Jesus e segui-lo, ao contrário do que fizeram com Josué. A epístola não faz distinção entre a voz de Josué e a de Jesus e dá a impressão de serem uma só e a mesma. O capítulo 4 continua com o mesmo tema:

> 8 Porque se Josué lhes houvesse dado repouso [na Terra Prometida],
> não falaria, depois, de outro dia.
> 9 Portanto, ainda fica para o povo de Deus um repouso de sábado.
> 11 Empenhemo-nos, portanto, por entrar nesse repouso, para que
> ninguém caia no mesmo exemplo de desobediência.
> 14 Visto que temos um grande sumo sacerdote que penetrou nos
> céus: Jesus, o filho de Deus, retenhamos firmemente nossa profissão
> de fé.

Aqui, a mensagem parece ser a de que Deus destinou ao Seu povo um outro dia para que obedeça a promessa de fé feita anteriormente a Josué e rejeitada. A nova promessa e exemplo são encontrados em Jesus.

Santo Irineu, Padre da Igreja, postulava que Josué, que conduziu o povo até a Terra Santa, sucedeu a Moisés como símbolo da lei superada[10]. Esse papel foi assumido – ou retomado – por Jesus.

A semelhança entre os nomes Yehoshua (Josué) e Yeshua (Jesus) logo promoveu entre os cristãos a identificação de Josué como um "tipo" ou prefiguração de Jesus. Muitos acontecimentos da vida de Josué foram interpretados pelos primeiros cristãos como antecipações proféticas da vida de Jesus[11].

Os amalecitas, ou Amalec, sempre aparecem em guerra com os israelitas no Velho Testamento. Josué, em sua primeira luta registrada, guerreia e derrota Amalec, o símbolo judaico do demônio.

> Então o Senhor disse a Moisés: "Escreve isto para memória num livro, e relata-o aos ouvidos de Josué, que eu hei de riscar totalmente a memória de Amalec de debaixo do céu."
>
> (Êxodo, 17:14)

De fato, os amalecitas continuaram assediando os israelitas por várias gerações ainda. É o demônio, do qual os amalecitas são meros símbolos, que terá a sua memória extinta, feito que será concretizado por Josué na sua volta como Jesus. É significativo que Deus tenha querido que Moisés registrasse essa destruição final e a declarasse a Josué.

Enquanto Josué lutava, Moisés, que representa a nação judaica, observava e estendia os braços na posição da "cruz" (conforme Êxodo, 17:11-12). Essa simbologia foi notada pelos primeiros cristãos[12].

Os discípulos e seguidores de Jesus acreditavam que a sua Segunda Vinda era iminente. A falta de fé daqueles que ouviam a mensagem a respeito da Segunda Vinda pode ser a explicação para sua demora. Pode ter havido a exigência de outros "quarenta anos" de peregrinação pelo deserto, período que tem se prolongado até o presente.

Certamente existe uma semelhança entre o espírito e o propósito de Josué e os de Jesus. Ambos professavam uma fé total em Deus e possuíam uma determinação inabalável e uma destemida tenacidade quanto aos seus ideais. Cada qual sentia também que seu propósito na vida era o propósito de Deus.

A vida inteira de Josué tem uma significação simbólica para a humanidade. Da mesma forma como nós devemos primeiro nos perceber no cativeiro do pecado e do distanciamento em relação a Deus, a vida de Josué começou na escravidão, no Egito, em meio a um povo que reconhecia sua necessidade de escapar e libertar-se. O final desse cativeiro não era possível sem a ajuda de Deus, da mesma maneira como a nossa salvação depende da misericórdia e da graça divinas. O caminho de saída da escravidão até a Terra Prometida era da mais alta dificuldade; se a nossa fé falhar, isso pode implicar em desvios e atrasos, tais como os quarenta anos que os israelitas passaram no deserto. Assim como com os israelitas, uma diminuição da fé talvez venha a acarretar a impossibilidade de alcançar a Terra Prometida na vida presente. Talvez seja preciso uma nova geração, uma nova vida ou vidas, antes de estarmos prontos para entrar na glória a nós prometida e para nós preparada antes inclusive de passarmos para o plano do cativeiro material. Ou pode ser que uma guerra santa, tal como a conduzida por Josué, também se torne necessária para nos purgar das influências pagãs, antes que nos tornemos condizentes e aptos para a Terra Prometida.

Talvez seja da máxima importância a necessidade de um líder, de alguém que nos possa mostrar o caminho, de um Josué – um Jesus – apontando a direção certa para a Terra Prometida. O caminho ficará evidente; ele será baseado na fé em Deus e numa completa submissão à vontade divina. E a tabuleta que nos sinalizará a cada um por onde ir trará os seguintes dizeres: "Escolhei hoje a quem quereis servir [...] mas, quanto a mim e à minha casa, serviremos ao Senhor." (Josué, 24:15)

CAPÍTULO 11

ASAF

Estou de contínuo contigo;
tu me seguraste pela minha mão direita;
Guiar-me-ás com o teu conselho
e depois me receberás em glória.
A quem tenho eu no céu, senão a ti?
E na Terra nada há que eu deseje além de ti.
Minha carne e meu coração desfalecem; Mas Deus
é a fortaleza do meu coração e minha porção para sempre.

(Do Salmo 73 de Asaf)
[versículos 25, 23-24, 26]

Deus era o seu rei e os anciãos de cada tribo eram os seus líderes. Essa flexível confederação, no entanto, não era páreo para os poderosos filisteus, e os israelitas rogaram ao profeta Samuel que indicasse um rei como o dos países vizinhos. Embora relutante, Samuel assim o fez e Saul tornou-se o rei de Israel.

Como Samuel temia, Saul logo desviou-se dos caminhos de Deus e ficou obcecado com o desejo de poder pessoal e com o ciúme de um jovem pastor chamado Davi. Finalmente, Saul e seus filhos foram mortos em combate, e Davi, que matara Golias e muitos outros inimigos, assumiu o trono e deu início à unificação de seu povo. O período que se seguiu foram os anos mais gloriosos de Israel, sob o reinado do rei Davi e do seu filho e sucessor, Salomão.

As leituras 364-7 e 364-8 de Edgar Cayce indicam que uma das encarnações da alma do Mestre foi como Asaf, o salmista e músico das cortes dos reis Davi e Salomão.

O nome "Asaf" em hebraico quer dizer "Deus reuniu ou sustentou". Asaf era um descendente da tribo de Levi e foi indicado por Davi como seu músico-chefe.

Vejamos o que a Bíblia tem a dizer sobre Asaf e suas atividades.

Em 1 Crônicas 16, descreve-se a volta da Arca da Aliança a Jerusalém, sob os auspícios de Davi. Essa é a cidade que fora chamada Salém quando Asaf ali vivera anteriormente, na pessoa de Melquisedec, então o rei local. Agora, Asaf comanda o ministério e a celebração para o rei enquanto a Arca é depositada na tenda, em Jerusalém. Ele dá início à cerimônia fazendo soar os címbalos. Então, Davi confia-lhe um salmo de louvor, para que seja lido perante o povo. Da mesma forma como Josué havia servido como intérprete ou porta-voz de Moisés, Asaf desempenha um papel semelhante junto ao novo líder de Israel, o rei Davi. Depois do serviço, Asaf e outros sacerdotes são incumbidos de servir continuamente a Arca.

Em 1 Crônicas 6 e 15, Asaf é novamente incluído na relação dos três homens incumbidos por Davi de servir com cânticos a casa do Senhor depois da chegada da Arca. O versículo 16 (capítulo 6) indica que esses três serviram no tabernáculo com cânticos "até que Salomão construiu em Jerusalém o templo do Senhor". Seu ministério então prosseguiu no Templo.

O capítulo 25 de 1 Crônicas dá mais informações acerca dos deveres e do número dos músicos e cantores, dos quais Asaf era o principal. Eles profetizavam através da letra de suas músicas, as quais eram cantadas com o acompanhamento de harpas, saltérios e címbalos. O versículo 2 diz que Asaf "profetizava sob a direção do rei". Da mesma forma como Josué havia dividido a Terra Prometida pela sorte, também assim foram determinados os deveres dos 288 músicos e cantores. "Sortearam a ordem a se observar, tanto para o pequeno como para o grande, tanto para o mestre como para o aluno." (I Crônicas, 25:8) O versículo seguinte[9] diz que os primeiros a serem sorteados foram Asaf e seu filho José.

O capítulo 26 de I Crônicas também atribui os deveres de porteiros ou guardiães para os filhos de Asaf. Aparentemente, eles eram considerados uma espécie de guarda espiritual de elite.

Em II Crônicas 5, temos uma descrição da cerimônia de consagração do novo Templo erguido por Salomão. Os cantores, que eram Asaf, Eman e Iditun, com seus filhos e irmãos, estavam vestidos de linho puro e se colocavam a oriente do altar com seus címbalos e cítaras. Cento e vinte sacerdotes os acompanhavam tocando trombetas, e as vozes de todos se erguiam num cântico de louvor ao Senhor. Deve ter sido uma cerimônia deslumbrante e imponente. Os versículos 13 e 14 dizem que a casa foi inundada por uma nuvem, "pois a glória do Senhor encheu a casa de Deus".

Um dos deveres específicos de Asaf era o da profecia, e ele consta da enumeração de II Crônicas 35:15 como um dos videntes do rei. Aparentemente, ele era muito próximo de Davi e uma figura importante, pois em Neemias 12:46 se diz: "desde os dias de Davi e Asaf, desde muito tempo", quando "havia um chefe de cantores e dos cânticos de louvor e de ação de graças a Deus". Assim como José tinha sido privilegiado pelo faraó no Egito, Asaf era o favorito do rei Davi.

"Os filhos de Asaf" é uma expressão que começa a ser usada em seguida, no Antigo Testamento, para designar uma agremiação de cantores cujo nome é uma homenagem a Asaf e que se declaram seus descendentes. Tiveram, por exemplo, um importante papel nas cerimônias a serem discutidas no capítulo sobre Jesuá, quando o Templo foi reconstruído em Jerusalém depois da volta dos judeus do exílio e cativeiro na Babilônia.

Poucas informações são dadas na Bíblia a respeito do caráter do homem Asaf, exceto o que pode ser descoberto nos salmos escritos por ele. Poder ler as palavras e os versos criados e entoados por uma pessoa que se supõe ter sido uma encarnação de Jesus é uma oportunidade rara, única. Esses trabalhos literários são uma janela através da qual podemos vislumbrar a alma de Asaf – e a do Mestre.

A autoria de doze salmos é atribuída a Asaf nos textos hebraicos da Bíblia. São eles os de número 50 e de 73 a 83. Analisemos cada um deles mais de perto, começando com o 73.

Neste, Asaf expressa inveja pelos ímpios por sua exuberante prosperidade. Não passam por tormentos nem fadigas como as outras pessoas e "têm mais do que o coração poderia desejar". Asaf evidencia sua própria humanidade e, não obstante, passa depois ao arrependimento de sua inveja. Reconhece e admite seu erro quando entra "no santuário de Deus". Depois pode dizer:

> 27 Pois eis que os que se afastam de ti perecerão; tu tens destruído todos aqueles que te são infiéis.
> 28 Quanto a mim, é bom estar junto de Deus; pus o meu refúgio no Senhor Deus, para anunciar todas as tuas boras.

Ele afirma sua fé em Deus como Josué tinha feito quando declarava que ele e sua casa serviriam ao Senhor vivo. A fé triunfante de Asaf sobre a dúvida humana também faz lembrar a cena em que Jesus está no Jardim de Getsêmani e questiona Deus, pedindo que o cálice seja afastado dele, mas depois declara: "Contudo, não seja como eu quero, mas como tu queres." (Mateus 26:39)

No Salmo 74, Asaf novamente expressa suas dúvidas e pergunta a Deus "por que nos rejeitaste para sempre?" Ele lamenta a profanação do santuário de Deus pelo inimigo e pede que Deus tome uma atitude firme. Embora pergunte por mais quanto tempo essa situação deve prevalecer, demonstra novamente sua fé e atesta:

> 12 Todavia, Deus é o meu Rei desde a antigüidade, operando a salvação no meio da terra.

Vemos a espiritualidade latente de Asaf vindo à luz, e ele adianta que seu compromisso com Deus vem de há muito tempo. Neste salmo, testemunhamos também seu amor pelo santuário de Deus e podemos prever sua raiva e sua força quando, como Jesus, expulsa os mercadores e espoliadores do Templo.

No Salmo 75, Asaf vê o triunfo final dos justos e manifesta seu agradecimento e louvor a Deus. Mais uma vez, ele diz em termos que lembram Josué:

> 9 Mas, quanto a mim, vou anunciar para sempre; cantarei louvores para o Deus de Jacó.

O Salmo 76 reconhece o poder vitorioso de Deus. O versículo 2 ajuda a identificar Salém como Jerusalém, ao dizer que Salém é o local do tabernáculo ou Templo de Deus. O salmo conclui dizendo que ele extingue o sopro dos príncipes, o que pode ser uma referência ao papel final do messias que destrói Belial ou Satã, príncipe deste mundo.

No Salmo 77, Asaf mais uma vez externa suas dúvidas humanas e queixa-se da demora de Deus em fazer justiça com os ímpios. Diz que sua alma se recusa a ser consolada durante a noite. Mas ele encontra conforto quando medita sobre as obras de Deus e maravilha-se com os feitos de outrora. Aqui temos uma declaração do valor da meditação na busca da espiritualidade e da ligação com Deus.

A aflição de Asaf com a lentidão de Deus em punir os ímpios, e, apesar de tudo, sua manifestação final de uma certeza quanto ao julgamento de Deus, é quase uma cópia do Capítulo 24 do Livro de Jó. Claro que, segundo Cayce, os dois documentos foram escritos pela mesma alma.

O Salmo 78 encontra Asaf recitando a história de Israel, que se esqueceu de Deus e, no entanto, foi perdoada e assistida por Ele. Asaf lembra aos jovens do país que guerras, cativeiro, destruição e aflições foram provocadas pelos erros de seu povo. Diz que é o mesmo motivo pelo qual não foi eleita a casa de José (Efraim) mais sim a de Judá, e que o Templo foi construído no território destinado a essa tribo. Essa lição também pode ter tido uma ressonância pessoal para Asaf, indicando que, embora como José tivesse sido favorecido por Deus, esse privilégio poderia ser perdido por uma falta de dedicação a Deus.

No Salmo 79, Asaf novamente lamenta as abominações dos ímpios e a profanação do Templo. Com fé vacilante, ele pergunta quanto mais deverá prolongar-se essa situação e suplica que Deus derrame seu furor sobre as nações que não o invocam:

> 12 Deita no regaço de nossos vizinhos sete vezes o ultraje com que
> te afrontaram, ó Senhor!

Muito mais maduro espiritualmente ele se mostrará quando, na figura de Jesus, disser aos seus discípulos que eles devem perdoar seus irmãos setenta vezes sete, em vez de impor um castigo sete vezes maior que a ofensa cometida.

O Salmo 80 é uma oração pela restauração do povo de Deus. Asaf dirige-se a Deus como "tu que guias a José como um rebanho". Poeticamente, José simboliza aqui Israel, Asaf também se refere a Israel como uma vinha:

> 15 E a videira que a tua direita plantou, e o
> sarmento que fortificaste para ti.
> 18 Esteja tua mão sobre o homem da tua direita, sobre o filho do
> homem fortificaste para ti.
>
> (Versão do Rei James)

Quem é esse homem à direita de Deus que plantou a vinha de Israel? A julgar pelo uso que Asaf faz do nome de José, significando Israel, pode ser José. Por outro lado, historicamente, foi Josué quem plantou o povo de Deus na Terra Prometida. Em ambos os casos, seria uma encarnação anterior da alma do Mestre. E, no segundo versículo citado, esse homem à direita de Deus é descrito em termos messiânicos. O termo "vinha" será usado em outras partes da Bíblia em referência ao messias. Mais adiante veremos que a frase "filho do homem" tinha uma conotação messiânica especial. O próprio Jesus invocará e usará esse título.

Ao orar para que a mão de Deus esteja sobre "o homem da tua direita", Asaf parece simplesmente estar pedindo a orientação e o apoio de Deus para si mesmo. Com isso, ele talvez esteja se identificando como o filho do homem ou o messias. Se há alguma dúvida nessa identificação, ela pode ser dirimida com a terminologia da mão direita do Salmo 73, citado na abertura deste capítulo. Ali, Asaf diz: "tu me seguraste pela mão direita".

O Salmo 81 é um apelo ao culto adequado. Asaf pede que sons musicais e alegres sejam entoados para louvar o Senhor. Ao assinalar por que Deus deserdou Israel pelos seus pecados, ele diz, no versículo 7: "Eu [Deus] te experimentei nas águas de Meriba." Meriba é o local onde Moisés cometeu um erro, do qual resultou que a liderança do povo de Deus foi assumida por Josué antes da entrada na Terra Prometida de Canaã.

Asaf faz freqüentes referências a José nos salmos, e, como indicamos antes, a Bíblia diz que um dos filhos de Asaf chama-se José. O Salmo 81 contém uma referência significativa a José:

> 5 Essa [adoração de Deus] ele a ordenou em José por testemunho, quando saiu contra a terra do Egito, onde eu ouvi uma língua que eu não entendia.
>
> (Versão do Rei James)

Ao mudar da terceira para a primeira pessoa, Asaf parece estar claramente dizendo que *ele* ouviu no Edito uma língua que *ele* não entendeu e, com isso, parece estar se identificando com José.

O Salmo 82 é curto e refere-se ao papel de Deus como juiz. Asaf diz que "todos os fundamentos da terra se abalam" e implora a todos: "Protegei o fraco e o órfão; fazei justiça ao aflito e ao necessitado." Essas diretivas serão repetidas séculos mais tarde nas palavras de Jesus. No versículo 7, existe outra referência sugerindo a derrota final de Satã, o "príncipe do mundo":

> Todavia, como homem morrereis e
> caireis como qualquer dos príncipes.

O versículo 6 enuncia:

> Eu disse: Vós sois deuses; e todos vós sois filhos do Altíssimo.
> (Versão do Rei James)

Esse versículo será retomado mais adiante, mas neste momento examinemos algumas de suas implicações. Em primeiro lugar, está de acordo com uma máxima das leituras de Edgar Cayce segundo a qual todos somos filhos de Deus e estamos em viagem de regresso ao Pai e à nossa condição de divindades. Em segundo lugar, Asaf parece estar alegando que ele deu essa declaração antes ("Eu disse"). (Outra versão da Bíblia traz: "Certa vez eu disse".) Nesse caso, onde? E qual é o significado de fazer aqui esse tipo de observação? Uma possibilidade é que ele já o dissera como Henoc ou Hermes, e tinha como intenção assinalar essa identificação, pois essa filosofia está presente tanto na literatura henoquiana como na hermética.

Asaf, no Salmo 83, retoma o tema de lamentar o suplício de Israel e chega até a designar pelo nome seus inimigos. Não demonstra nenhuma misericórdia quando pede a Deus:

> 17 Fiquem envergonhados e perturbados para sempre; deixa-os perecer em desgraça.
> 18 Para que saibam que tu, a quem só pertence o nome de Senhor, és o Altíssimo sobre toda a Terra.

Neste apelo, pelo menos, Asaf tem como propósito a glorificação de Deus e não só a recuperação do bem para Israel.

Agora, o Salmo 50. Asaf descreve o julgamento de Deus quando Ele vier a julgar toda a gente. Depois muda para a primeira pessoa e diz:

> 5 Reuni junto a mim os meus fiéis, que fizeram comigo uma aliança com sacrifícios.

Esta alma Asaf, segundo Edgar Cayce, havia feito uma aliança no começo, como Amilius, junto com outros santos ou almas que ainda não tinham sido aprisionadas na matéria. Esses Filhos de Deus concordaram em fazer o ingresso sacrificial na matéria no esforço de reconduzir a Deus as almas perdidas. Então, é apropriado que Asaf tenha renovado seu apelo a esses santos.

O Salmo 50 continua, declarando a glória da obra de Deus na Terra, e então Asaf diz:

> 14 Oferece a Deus um sacrifício de louvor, e paga ao Altíssimo os teus votos
> 15 e invoca-me no dia da angústia: eu te livrarei, e tu me glorificarás.

De novo há uma troca da terceira para a primeira pessoa e parece que ele está falando de si mesmo num papel messiânico, libertando o povo e recebendo dele sua glória. Se há alguma dúvida quanto a esta interpretação, prossigamos.

> 22 Considerai isto, vós que vos esqueceis de Deus, para que vos não faça em pedaços, sem haver quem vos livre.
> 23 Aquele que oferece um sacrifício de louvor me glorificará; e àquele que bem ordena o seu caminho eu mostrarei a salvação de Deus.

Asaf está se referindo claramente a si mesmo como aquele que mostrará a salvação de Deus. Essa é a missão ímpar do messias e o feito que os cristãos atribuem a Jesus Cristo. Asaf, aqui, o está reivindicando como seu.

Não só existem trechos do Antigo Testamento que parecem identificar Asaf com o messias ou Jesus, como vimos, como o próprio Jesus se identifica com Asaf.

No capítulo 10 de João, Jesus afirma sua Divindade declarando que ele e o Pai são um. O povo ameaçou apedrejá-lo por essa blasfêmia de querer fazer-se igual a Deus.

> 34 Jesus lhes respondeu: Não está escrito na vossa Lei: 'Eu disse: Sois deuses?..."

O único lugar em que esse tipo de pronunciamento aparece na lei ou no Antigo Testamento é o Salmo 82, escrito por Asaf. Jesus preferiu não incluir as palavras desse salmo que indicam que todos somos filhos do Altíssimo – palavras que teriam sido equivalentes às que ele já enunciara. E ele não fez uma citação *ipsis litteris* do salmo, que na verdade diz o seguinte: "Eu tenho dito." Jesus usou outro tempo verbal. É razoável supor que ele não caiu numa tentativa canhestra e imprecisa de citar esse salmo, mas sim que procurou transmitir o significado literal de que, como Asaf, ele efetivamente havia feito tal declaração.

O Salmo 110 foi escrito por Davi. Ele traz uma comunicação de Deus para alguém chamado "meu senhor", e é um oráculo a respeito do messias. O Salmo precedente, como vários outros, é dirigido por Davi a seu músico-chefe. Se for isso que também acontece com este salmo (o 110), então Davi está chamando Asaf de "meu senhor" e, desse ponto em diante, associa-o tanto com o messias como com Melquisedec. A Epístola aos Hebreus, no Novo Testamento, vincula especificamente Jesus com o Salmo 110.

As leituras paranormais de Edgar Cayce indicam que a alma do Mestre foi um escriba e redigiu algumas partes do Antigo Testamento. Certos trechos da Bíblia são considerados pelos estudiosos como textos datados desse período, especialmente a literatura de sabedoria, os primeiros grandes trabalhos literários de Israel e até a história de José[1]. Assinalou-se também que os nomes egípcios na história de José são os que estavam em voga à época de Davi e Salomão[2].

No livro judaico *Martírio e Ascensão de Isaías*, que pode datar de época tão remota quanto o século II a.C., Asaf é citado no parágrafo 6 como um "escriba" e um justo, em quem reside a fragrância do Espírito[3]. Parte do manuscrito intitulado *Livro de Noé* (que também parece ser do século II a.C.) refere-se Asaf como "o escritor e historiador dos hebreus" que explica e ensina a história dos signos do zodíaco, mas usa os nomes dos filhos de Jacó ao se referir aos signos[4].

A *História de Israel do Pseudo-Fílon*, faz uma referência às declarações proféticas sobre Samuel atribuídas a Asaf.[5] Essas declarações estão contidas no Salmo 99, em que o salmista coloca Samuel na companhia de Moisés e de Aarão como sacerdote do Senhor. Se essa referência a Asaf estiver correta, então ele seria o autor do Salmo 99. A autoria desse salmo é desconhecida; é um trabalho curto e muito bonito de louvor a Deus e de reverência pela grandeza e santidade do Criador.

Documentos essênios recentemente descobertos dão-nos uma nova perspectiva sobre Asaf. Muito se especulou a respeito de quem era de fato o Mestre de Justiça essênio, que era venerado como Verdadeiro Mestre e prefiguração do messias. Um estudioso aplicou uma fórmula hebraica de decifração a um nome aparentemente sem sentido (TAXO) que designa o Mestre de Justiça na obra essênia conhecida como a *Assunção de Moisés*. O nome que surge então é Asaf. Por essa e outras razões, o estudioso em questão está convencido de que o Mestre da Justiça, o Verdadeiro Mestre que seria o messias, foi Asaf[6]. Ele também encontra um elo de ligação entre Asaf e José, a quem também vincula com o Mestre de Justiça. As freqüentes referências a José nos salmos de Asaf e o fato de que José foi usado por Asaf como sinônimo para Israel também são objeto de comentário explícito[7].

O Asaf bíblico tornou-se uma figura lendária tanto na literatura judaica como na muçulmana. Ele é apresentado como mestre das artes ocultas, figura principesca, grande médico, confidente do rei Salomão, conhecedor do Nome Supremo de Deus e agraciado com o poder de realizar milagres[8]. Um antigo manuscrito, variadamente intitulado *Sefer Asaf, Midrash Refu'ot* ou *Sefer Refu'ot*, foi atribuído a Asaf, e nesse trabalho ele é chamado de Asaf, o jovem, Asaf, o sábio, Asaf, o médico, e Asaf, o astrônomo[9].

Sempre houve quem pensasse que as fábulas coletadas sob o venerado nome de Esopo poderiam, na realidade, ter sido escritas por Asaf. Registram-se várias semelhanças, não só de nome, mas também sob outros aspectos, entre esses personagens históricos.[10]

Ao analisar as expressões literárias de Asaf – quer dizer, os salmos bíblicos que lhe são atribuídos —, constatamos a atuação de uma alma muito dada à espiritualidade. E, no entanto, através do coração do poeta, podemos observar debilidades humanas, como a dúvida, a impaciência, a raiva e até mesmo o espírito de vingança. É uma alma que ainda não atingiu a elevação de um Jesus, mas na qual não se pode negar uma fé dinâmica e positiva em Deus. Há um respeito assombroso pela casa ou santuário de Deus, que é apropriado da parte daquele que é seu guardião e lidera o serviço musical dirigido ao louvor do Todo-Poderoso. A agremiação cujo nome será daí em diante "filhos de Asaf" é um testemunho em si do talento musical, literário e profético de Asaf e da elevada estima em que era tido pelo seu povo.

Se Asaf foi, de fato, uma encarnação da alma do Mestre, é nela que assistimos o crescimento de suas dimensões artística e espiritual. Por fim, essas dimensões atingirão a perfeição e a totalidade na pessoa do homem conhecido como o Cristo.

CAPÍTULO 12

JESUÁ

"Pois eis aqui a pedra que coloquei diante de Josué [Jesuá]; sobre esta pedra única [com sete faces eu] gravarei sua inscrição, diz o Senhor dos Exércitos, e removerei a iniqüidade desta terra num único dia. Nesse dia, – diz o Senhor dos Exércitos – cada um de vós convidará o seu vizinho para debaixo da videira e para debaixo da figueira." (Zacarias 3:9-10)

A nação de Israel atingiu seu zênite de poder e prestígio durante os reinados de Davi e Salomão. Daí em diante, o povo começou a perder sua dedicação e confiança em Deus; idolatrias e influências pagãs tornaram-se aceitáveis, e a glória da nação começou a diminuir.

Entretanto, o povo judeu tinha sido advertido a tempo a respeito das impropriedades de sua conduta e das conseqüências que dela adviriam. Através de numerosos profetas, Israel ouviu falar dos desastres que se abateriam sobre ele a menos que voltasse ao seu legado religioso e à sua crença num só Deus. Embora muitos dos profetas e de suas mensagens não fossem populares àquela época, as gerações seguintes puderam reverenciar suas palavras e lembrar-se de seus avisos. Os textos escritos por esses profetas tornaram-se uma parte importante das escrituras judaicas – aspecto que diferenciou os judeus dos samaritanos ao norte. Esses profetas foram Elias, Eliseu, Isaías e Jeremias, entre outros.

Depois de algum tempo, a pior das profecias acabou se tornando realidade: Nabucodonosor, da Babilônia, invadiu Israel, e Jerusalém foi capturada e saqueada em 587 a.C. O Templo foi arrasado e destruído e, nos cinco anos seguintes, um grande número de líderes judeus foi deportado para a Babilônia. Os que permaneceram em Israel aos poucos foram sendo amalgamados às culturas das nações vizinhas, que se mudaram para Judá. Dessa maneira, começou a dispersão do povo judeu enquanto grupo étnico distinto, e o *status* de Israel como nação independente foi encerrado até o século XX da era atual.

Os judeus cativos na Babilônia, no entanto, foram capazes de manter em alguma medida seu estilo de vida nacional e a sua religião. Ezequiel tornou-se seu principal profeta e catalisador religioso. Ele lembrava os judeus dos avisos dos antigos profetas e prometia que, se a fé se mantivesse, seria possível o retorno ao país depois de terminado um período de castigo nacional.

Em 539 a.C., Ciro da Pérsia capturou Babilônia e foi recebido como seu libertador. No ano seguinte, promulgou o Édito da Restauração, por meio do qual todos os judeus babilônios poderiam regressar à terra natal, e o Templo poderia ser reerguido em Jerusalém à custa do tesouro real. Começava a volta do exílio[1].

Jesuá consta da relação existente na Bíblia como um dos exilados que regressou a Jerusalém, vindo da Babilônia. Seu nome aparece como Josué nos livros de Ageu e Zacarias, e como Jesuá nos de Esdras e Neemias. Os dois nomes são, na realidade, o mesmo; Jesuá é a forma aramaica do hebraico "Josué", que, de fato, significa "salvador"[2]. Em grego, a palavra é Jesus. Para diferenciá-lo do Josué do período anterior, vamos usar o aramaico "Jesuá".

De acordo com Edgar Cayce, Jesuá é uma outra encarnação da alma do Mestre, que se cristificou como Jesus. (364-7 e 5749-14)

(... estude o Livro que fala Dele, Jesus, o nascido em Belém da virgem Maria), saiba que essa é a mesma entidade anímica que argumentou com os que voltaram do cativeiro naqueles tempos em que Neemias, Esdras, Zorobabel foram instrumentos importantes para o restabelecimento do culto a Deus, e que Jesuá, o escriba, traduziu o resto dos livros escritos até essa época. 5023-2

Uma outra leitura que diz que ele foi uma encarnação da alma do Mestre refere-se a ele como "Jesuá de Jerusalém". (3054-4)

De acordo com a Bíblia, Jesuá era um sumo sacerdote e filho de Josedec. Era neto de Saraías, o último sumo sacerdote do antigo Templo de Jerusalém. Junto com Zorobabel, Jesuá organizou a volta ao Monte Sião[3]. Ele liderava a família de sacerdotes de Jedaías, que voltou a Judá e seria daí em diante conhecida pelo nome de Jesuá.

Jesuá, comandando a volta à Terra Prometida, repetiu o papel que ele havia desempenhado para os israelitas como Josué. Apenas que, dessa vez, ele foi um homem de paz e não um guerreiro sanguinário.

Jesuá e Zorobabel estabeleceram a ordem dos sacrifícios e ajudaram na sua realização. Também planejaram a reconstrução do novo Templo. Os exilados de Babilônia começaram a construção do novo Templo, mas o povo nativo de Jerusalém recusou-se a ajudar. Tinham abandonado seus velhos hábitos e a crença no único Deus verdadeiro. A reconstrução do Templo, por conseguinte, foi retardada e teve de ser abandonada. Jesuá e Zorobabel rejeitaram a oferta dos samaritanos de ajudar na reconstrução, mas a chegada de novos exilados vindos da Babilônia permitiu, com o tempo, que o projeto fosse retomado. O Templo ficou pronto no ano de 515 a.C., no início do reinado de Dario I[4].

A participação de Jesuá na decisão de rejeitar a oferta de ajuda dos samaritanos precisa ser notada. Como Jesus, uma de suas parábolas fala de um viajante ferido que aceita a ajuda de um samaritano, e a espiritualidade e a generosidade do samaritano são louvadas.

O novo Templo não era nem de perto tão magnífico quanto o de Salomão, mas seu tamanho, arquitetura e estilo eram os mesmos[5]. As muralhas de Jerusalém ainda permaneciam em ruínas, e só foram reerguidas com a intervenção de Neemias, um judeu que tinha conquistado uma posição de influência na Pérsia e tinha chegado a Judá para servir como administrador[6].

Depois da construção das muralhas, houve uma cerimônia triunfal, e os filhos de Asaf tiveram um papel importante na realização dos serviços de comemoração. (Dessa forma, a influência de uma vida anterior do Mestre continuava a se fazer sentir.) Embora ainda sob o governo de um outro país, o orgulho nacional de Israel e seu senso de missão começavam a ressurgir.

Outro líder importante dessa época foi Esdras, sacerdote e erudito. Embora fosse mandado a Israel pelos persas, foi muito importante na recondução do povo judeu de volta a Deus, afastando-o da idolatria pagã. O livro histórico de Esdras, na Bíblia, tem como título o seu nome.

Como ficou indicado numa citação anterior de Edgar Cayce, Neemias, Esdras, Zorobabel e Jesuá estiveram todos envolvidos – durante certo tempo – na tentativa de restabelecer a adoração a Deus.

Um dos contemporâneos de Jesuá foi o profeta Zacarias, que também escreveu um livro do Antigo Testamento. Zacarias foi outro que ajudou no impulso para a reconstrução do Templo. Ele escreve, na parte inicial do livro, a respeito de oito visões que teve e que estão repletas de imagens simbólicas. Nenhum outro dos profetas do Velho Testamento tem mais a dizer em tão breve espaço a respeito da vinda do messias do que Zacarias.

> Ele predisse a segunda vinda do Cristo, Seu reino, Seu sacerdócio, Seu reinado, Sua humanidade, Sua Divindade, a construção do Templo do Senhor, Sua vinda na humildade social, Sua oferta de paz permanente, Sua rejeição e traição pela quantia de trinta peças de prata, Seu retorno a Israel como O crucificado, e ter sido abatido pela espada do Senhor.[7]

O que é ainda mais significativo para os nossos propósitos é a concreta identificação do messias por Zacarias.

O Capítulo 3 começa da seguinte maneira:

> 1 Ele me fez ver Josué [Jesuá], o sumo sacerdote, o qual estava de pé diante do anjo do Senhor, e Satã, que estava de pé à sua direita para acusá-lo.
> 2 E o Senhor disse a Satã: O Senhor te repreende, Satã; o Senhor que escolheu Jerusalém, te repreende e não é este um tição tirado do fogo?

De certa maneira, Jesuá tinha sido "tirado do fogo". Seu avô Seraías tinha sido morto por Nabucodonosor, e os filhos de Seraías haviam escapado por pouco[8].

Quando Jesuá é apresentado a Zacarias, está em trajes imundos, usados em sinal de luto[9]. Depois de reprimir Satã, o Senhor ordena que o sumo sacerdote Josué, ou Jesuá, seja vestido com belos trajes. Depois diz:

> 7 Assim diz o Senhor dos Exércitos: Se andares pelos meus caminhos e guardares os meus preceitos, então governarás a minha casa e guardarás os meus átrios, e eu te darei acesso entre os que estão aqui de pé.
> 8 Ouve, pois, Josué, sumo sacerdote, tu e teus companheiros que estão sentados diante de ti – porque são homens de bom presságio – eis que farei vir o meu servo, o Rebento.

Os estudiosos são unânimes em afirmar que o termo "Rebento" é uma referência ao messias ou Cristo. Isaías 4:2 descreve o messias como o "Rebento". Jeremias 23:5 tem mais a dizer a esse respeito:

> Eis que dias virão – diz o Senhor – em que suscitarei a Davi um Rebento justo; e ele reinará como rei e agirá com inteligência, e exercerá na terra o direito e a justiça.

Por intermédio do trono de Davi, Israel representa a vinha, e o messias, ou salvador, é chamado de "Rebento".

Como dissemos no capítulo sobre Asaf, o Salmo 80, escrito por este, refere-se ao "rebento que tu [Deus] tornaste forte". O versículo 17 desse salmo fala também da mão direita de Deus e do filho do homem. Essas referências, no salmo, pareciam aludir a José, a Josué ou a Asaf – ou a todos os três. Aqui, em Zacarias, a referência é a Jesuá. E, claro, de acordo com Edgar Cayce, todos esses nomes são rótulos apropriados para a identificação do "Rebento" que dever ser o messias ou o Cristo.

No fim das oito visões de Zacarias, o Anjo do Senhor diz, no Capítulo 6:11-13:

> Toma deles prata e ouro e faze uma coroa, e coloca-a na cabeça de Josué, filho de Josedec, sumo sacerdote; e fala-lhe dizendo: "Assim fala o Senhor dos Exércitos: Eis aqui o homem cujo nome é Rebento; ele brotará no lugar onde está e edificará o Templo do Senhor. Ele é quem edificará o templo do Senhor e carregará insígnias reais, e sentará em seu trono e dominará. E será sacerdote no seu trono, e entre os dois haverá uma perfeita paz!

Jesuá é claramente identificado como o "Rebento" messiânico que reconstruirá o templo de Deus e sentará e dominará estando no trono de Deus. Ele é o messias prometido, a quem os cristãos conhecerão como Cristo Jesus.

Segundo assinalamos no capítulo que lhe foi dedicado, Melquisedec foi mencionado como uma das quatro figuras messiânicas simbolizadas pelos quatro "ferreiros" ou artesãos de Zacarias 1:20 e 21. De acordo com o Senhor, esses ferreiros destruirão os que dispersaram o povo do Senhor. Temos, assim, uma autoridade do Antigo Testamento fazendo uma possível ligação entre as missões de Melquisedec e Jesuá.

Os deveres profissionais do escriba foram localizados em vidas anteriores da alma do Mestre. Segundo Cayce, Jesuá é novamente um escriba que traduziu todos os livros da Bíblia escritos até aquela época. Mais uma vez, encontramos a mão do Mestre na palavra escrita de Deus.

Algumas autoridades constataram o trabalho editorial de um cronista que ocorreu algum tempo depois de 561 a.C.[10] O primeiro período abrangido nesse projeto editorial vai da entrada de Josué em Canaã até o meio do exílio. Dois temas centrais enfatizados foram a palavra do Senhor e o culto a Deus pelos reis e pelo povo. Uma segunda parte da história de Israel engloba todo a volta a Jerusalém e a reconstrução do Templo. Seja qual for o autor, ele era partidário fervoroso do rei Davi, preocupado com as questões relativas a Jerusalém e fascinado pelo papel desempenhado pelos sacerdotes e pelos levitas – e pela profecia[11]. Esses atributos soam como uma combinação de Asaf e Jesuá, e a datação dos escritos combina com o período de Jesuá.

Numa época de infelicidade para Israel – de fato, quando muitos indivíduos do povo de Deus estavam novamente servindo em cativeiro –, Deus demonstra misericórdia e provê meios para a restauração da honra e do orgulho nacionais dos judeus. Mais uma vez, encontramos a alma do Mestre desempenhando um papel importante na volta do seu povo à Terra Prometida e no reavivar da fé num só Deus.

Embora sejam poucos os dados sobre o homem Jesuá, na Bíblia e em outros documentos, ele é saudado e ungido por um profeta de Deus e identificado como o "Rebento" messiânico do Senhor. Da mesma forma como participou, na qualidade de sacerdote, da reconstrução do Templo em Jerusalém, ele é profeticamente considerado o construtor do verdadeiro templo de Deus, para exibir a glória divina e sentar-se no Seu trono eterno, de onde reina como sacerdote.

CAPÍTULO 13

ZEND

Isto indago de Ti, ó Ahura Mazda [Deus]; responde-me bem:
Quem, na Criação, foi o primeiro pai da Justiça?
Quem designou ao sol e às estrelas o seu percurso?
Quem decretou que a lua enchesse e minguasse, senão Tu?
Isso queria eu saber, ó Sábio, e também outras coisas.
(*Excerto do Gathas Yasna* 44, Zend Avesta)

O profeta Isaías escreveu sobre os dias de sombra e adversidade que Israel teria pela frente e que o povo de Deus teria de suportar antes do raiar de uma nova era de espiritualidade. No capítulo 10 do seu livro, ele prediz que a Assíria seria soberana no Oriente Próximo, mas também que, a seu tempo, seria destruída. O capítulo treze promete que "os santificados" de Deus virão de um país distante e trarão "o dia do Senhor". Esse povo é identificado com os medos, que darão cabo da glória dos reinos assírio e babilônio.

É muito incomum que um escritor judeu chame um povo estrangeiro de "os santificados" do Senhor e que diga que eles trarão "o dia do Senhor". Quem era esse povo, e em que acreditava?

Os medos eram uma tribo que habitava na planície iraniana e que se uniram com os persas num só reino por obra de Ciro II, o Grande, em 553 a.C. Como dissemos no capítulo sobre Jesuá, Ciro foi responsável por permitir que os exilados judeus na Babilônia voltassem para sua terra natal. Seu governo esclarecido e sua simpatia pelo povo judeu são dignos de nota. Ele foi seguido por outro líder progressista, Dario, cujo reinado estendeu-se até 485 a.C.

Por volta dessa época, um grande profeta que defendia a crença num único Deus apareceu na terra persa, hoje o Irã. Seu nome era Zarathustra, embora os gregos chamassem-no por outro nome mais conhecido, Zoroastro. A expressão "o dia do Senhor", usada por Isaías em sua profecia, é geralmente interpretada como o dia em que Deus irá revelar-Se à humanidade. Em outros pontos da Bíblia, esse revelador "dia do Senhor" é concretizado através de um dos mensageiros ou profetas de Deus[1]. Diante dos eventos históricos que aconteceram depois de Isaías,

Zoroastro certamente deve ser o profeta, e a fé profética com que ele estava associado cumpriu a profecia do "dia do Senhor" a que Isaías aludia[2].

É desconhecida a datação precisa da existência de Zoroastro. Ele foi situado pelos historiadores entre os séculos I e X a.C.[3] Devido aos reinados espiritualmente iluminados de Ciro e Dario, no entanto, é provável que Zoroastro tenha-os precedido e provocado um efeito positivo em sua benévola postura como líderes. Inclusive, era esta a inscrição na pedra tumular de Dario:

> Um grande Deus é Ahura Mazda, que criou esta terra, estes céus, as bênçãos para os homens...[4]

Ahura Mazda é o nome dado por Zoroastro a Deus e significa, literalmente, "Senhor, o Sábio". Essa inscrição, entretanto, pode ter sido acrescentada ao túmulo mais tarde, de modo que em si não constitui prova suficiente da profissão de fé de Dario. Há porém a lenda de que o pai de Dario, Vishtaspa, foi o primeiro grande convertido de Zoroastro.

Ao cabo de exaustiva pesquisa, um estudioso concluiu que Zoroastro nasceu no primeiro dia do ano de 660 a.C. e morreu no ano de 583 a.C.[5] Outra autoridade confirma essa datação[6], mas este assunto ainda está longe de ser encerrado.

Várias leituras de Cayce dizem que Zend foi uma das encarnações da alma do Mestre (364-7, 364-8). Segundo Cayce, Zend foi o pai de Zoroastro.

Há aquela maneira de aproximar-se do Pai através do Filho, que se manifestou na terra nas atividades que, mais tarde, no filho de Uhjltd [Zend], foram as manifestações daquilo que com o tempo tornou-se a consciência no nazareno. (2982-4)

Q.-3. ***Teria eu, em qualquer existência no plano terrestre, sido ligado a Jesus Cristo antes que Ele se tornasse o mestre mundial? Caso tenha sido, onde?***

R.-3. Nesta mesma experiência [Pérsia], a do irmão, a encarnação anterior à entrada do Mestre no plano terrestre, pois Ele tornou-se então o líder daquelas terras, e ainda há muito que ganhar pensando-se como aqueles persas que se esforçaram nesse sentido; ou, como se diz atualmente, com a filosofia persa. (993-3)

Pois a entidade era então a guardiã dos registros que se tornaram os propósitos religiosos de Zoroastro.

A entidade ganhou, e a entidade devia usar aqueles propósitos religiosos como experiências comparativas no presente – sabendo que esses são também os daquele que disse "eu sou o caminho, a verdade e a luz". 3685-1

Zan [Zend] não está no plano terrestre no presente. Veio novamente como aqueles que eram os Filhos do homem e – o Salvador do mundo. 538-32

As leituras indicam que a filosofia do zoroastrismo veio, pelo menos em parte, de Zend.

Q.-2. Na experiência persa como San (ou Zend), Jesus deu os ensinamentos básicos do que se tornou o zoroastrismo?

R.-2. Em todas as épocas em que o princípio básico era a Unidade do Pai, Ele caminhou entre os homens. 364-8

Q.-11. As verdades apresentadas por San (Zend) ao povo estão incluídas no Zend Avesta?

R.-11. Eram elas! 288-29

Cayce está dizendo aqui que o Zend Avesta, a bíblia do zoroastrismo, contém filosofias e verdades que vieram de Zend.

É plausível a idéia de que os ensinamentos de Zoroastro, contidos no *Zend Avesta*, procedam de uma fonte anterior. Eis uma citação em que Zoroastro pergunta a Deus:

> O Ahura Mazda, Espírito boníssimo,
> Criador do mundo material, tu, ó Santo!
> Quem foi o primeiro mortal, antes de mim,
> Zarathustra [Zoroastro] com quem tu, Ahura Mazda,
> conversaste, e a quem ensinaste a religião de
> Ahura, a religião de Zarathustra?
> Ahura Mazda [Deus] respondeu:
>
> O Justo Yima, o bom pastor, ó sagrado Zarathustra! Ele foi o primeiro mortal antes de ti, Zoroastro.
>
> A ele, o Zarathustra, eu, Ahura Mazda, falei dizendo: "Bem, justo Yima, filho de Vivanghat, sejas tu o pregador e portador da minha religião!" [Depois de Yima recusar esse papel, que foi presumivelmente assumido por Zarathustra ou Zoroastro, Deus continua implorando-lhe:]
>
> "Como não consentiste em ser o pregador e o portador da minha religião, então faze com que o meu mundo aumente, faze o meu mundo crescer; consente em alimentar, reger e guardar o meu mundo."
>
> E o justo Yima respondeu-me, ó Zarathustra, dizendo:
>
> "Sim! Eu farei com que o teu mundo aumente, farei com que o teu mundo cresça. Sim! Eu o alimentarei, regerei e guardarei..."
>
> Então eu, Ahura Mazda, trouxe-lhe duas insígnias: um selo dourado e um punhal com incrustações em ouro. Eis que Yima está investido da autoridade real![7]

Observe o título de "o bom pastor" para o predecessor de Zoroastro. Nessa citação, Yima, o bom pastor, também se incumbiu da missão messiânica de alimentar e governar o mundo, e tornou-se o guardião do selo real e da espada de Deus. A própria expressão "bom pastor" foi usada por Hermes. E Jesus se identifica com ela em João 10:14: "Eu sou o bom pastor." Observe, também, no papel atribuído a Yima por Deus, a semelhança de linguagem com o cargo que Deus atribuiu a Adão: "Sê fértil e multiplica-te, ocupa a terra e subjuga-a."

É estranho que Zoroastro tenha perguntado quem foi esse profeta anterior se, de fato, ele tivesse sido o seu pai. Contudo, essa técnica de fazer perguntas cuja resposta é óbvia, é freqüentemente usada no Zend Avesta – especialmente quando se trata das perguntas formuladas a Deus. A citação no início do capítulo mostra Zoroastro perguntando a Deus uma série de coisas – aparentemente por motivos retóricos – cujas respostas ele obviamente conhece.

A identidade desse profeta que veio antes de Zoroastro e a quem Deus ensinou Sua religião não é conhecida dos estudiosos. Ele, porém, é considerado "uma manifestação de Deus... que recebeu a divina incumbência de guiar o homem"[8]. De acordo com Edgar Cayce, ele teria sido Zend, pai de Zoroastro, e uma encarnação da alma do Mestre.

Não seria de surpreender que Zend fosse o autor da bíblia do zoroastrismo, pois, afinal de contas, Cayce disse que o Mestre participou da redação de quase todo o Antigo Testamento. E percebemos que, em várias existências, ele desempenhou o papel de escriba, consignando em livros escrituras sagradas ou escritas espirituais.

Antes de seguir em frente com a discussão sobre Zend, vejamos mais de perto o que se sabe a respeito do homem Zoroastro.

Acha-se que o sentido do nome Zoroastro é "o camelo dourado"[9], e também "o filho das estrelas"[10]. Ele nasceu no Azerbaijão, no lado ocidental do Irã. Há relatos de que seu nascimento foi acompanhado por manifestações sobrenaturais e ocultas[11]. Diz a lenda que ele viajou muito em busca da sua herança espiritual, tendo possivelmente ido até a China e a Índia. Zoroastro começou seu ministério aos 30 anos e, como Moisés, fez com que o mar se abrisse para que seus seguidores pudessem alcançar terra seca do outro lado[12].

No início, Zoroastro teve pouco sucesso nos esforços de reforma das religiões primitivas que existiam ao seu redor e que se baseavam na adoração de animais. Supõe-se que seu primeiro convertido tenha sido seu primo[13], embora a tradição diga que ele conseguiu convencer o rei Vishtaspa e seus dois ministros[14]. Daí em diante, seu ministério parece ter conhecido grande sucesso. De acordo com a lenda, invasores turanianos mataram Zoroastro enquanto ele estava de joelhos no altar, realizando ritos religiosos, dentro do templo[15].

A vida de Zoroastro encontra muitos ecos na história de Jesus, como por exemplo os eventos sobrenaturais no momento do nascimento e o início do ministério aos 30 anos. Sua morte no altar do templo é semelhante à morte de Zacarias, pai do primo de Jesus, João.

E quem é Zend?

De acordo com Edgar Cayce, ele foi o pai de Zoroastro e a alma do Mestre cujas vidas estamos acompanhando. Além de Cayce, no entanto, não existem registros históricos de Zend. Nas leituras, ele é variadamente designado como Zend, Zen, Zan, San ou Sen.

A história de Zend contada por Cayce é muito interessante. Ele era o filho de um chefe nômade que vivia nas planícies da Pérsia. O pai dele, Uhjltd, tinha se casado com a sobrinha do rei da Pérsia, Creso, depois que ela havia ajudado Uhjltd a escapar do cativeiro do rei. Uhjltd era um líder muito religioso e bom, que havia sofrido grande influência de sua mãe. Esta era iniciada nas religiões de mistério do Egito. Zend cresceu na cidade que ficava "nos morros e planícies", fundada por Uhjltd e cujo nome era Is-Shlandoen. Esta havia se tornado um centro comercial muito próspero para os mercadores que viajavam entre o Oriente e o Ocidente. Zend tinha um irmão, Ujndt, que com o tempo tornou-se um líder muito eficiente por causa de seus julgamentos idealistas porém práticos. Zend também se tornou um líder forte e mestre de seu povo, mas era mais mítico e profético. Uma leitura descreve esse período:

Antes, encontramos a entidade na terra que hoje é chamada de persa ou árabe, em volta da cidade construída "nos morros e planícies", perto da que hoje é conhecida como Shustar, na Pérsia ou Arábia.

Esses eram os locais em que morava então a entidade com o mestre que havia construído ali. Por isso, os ensinamentos que vieram através do neto de Uhjltd, ou o zoroastrismo... 991-1

A cidade "nos morros e planícies" também ficou famosa como centro de cura, contando com diversos lugares de refúgio ou escolas para os profetas espalhados pelos arredores. O uso de poderes paranormais, as curas, a hospitalização, os banhos, a higiene, assim como o ensino de todas essas coisas, foram muito enfatizados pelo povo de Uhjltd, Zend e Zoroastro (538, 288).

A influência que Uhjltd sofreu de sua mãe egípcia e das crenças religiosas que ela cultivava foi comentada por Cayce. Uhjltd também havia se submetido a um treinamento espiritual no Egito, que sem sombra de dúvida passou para o ensino e a educação de Zend. A semelhança entre o zoroastrismo e as religiões e mitologia egípcias tem sido comentada por vários estudiosos[16].

As leituras sugerem que Zend, às vezes, era exageradamente zeloso em sua conduta. (2091-2) A alma do Mestre aparentemente não estava ainda bem pronta para encarnar o Cristo e a perfeição divina.

Se, como dizia Cayce, os ensinamentos e filosofias de Zend estão contidos no *Zend Avesta*, o que se pode aprender sobre Zend estudando esse texto?

Talvez seja impossível saber algo a respeito da verdadeira natureza e das crenças de Zend a partir do que está contido no *Zend Avesta*. Um dos objetivos de Alexandre, o grande, quando invadiu a Pérsia, era expurgar o zoroastrismo e todos os livros que tratassem dele. A tradição parse diz que os dois únicos exemplares completos do *Zend Avesta* foram destruídos por Alexandre, mas que o texto foi reconstruído muitos anos depois a partir de fragmentos que tinham sido salvos[17]. Somente uma porção do *Avesta* original sobrevive atualmente, e os dezessete Gathas ou hinos são considerados como a única parte que remonta à revelação original[18].

Vejamos alguns desses Gathas do *Zend Avesta*.

Quando a iluminação zoroastrista foi enviada por Deus, o profeta que a recebeu perguntou:

> Isto indago de Ti, ó Ahura Mazda: responde-me bem:
> É verdade que, como decorrência de toda percepção lúcida que eu vier a consagrar,
> O Senhor do Reino, Tu mesmo, ó Sábio,
> Tu que habitas no mesmo local que a Justiça e o Bom Pensamento,
> Cumprirás para mim as promessas dos Reinos do alto?
> (Excerto do Gathas Yasna 44, *Zend Avesta*)[19]

Presumindo que as revelações foram feitas a Zend, ele pergunta se é por suas boas ações que ele é tão prestigiado; a divulgação das "promessas dos Reinos do alto" vem numa linguagem que lembra as revelações feitas por Deus a Henoc.

O verso seguinte tem um fraseado semelhante a alguns dos salmos escritos por Asaf:

> Isto indago de ti, ó Ahura Mazda; responde-me bem:
> (Como) iremos nos livrar do mal
> Lançando-o de volta contra aqueles que,
> cheios de rebeldia,
> Não cuidam de buscar a Justiça
> E nem se dão ao trabalho de consultar o
> Bom Pensamento?
> (Excerto do Gathas Yasna 44, do *Zend Avesta*)[20]

Asaf mostrara-se impaciente pela ira de Deus que ele queria ver desfechada contra os rebeldes, mas Zend (assumindo que seja essa a identidade do profeta) apenas pergunta, de maneira espiritualmente mais madura, como o mal pode ser modificado. O espírito de vingança que em geral caracterizava os escritos de Asaf agora também desapareceu.

O autor das linhas seguintes parece prever uma missão à sua frente e sua futura união com Deus ou cristificação:

> Isto indago de ti, ó Ahura Mazda; responde-me bem:
> Atingirei em Ti a minha meta, ó Sábio?

Possa eu unir-me a Ti, e minhas palavras terem poder,
De tal sorte que a retidão e a imortalidade possam unir-se, segundo o Teu mandamento,
Ao campeão da Justiça.
(Excerto do Gathas Yasna 44, do *Zend Avesta*)[21]

A passagem seguinte traz à mente o Livro de Jó, que Cayce diz ter sido escrito por Melquisedec, uma importante encarnação anterior do Mestre; nos capítulos 9, 26 e 38 o fraseado de ambos os textos exibe uma semelhança notável:

Quem foi o primeiro pai da Justiça no nascimento?
Quem indicou ao sol e às estrelas seu caminho?
Quem, senão tu, manda à lua que se encha e esvazie?
Quem estabeleceu a Terra em seu lugar, embaixo, e o céu de nuvens em cima, de maneira infalível?
Quem, as águas e as plantas?
Quem atrelou os dois corcéis ao vento e às nuvens?
Quem, ó Sábio, é o criador da Boa Mente?
Que artesão fez a luz e a treva, que artífice urdiu o dormir e o acordar?
Quem criou a manhã, a tarde e a noite, para lembrar o sábio de seus deveres?
Quem criou a Devoção, sagrada para com o Reino?
Quem fez a alma do filho reverente ao pai?
Assim me empenho em reconhecer em Ti, ó Sábio, o Sagrado Espírito, o criador de todas as coisas.
(Excerto do Gathas Yasna 44, do *Zend Avesta*)[22]

Um dos motivos recorrentes no *Zend Avesta* é a agricultura e a natureza. A importância das questões agrícolas é demonstrada na seguinte citação que descreve pessoas que fazem "a terra se rejubilar":

É ele que semeia quase todo o milho, a erva e as frutas, ó Spitama Zarathustra!, que dá água à terra que está seca, ou drena o solo quando encharca. Infeliz é a terra que por longo tempo permaneceu inculta, sem a semente do semeador, e anseia por um bom fazendeiro, como a graciosa donzela que há muito é virgem e quer um bom marido. Aquele que cultiva a terra, ó Spitama Zarathustra, com o braço esquerdo e o direito, com o braço direito e o esquerdo, a este ela trará abundância de frutos.[23]

Em suas parábolas, Jesus também falará do semeador, do bom lavrador, da colheita e de temas agrícolas semelhantes.

A religião zoroastrista é freqüentemente citada por seu suposto dualismo espiritual, mas os ensinamentos originais não são desse teor. Ao contrário, insistem num único e verdadeiro Deus que criou o mundo e o universo inteiro[24]. Existem tanto o bem como o mal, mas Deus é considerado "onisciente, todo-poderoso, supremo, soberano, bom e misericordioso"[25].

Outro tema que sempre aparece no zoroastrismo é o da justiça, personificada em Deus. Fazer o bem é também da máxima importância, como reflete esta parte de uma prece zoroastrista:

> Louvo em voz alta o pensamento bem pensado, a palavra bem dita, a ação bem-feita.

O Zoroastrismo teve ampla difusão, e há relatos de locais de culto em pontos tão longínquos quanto a Ásia Menor, a oeste, e a China, a leste[26]. Era a religião instituída na Pérsia antes da expansão do Islamismo. Muitos zoroastristas fugiram para a Índia, porém, para escapar aos rigores do Islã nos séculos VII e VIII. Hoje existe uma comunidade de algumas poucas centenas de zoroastristas em Bombaim, onde são conhecidos como parses, nome que vem de sua terra natal. Ali vivem em discreta comunidade, caracterizada por seus templos onde arde o fogo que contém a chama sagrada, e por suas torres de silêncio, mas quais os abutres consomem os mortos para que não contaminem a terra, a água ou o fogo sagrados. O verdadeiro declínio do zoroastrismo começou com o advento de uma outra grande religião no Oriente Médio: o Cristianismo.

Uma das razões pelas quais o Zoroastrismo difundiu-se tão larga e rapidamente foi sua disponibilidade para todos. Algumas religiões anteriores, como as religiões egípcias de mistérios, eram baseadas na realização espiritual e nas iniciações, em provas de valor e mérito. O Zoroastrismo estava aberto a todos os que acreditassem, fossem os mercadores itinerantes da Índia ou os lavradores da vila local. Essa fluidez e falta de exclusividade podem tê-lo tornado vulnerável à incorporação e modificação por outras religiões, tais como o Cristianismo quando despontou.

Há muita semelhança entre o Zoroastrismo e o Judaísmo. Os dois sistemas partem dos mesmos princípios religiosos básicos e dos mesmos valores culturais, condenando igualmente, sem misericórdia, todos os adoradores de ídolos e suas práticas imorais[27]. Considera-se que o crescimento do Zoroastrismo instilou até mesmo nos judeus mais renitentes da época um novo interesse por seu quase esquecido legado espiritual[28].

> Muitos dos preceitos e rituais do Zoroastrismo que foram mantidos através das eras e hoje são conhecidos apresentam um curioso teor pré-cristão. Seus adeptos praticavam o batismo, a circuncisão e uma missa sacrificial, com comunhão de pão e vinho. Suas profecias incluíam a vinda de um Messias.[29]

Além de Isaías, outros escritores judeus parecem estar se referindo ao Zoroastrismo em suas profecias. Supõe-se que tanto Sofonias como Malaquias, que escreveram por volta da mesma época que Zend e Zoroastro, estariam se referindo aos zoroastristas persas quando fazem referências à chegada "do grande dia do Senhor" e ao louvor do nome de Deus pelos gentios[30].

Perguntaram a Cayce em determinada ocasião:

Q.-6. Na canonização da Bíblia, por que a vida de Zan [Zend] foi deixada de fora?

R.-6. Ele tinha outros nomes. 262-60

Ele pode ter-se referido àquelas declarações proféticas do Antigo Testamento que não citam Zend pelo nome, mas parecem dizer respeito à religião iniciada por ele.

Em nome do rigor histórico, note-se que o Zoroastrismo teve um profundo efeito tanto sobre o Judaísmo como sobre o Cristianismo, assim como sobre o pensamento grego e o pensamento gnóstico[31]. Considera-se que tanto o Maniqueísmo quanto o Mitraísmo tenham vindo do Zoroastrismo. O Maniqueísmo começou por volta de 250 d.C. como uma mescla gnóstica de Cristianismo, Budismo e Zoroastrismo.

Um dos mais fortes preceitos do Zoroastrismo era a ênfase na vinda de um messias. Os Gathas falam de um reino futuro que os fiéis aguardam. Esperava-se a vinda de mais dois profetas antes da chegada final do messias, "que torna impotente o espírito do mal e causa a ressurreição e a existência futura"[32].

De acordo com Atos 2:9, muitos medos e persas estavam presentes quando Pedro falou aos cristãos em Pentecostes. Provavelmente, eram zoroastristas (a religião dos medos e persas), afetados pelos ensinamentos de Jesus[33].

Os magos eram membros do antigo clero persa, que aos poucos foram sendo absorvidos pelo Zoroastrismo. Na época do nascimento de Jesus, a Bíblia registra a vinda dos Sábios do Oriente. Eles foram até o rei Herodes:

> Perguntando: "Onde está o Rei dos Judeus recém-nascido?
> Com efeito, vimos a sua estrela no Oriente, e viemos adorá-lo."
> (Mateus 2:2)

A expressão "sábios" é a forma grega de *magoi*, "termo persa que designa os especialistas no estudo das estrelas"[34] ou astrologia. Eles eram magos zoroastristas da Pérsia. Uma leitura de Edgar Cayce esclarece um pouco mais a respeito deles:

Nos tempos que antecederam o advento do Príncipe da Paz na terra, descobrimos que a entidade vivia entre os habitantes do lugar que hoje é chamado Pérsia, na qualidade de sábio, conselheiro, adivinho, que aconselhava aquele povo, usando os cálculos matemáticos de outrora, assim como os

ensinamentos dos antigos persas do tempo de Zend e Og e Uhjltd, a entidade oferecia àquelas pessoas uma melhor interpretação das leis, tanto as astrológicas como as naturais.

Por isso sabemos que a entidade esteve muitas vezes associada aos que esperavam pelo dia, pela hora em que o grande propósito, o evento, seria na terra uma experiência literal.

Então, vemos que a entidade estava entre os da experiência lendária e também real, empreendendo a mesma busca dos sábios que naquela época haviam chegado do Oriente.

Verificamos que essa entidade foi a que levou incenso ao menino Jesus – com o nome de Achlar, então. (1908-1)

Talvez os leitores se lembrem da referência aos magos no capítulo sobre Adão. No testamento de Adão, que data dos primeiros dias do Cristianismo, Adão foi supostamente enterrado por Deus e os anjos. Seu testamento, que teria sido dado a Set, recebeu um tratamento especial:

> E selamos o testamento e o colocamos na caverna dos tesouros com as oferendas que Adão tinha trazido do paraíso: o ouro, a mirra e o incenso. E os filhos dos reis, os magos, virão e tomá-los-ão, e levá-los-ão ao filho de Deus, em Belém da Judéia, na gruta. (3:6)

Temos novamente indícios de um vínculo especial entre os zoroastristas e Jesus; a alta consideração que os magos tinham por ele e o desenrolar de eventos cujas origens datam do primeiro aparecimento materializado da alma do Mestre como Adão.

Do que vimos, não só sobre os Magos mas também sobre os zoroastristas em Pentecostes, parece que muitos membros dessa religião reconheciam Jesus como o messias que fora previsto pela própria religião. Essa identificação com o Cristianismo pode ser a razão essencial pela qual o Zoroastrismo declinou tão drasticamente depois da vida de Jesus e o motivo pelo qual a região da Pérsia e arredores foram um solo tão fértil para a nova religião.

Muitos dos primeiros judeus cristãos alimentavam a crença de que Jesus, o messias, o Filho de Deus, "tinha aparecido ou sido prefigurado por outros 'verdadeiros profetas' ou 'profetas da verdade'."[35] Certamente Zend, profeta do Zoroastrismo, caberia sem dificuldades nesse conceito.

Um dos documentos gnósticos do início do Cristianismo foi a *Pistis Sophia*. Há nele uma referência a Zorokothora Melgisedec. Considera-se que esse nome liga, de alguma forma, Melquisedec a Zoroastro, ou à religião do Zoroastrismo[36]. É claro que Melquisedec foi uma vida anterior do Mestre, segundo Cayce.

O maior tratado descoberto entre os antigos documentos de Nag Hammadi, no Egito, é chamado "Zostrianos". Esse nome é uma variação de Zoroastro e é reconhecido como tal no texto do próprio tratado, assim como por Arnóbio, um dos primeiros Padres da Igreja, e pelo autor neoplatônico Porfírio[37]. Examinando esse tratado, os estudiosos chegaram à conclusão de que nele Zoroastro é considerado uma encarnação de Set, filho de Adão[38]. Desse modo, temos outro documento em que Zoroastro figura num drama que se desenrolou há muitos anos, com o Mestre, e teríamos a relação pai-filho entre Adão e Set repetida na de Zend e Zoroastro.

No tratado "Zostrianos", aquele que recebe de Deus os ensinamentos do Zoroastrismo (presumivelmente Zoroastro, no tratado, mas seu pai Zend, de acordo com Cayce) foi levado a todas as regiões do céu, onde lhe foram revelados os segredos do universo, tal como aconteceu com Henoc. Ele então anotou essas experiências num linguajar que faz eco aos documentos henoquianos.

Há mais informações que novamente nos lembram de Adão e Set. De acordo com a lenda persa, as tábuas originais dos ensinamentos zoroastristas estão preservadas "numa certa grande caverna, perto do cume de um elevado pico das montanhas Thian-Shan". Espera-se que essas tábuas sejam encontradas em alguma data futura, "quando o mundo tiver se tornado sábio o suficiente para interpretar os mistérios secretos ali consignados"[39]. Como vimos no capítulo sobre Adão, há uma história muito parecida cuja protagonista é Set, que esconde em local secreto os ensinamentos que Adão havia recebido de Deus.

Pelo menos uma outra lenda sobre Zoroastro é digna de atenção. De acordo com relatos gregos, quando Zoroastro morreu, seu pai desceu numa grande chama e levou-o de volta aos céus estrelados de onde ele tinha vindo[40]. Seria, então, a alma do Mestre como Zend, segundo Cayce, que transportou e recebeu Zoroastro em seu lar espiritual.

O Zoroastrismo foi influente durante um importante período da evolução religiosa ou espiritual da humanidade. Foi tanto um elo como um estímulo para o Judaísmo e o Cristianismo. Era uma nova expressão da crença em um só Deus, na Sua bondade, na Sua onipotência. E a alma do Mestre, que pouco depois alcançou a dimensão crística como Jesus, desempenhou um papel vital na sua concepção. A espera pelo messias e o reconhecimento de quem ele era, pelo menos por uma parte do Zoroastrismo, foi importante para Zend quando ele voltou como Jesus na história posterior.

Em geral, os capítulos sobre as vidas do Mestre seguiram a ordem cronológica. Talvez este seja uma exceção. Devido a uma incerteza quanto à data exata da existência de Zend e Zoroastro, a história de Zend não pôde ser situada no tempo com a mesma precisão ou certeza das outras vidas aqui relatadas.

Se usarmos a datação mais comumente aceita para Zoroastro, a vida de Zend deve ter precedido a de Jesuá. Há, inclusive, algumas indicações nas leituras de Cayce de que Zend remonta no tempo a alguns milhares de anos antes do nascimento de Jesus, e existe um certo apoio dos gregos para essa antigüidade.

Por outro lado, a leitura 993-3, citada antes, dá a entender que a vida de Zend é "a encarnação anterior à entrada do Mestre no plano da terra". (É possível, no entanto, que essa linguagem esteja se referindo à encarnação da pessoa para quem a leitura foi feita e não à de Zend.) E várias leituras situam Uhjltd no período do reinado de Creso. Se esse é o lendário rei da fortuna que Ciro destronou, seu reinado ocorreu aproximadamente entre 560 e 546 a.C. A vida de Zend teria se iniciado em algum momento perto desse período e, provavelmente, seria então a encarnação anterior à de Jesus.

Existe outra possibilidade. As datas da extensão de vida de Jesuá são próximas o suficiente às de Zend, com o que se torna possível que Jesuá seja em hebraico o nome de Zend e que fossem uma só e a mesma pessoa. (Lembre-se que a leitura dizia que Zend era chamado por outros nomes na Bíblia.) A vida de Jesuá começou na Babilônia, que foi conquistada pela Pérsia, mas outros detalhes não parecem encaixar. Supostamente, Zend cresceu na cidade "dos morros e vales", na Pérsia, não na Babilônia. Embora o Judaísmo e o Zoroastrismo fossem semelhantes, a identificação de Jesuá no Antigo Testamento como um sacerdote do Templo em Jerusalém dá a impressão de impossibilitar que ele tivesse sido o originador da filosofia zoroastrista, que floresceu na Pérsia.

Seja qual for a datação exata da encarnação de Zend, ela é apresentada como sendo a última antes da vinda de Jesus por causa da proximidade entre as filosofias do Zoroastrismo e do Cristianismo. E há outros fatores, tais como os Magos, que criam uma suave transição e uma ponte entre essas duas memoráveis vidas do Mestre.

CAPÍTULO 14

JESUS: A INFÂNCIA

E tu, Belém Éfrata, posto que pequena dentre as milhares de cidades de Judá, de ti sairá aquele que será o regente que governará Israel; cujas saídas foram previstas desde tempos antigos, desde a eternidade.

(Miquéias 5:2; tradução de G. Lamsa)

As leituras mediúnicas de Edgar Cayce confirmam os detalhes e eventos apresentados no Novo Testamento a respeito da vida de Jesus, e também acrescentam muitas informações que não estão contidas no relato bíblico. Afinal de contas, há muitas coisas desconhecidas acerca do homem histórico. Como diz determinado autor:

> Esse homem chamado Jesus viveu numa das menores e mais insignificantes províncias romanas. Embora hoje seu nome seja conhecido no mundo todo, em sua época, há dois mil anos, ele era praticamente desconhecido fora dos limites de seu território. Hoje é adorado como o Filho de Deus por uma grande parte da população mundial, e no entanto morreu como criminoso. Ele mudou o curso da história do mundo de uma maneira como nenhum outro homem o fez; não obstante, praticamente não se encontram menções a seu respeito na história de sua época, a menos que a Bíblia possa ser considerada história. Ele é a figura central do Novo Testamento e, apesar disso, o Novo Testamento guarda um estranho silêncio a respeito da maioria dos seus anos de vida.[1]

As leituras de Cayce trazem muitas informações antes ignoradas a respeito dos primeiros anos de vida de Jesus. Começando com o nascimento, a breve narrativa bíblica é enriquecida por Cayce com detalhes sobre a Sagrada Família, seus amigos e a educação de Jesus. Cayce também oferece dados a respeito da preparação do messias, em particular sobre o envolvimento dos essênios e suas expectativas quanto àquele cujo ingresso no plano terrestre estava sendo prometido e profetizado há tanto tempo.

Comecemos dando uma olhada na situação histórica e no papel desempenhado por esse grupo especial, os essênios.

Para o povo judeu, esse era um período de grandes dificuldades. Estavam sob o domínio de Roma, e havia vassalos judeus de Roma ocupando postos de autoridade e liderança. Algumas tentativas anteriores de grupos judeus, como o dos macabeus, de resistir ao controle estrangeiro, haviam terminado em calamidade. Herodes, o grande, era rei nessa ocasião, embora sua família fosse judia só de nome. Várias culturas confluíam na Palestina, mas o modo grego de vida era o que predominava. Muitos costumes e práticas religiosas judaicas haviam sido abandonadas pelos judeus. Mesmo entre os sacerdotes e líderes religiosos havia desunião e desarmonia.

Por outro lado, as dificuldades daquela época haviam motivado muitos fiéis judeus a ansiar e esperar pela intervenção divina e pela libertação. Afinal de contas, Deus já tinha vindo antes várias vezes em seu auxílio. Alguns esperavam pela vinda de um líder político e militar que os libertasse do jugo romano. Outros pensavam que o fim do mundo se aproximava e esperavam pelo messias prometido que promulgaria e executaria o juízo final de Deus.

Na qualidade de um dos principais grupos religiosos judaicos de então, os saduceus representavam a aristocracia clerical e aceitavam apenas a Torá (os primeiros cinco livros da Bíblia) como sua lei. Negavam a ressurreição dos mortos (a reencarnação, segundo Cayce) e a existência de anjos e espíritos; aparentemente, não tinham nenhuma doutrina messiânica. Conquanto não tivessem um poder político independente, eram capazes de cooperar com a administração romana e, freqüentemente, eram encontrados nos mesmos círculos sociais[2].

Os fariseus levavam um estilo de vida muito rigoroso e seu judaísmo centrava-se na observância da lei. Eram adversários do governo estrangeiro e nunca haviam se aliado a Roma. Acreditavam na ressurreição dos mortos, em anjos e espíritos e no juízo final. Trabalhavam em íntima aliança com os escribas e doutores da lei e não toleravam as pessoas comuns que não eram estudiosas das regras religiosas[3].

Um terceiro grupo, os essênios, não é mencionado na Bíblia. Sabemos por fontes históricas (Josephus e Fílon), no entanto, que eles existiam nessa época e exerciam uma considerável influência sobre uma parcela da população judaica pobre. Cayce disse que a ausência do nome "essênio", na Bíblia, é devida ao fato de os cronistas não sentirem a necessidade de designar a si mesmos, conclusão que foi corroborada por outros autores[4]. Aliás, o relacionamento dos essênios com o Cristianismo é hoje considerado tão próximo e vital que uma autoridade afirma:

> Temos de indagar se, sem a existência e propaganda anterior dos essênios, sem suas crenças messiânicas, sem sua organização e disciplina, o Cristianismo sequer teria chegado a existir.[5]

Existem alguns aspectos relativos aos essênios a respeito dos quais podemos apenas tecer conjecturas. Quanto à origem desse grupo, por exemplo, os especialistas não têm uma opinião unânime. Alguns consideram-nos apenas uma ordem mais austera dos fariseus; outros, que eram zoroastristas, e há ainda quem os considere budistas[6]. A opinião da maioria é que os essênios provavelmente advieram de crenças judaicas mais tradicionais e existiram como uma seita separada e distinta, ao lado dos fariseus e saduceus. Tem sido aventada a hipótese de que tanto João Batista como Jesus foram membros dessa ordem[7]. Evidentemente, João era o mais zeloso dos dois em suas convicções essênias. Os hoje famosos manuscritos encontrados na região do Mar Morto em geral são considerados obras de um grupo essênio que floresceu antes da época de Jesus e durante a mesma.

O modo essênio de vida era relativamente austero. O essênio devoto vivia numa comunidade monástica e obedecia a uma rotina estrita e regulamentada. Renunciava aos seus bens materiais quando entrava para a ordem, orava ao nascer do sol, passava o dia ocupado em ofícios manuais, banhava-se antes da refeição comunitária e seguia uma dieta bem rigorosa. Os essênios acreditavam na imortalidade da alma e na previsão do futuro por determinados profetas[8]. Segundo Cayce, eles estudavam as escrituras e outros documentos afins, além de astrologia, numerologia, frenologia e reencarnação (5749-8). Em muitos aspectos, suas práticas eram uma combinação das do Judaísmo e do Zoroastrismo – realizadas num ambiente monástico.

Havia simpatizantes essênios que levavam uma vida mais normal, longe dos grupos comunitários. Auxiliavam nos trabalhos da ordem e, ocasionalmente, viajavam até as comunidades para visitar os amigos e parentes e para orar. A extensão da influência essênia não é plenamente conhecida; provavelmente, a ordem atuava mais num nível oculto, sem uma imagem pública.

Segundo Edgar Cayce, os essênios desempenharam um papel importante nos preparos que antecederam o efetivo nascimento do messias. O termo "essênio" – de acordo com Cayce – quer dizer expectativa. Eles esperavam pela vinda do messias e preparavam "canais" ou mães apropriadas para esse evento. Em palavras e atos, estavam fomentando uma renovação religiosa e o advento de uma nova era.

Por conseguinte, referimo-nos aqui aos essênios, que foram uma decorrência dos períodos de preparação advindos dos ensinamentos de Melquisedec, do modo como foram divulgados por Elias, Eliseu e Samuel. Eles se mantiveram separados para se preservar em linha direta de escolha e para se oferecerem como canais através dos quais poderia vir a nova origem, ou a origem divina, entendem? **254-109**

Estudos modernos sobre as crenças essênias confirmam o elevado *status* atribuído a Melquisedec. E parece adequado que o grupo que se preparava para a vinda do Mestre tivesse filosofias que se baseassem nos ensinamentos anteriormente adiantados por ele, no seu aparecimento como Melquisedec.

Dizem as leituras que Maria foi uma das doze virgens que desde cedo na vida haviam sido consagradas a serem educadas pelos essênios como candidatas ao nascimento do messias. A tradição católica de que a própria Maria foi concebida sem pecado é confirmada por Cayce. O nome da mãe dela era Ana. Ela era membro dos essênios que habitavam o Monte Carmelo e havia dado à luz Maria com esse propósito espiritual, de que ela fosse um canal para a chegada do messias.

A escolha de Maria como aquela de quem nasceria o messias é descrita da seguinte maneira:

Os degraus do templo – ou os que conduziam até o altar, eram chamados de os degraus do templo. Era sobre eles que brilhavam os primeiros raios de sol, na manhã em que se deram os primeiros períodos em que as virgens escolhidas iam até o altar para orar e também para queimar incenso.

Nesse dia, ao subir os degraus, todas foram banhadas pela luz do sol, o que não só criou uma cena maravilhosa como envolveu a todas como que em mantos de púrpura e ouro.

Quando Maria chegou ao último degrau, ouviram-se trovões e viram-se relâmpagos, e o anjo abriu caminho, pegando pela mão essa criança diante do altar. Foi dessa maneira que se efetuou a escolha, foi assim que se mostrou o caminho; pois nesse dia em particular, foi ela quem conduziu as outras. 5749-8

De acordo com Cayce, José também era essênio e, embora bem mais velho do que Maria, tinha sido escolhido para seu marido. Eles se casaram no templo essênio do Monte Carmelo, e ela viveu parte do tempo antes do nascimento de Jesus com José, em sua casa em Nazaré. Foi daí que eles se dirigiram a Belém para se cadastrar.

Ao se aproximarem de Belém, as leituras relatam com simplicidade e elegância o episódio:

O tempo estava fresco e havia muita gente na estrada. Pois de Jerusalém até lá era apenas um sabbath de viagem. Havia grandes turbas vindas dos montes da Judéia.

As pessoas dedicavam-se a ofícios variados nessa terra incomum. Alguns eram carpinteiros – como os da casa de José, que se havia demorado – inclusive durante a viagem – em virtude do estado da mãe. Alguns do grupo eram ajudantes de José – ajudantes de carpinteiro. Também havia pastores, lavradores e grupos variados cujos ambientes seguiam as necessidades ditadas pelas condições dos campos ao redor de Nazaré.

Nessa noite então, ou ao entardecer, José aproximou-se da estalagem, repleta de outros hóspedes que também tinham se posto a caminho para serem registrados para os impostos, conforme o édito romano promulgado para os

habitantes daquelas terras. Pois haviam sido enviados alguns romanos para julgar a capacidade dos vários grupos a serem registrados e taxados. A lei romana impunha que cada pessoa fosse cadastrada na cidade de seu nascimento.

José e Maria eram ambos membros da seita dos essênios e, por isso, foram interrogados não só pelas autoridades políticas, mas também pelas autoridades religiosas das cidades.

Então houve a resposta do estalajadeiro: "Não há vagas", especialmente em razão desse evento. Seguiram-se risos e chacotas, em vista da cena de um homem maduro com a linda moça, grávida prestes a dar à luz. 5749-15

O relato acima é um exemplo da capacidade de Cayce de entremear ao relato bíblico informações a ele pertinentes, mas antes desconhecidas.

Ele também acrescenta um interessante detalhe acerca do estalajadeiro e sua família: eles eram simpáticos aos essênios e estavam informados a respeito dos acontecimentos incomuns que haviam rodeado o sagrado casal. A afirmação do homem de que não havia vagas na estalagem fora feita porque ele havia percebido que a natureza hostil do numeroso grupo de hóspedes não criava um ambiente apropriado ao nascimento do messias. Havia outros essênios presentes que ajudaram a cuidar de José e Maria. A leitura citada acima prossegue no seu relato:

Sendo assim, eram muitos os que estavam buscando algum lugar. A necessidade impunha que um local fosse encontrado – e rapidamente. Quando o foi, era no pé da encosta, no estábulo, e acima dali os pastores reuniam seus rebanhos.

Ali nasceu o Salvador, a Criança. Aquele que, pela vontade e pela vida manifesta, tornou-se o salvador do mundo, o canal por meio do qual os antigos tinham ouvido que seria realizada a promessa feita a *Eva*: o surgimento de um outro como Moisés; e da promessa feita a Davi, de que não se deveria afastar desse canal. Mas cada vez mais baixo tinham caído as noções dos homens a respeito de suas necessidades.

Então – quando a esperança parecia perdida – cantaram os anjos arautos. Apareceu a estrela, que causou o deslumbramento dos pastores, que causou assombro e consternação em todos os que estavam na estalagem; alguns gracejaram, outros foram tomados pela certeza de que as coisas cruéis que haviam sido ditas precisavam forçosamente ser corrigidas em vista de seu relacionamento com as coisas que estavam em vias de acontecer.

Estavam todos assombrados diante do esplendor da Sua estrela quando apareceu e brilhou, enquanto a música das esferas ouvia-se no refrão de júbilo: "*Paz na terra! Boa vontade aos homens de boa fé!*"

Todos sentiram as vibrações e viram uma grande luz – não só os pastores que estavam na encosta acima do estábulo, mas também os que estavam na estalagem...

Exatamente quando era a meia-noite, deu-se o nascimento do Mestre. 5749-15

Outra leitura afirma que Jesus nasceu "numa gruta que atualmente não é conhecida, mas que é chamada de estábulo". (587)

A alma do Mestre havia voltado à terra novamente. Era a alma bem-amada do Criador, o único filho que Deus concebeu na terra. O Mestre veio dessa vez, como ele havia feito antes como Adão e Melquisedec, através da paternidade divina. Veio para aquela região em que vivera como Melquisedec, Josué, Asaf, Jesuá e, possivelmente, Adão. Estava de volta para completar sua missão iniciada havia éons, e, dessa feita, ao contrário de suas tentativas anteriores, ele a completaria. E a alma que havia iniciado a missão com ele, que tinha sido criada por Deus como ajudante de Adão, Eva, estava envolvida nessa perfeição como Maria, sua mãe.

Enquanto Eva, o relacionamento com o Mestre tinha envolvido a união física ou sexual, o que em si e por si não é ímpio. Mas a evolução espiritual pode ser vista em Maria. Seu relacionamento partilhava então da criatividade divina, permitindo o retorno do Mestre. Uma leitura de Cayce teve mais comentários acerca da sabedoria espiritual que agora era dela:

... não busque conhecimento apenas. Pois veja – *veja* – o que isso acarretou para Eva. Em vez disso, busque aquela sabedoria que enfim foi encontrada nela e levou-a a ser designada como a serva do Senhor, aquela que "ponderou sobre essas coisas no seu coração", ou seja, sobre como e por que Gabriel falara com ela. 2072-10

As leituras dizem que o Mestre já tinha completado seu retorno a Deus em outros planos ou sistemas quando nasceu como Jesus, mas que veio voluntariamente outra vez à terra movido por seu amor pela humanidade e sua preocupação pelo sofrimento espiritual desta. (5749-14)

Ele renunciou ao céu e ingressou como ser físico para que vocês pudessem ter acesso ao Pai. 5081-1

Havia outros buscadores espirituais aguardando e esperando pela vinda de uma figura messiânica enviada por Deus.

Como indicam as viagens do Mestre durante os períodos de preparação, a terra inteira, o mundo todo, esperava, buscava conhecimento mais profundo. Portanto, por meio dos esforços de estudiosos das várias fases da experiência do homem na terra, como pode ser interpretado literalmente com base nos primeiros capítulos do Gênesis, vocês percebem que aqueles que dominaram – não que foram governados, mas que dominaram o conhecimento disso na ter-

ra – foram considerados sábios ou ocuparam essa posição, ou a de santos, em corpo e mente, de acordo com o propósito. 5749-7

Os Reis Magos, como são chamados na Bíblia, são exemplos de sábios religiosos que, embora não sendo judeus, estavam cientes da importância dos eventos que aconteciam na Judéia.

Segundo Cayce, o nome de um dos magos era Achlar. Ele trouxe incenso para Jesus e tinha sido guiado até ali pelas interpretações tanto das leis astrológicas como das leis naturais, recorrendo a métodos matemáticos ensinados na Pérsia por Zend e transmitidos era após era. (1908) Os convidados de Jesus foram, portanto, influenciados pela sabedoria que ele, muitos anos antes, tinha divulgado como Zend.

Cayce disse que os magos deram a Maria e aos que estavam à sua volta o encorajamento necessário e que houve mais que uma visita da parte dos reis magos. Segundo o que a Bíblia registra, eles vieram da Pérsia. Outros vieram da Pérsia, da Índia, do Egito, da Caldéia, de Gobi e do que hoje se chama Tailândia, antiga Indochina. (2067) Aparentemente, várias religiões tinham previsto a vinda do messias, esse filho especial de Deus, e estavam inteiradas de sua chegada. Os sábios foram dirigidos em parte por sua sintonia psíquica e em parte pela posição das estrelas, que assinalavam o início da Era de Peixes. (5749-7 e 8)

A Bíblia registra a raiva de Herodes quando os reis magos não obedeceram às suas instruções de voltar com informações a respeito de onde "o rei dos judeus" teria nascido. Então ele ordenou que fossem mortas todas as crianças com menos de dois anos existentes na região de Belém. Em sonho, contudo, Deus advertira José para que fugisse com Maria e o menino Jesus para o Egito.

As leituras de Cayce revelam que vários essênios ajudaram na viagem da sagrada família até o Egito. Eles escolheram uma amiga de Maria, chamada Josie, como sua criada e companheira durante a viagem; Josie também ajudou na criação e no início da educação de Jesus. Como dissemos no capítulo sobre José, a tradição diz que a Sagrada Família passou algum tempo na área da atual Cairo. Esse talvez tenha sido o local em que Jesus e Maria viveram juntos quando eram José e Aseneth. As leituras também dizem que eles viveram "em e perto, ou nos arredores, do que era então a Alexandria". O tempo passado no Egito permitiu que se cumprisse a profecia que encontramos em Oséias 11:1, de que do filho de Deus seria dito que veio do Egito.

A sagrada família passou cinco anos ali e depois voltou para a Judéia e Cafarnaum. (4749-7) A Bíblia registra que então a família foi viver em Nazaré. Cayce diz que a família dirigiu-se primeiro para Cafarnaum por razões políticas decorrentes da morte de Herodes, e para que a educação de Jesus fosse supervisionada por uma mestra essênia chamada Judite.

Lucas afirma que "o menino cresceu, e seu espírito tornou-se forte, repleto de sabedoria, e a graça de Deus estava com ele". (Lucas 2:52)

Aos 12 anos, quando viajava para Jerusalém para a festa da Páscoa, ele se afastou dos pais e por três dias ficou perdido. Permaneceu com os mestres no templo, onde a sabedoria de suas perguntas e respostas surpreendeu a todos os que o ouviam. Diante dos pais inquietos que tanto o haviam buscado, ele simplesmente disse: "Não sabeis que devo tratar dos negócios de meu Pai?" (Lucas 2:49) O amor de Jesus pelo templo e suas atividades certamente tinha sido estimulado em parte pelas vidas que ele passara dedicado a isso, como Asaf e Jesuá. Uma leitura de Cayce compara a obediência espiritual de Adão à de Jesus com 12 anos:

Encontramos no primeiro [Adão] um homem dando ouvidos a influências que estavam em desacordo com o caminho de Deus. Depois, no templo, embora tivesse apenas 12 anos, encontramos o homem perfeito, buscando, perguntando e respondendo a perguntas quanto ao relacionamento do homem com Deus...

Faça você mesmo a comparação entre as experiências relatadas nos primeiros três capítulos do Gênesis e as do 2º de Lucas, em que encontramos nosso modelo, nossa lição... alguém que deliberadamente buscava conhecer o relacionamento com o Criador, ou a resposta: "Não sabíeis que eu devo estar na casa de meu Pai?" Que diferença daquele outro [Adão]! "A *mulher* que me destes, foi ELA quem me persuadiu, e então eu comi!" 262-125

A Bíblia não oferece maiores detalhes a respeito da vida de Jesus até o início de seu ministério aos 30 anos. Cayce disse que Jesus passou esses anos intermediários estudando e viajando.

Primeiro, ele passou rapidamente pelo Egito. De lá, foi até a Índia e estudou com seus líderes religiosos. Um dos mestres indianos citados por Cayce era Kshjiar ou Kahanja. Jesus aprendeu "aquelas purificações do corpo relativas ao preparo para a força nos planos físico e mental. (1158-9, 5749-2, 5749-7) As leituras indicam que, em vida anterior, o Mestre tinha exercido influência no conceito budista de um único Deus. E agora estava de volta à Índia, estudando esses ensinamentos.

Jesus então dirigiu-se para a Pérsia e estudou a religião zoroastrista e a "união das forças" com um mestre chamado Junner. Claro que, como Zend, ele havia sido responsável pelos ensinamentos originais do Zoroastrismo. Cayce diz que Jesus foi abruptamente chamado de volta à Judéia por causa da morte de seu pai, José. Ele agora estava, aproximadamente, com 16 anos. (5749-2, 5749-7)

Depois do enterro de José, e ainda segundo Cayce, Jesus voltou novamente ao Egito, e com um professor chamado Zar estudou o conceito da crucificação do si-mesmo em relação aos ideais. Supostamente, encontrou-se com João, seu primo, que já estava no Egito. Ambos estudaram lá e tornaram-se iniciados no templo ou pirâmide, e Cayce afirma que provas dessa formação e dessa iniciação serão ainda encontradas em documentos a serem localizados na pirâmide. (5749-2, 5749-7) A construção da pirâmide tinha sido concluída séculos antes, quando, em sua encarnação como Hermes, o Mestre já era conhecido como o Grande Iniciado. Supostamente, existem registros ali, da época de Hermes, profetizando o aparecimento do Mestre à época de Jesus. Nessa oportunidade, era esperado que ele completasse sua iniciação espiritual e sua missão terrena.

Há um século, ou pouco mais, não existiria nenhuma forma de endossar e provar as alegações de Cayce na sua crônica das viagens e dos estudos de Jesus. Recentemente, porém, assistiu-se a uma considerável publicidade a respeito de certos escritos da autoria de Nicolas Notovich, um russo que viajou pelo Afeganistão, pela Índia e pelo Tibete no final da década de 1880[9]. Ele diz que ouviu histórias e que leu a respeito de Santo Issa (o equivalente budista para o nome "Jesus"), que teria visitado a Índia aproximadamente na época de Jesus e que era reverenciado por hindus e budistas[10]. Embora haja a possibilidade de haver cópias em vários outros mosteiros tibetanos, o manuscrito original parece estar no grande mosteiro do Monte Marbur, perto de Lasa. Foi escrito em páli (a língua oficial do budismo theravada) cerca de 200 anos depois de Cristo, e mais tarde veio da Índia para o Tibete[11].

Apesar do convite de Notovich de que outros fossem ao Tibete para comprovar a autenticidade do manuscrito, passaram-se 35 anos antes que o desafio fosse aceito. Em 1922, Swami Abhedananda foi para Himis, viu o manuscrito e, em seu diário bengali de viagem, *Kashmiri O Tibbetti*[12], confirma o que Notovich tinha dito. A conquista do Tibete pela China, em 1947, impediu investigações e análises mais recentes dos manuscritos de Issa; contudo, várias celebridades religiosas e outras pessoas, na Índia e no Tibete, fizeram declarações sobre o conhecimento que tinham da lenda de Issa e sua crença em que de fato existiam documentos contendo registros detalhados da visita de Jesus à Índia[13].

Felizmente, Notovich traduziu o manuscrito e fez um registro do seu conteúdo no livro *A Lenda de Santo Issa*[14]. Segundo essa tradução, Jesus, depois de ter sido perdido e encontrado no templo com 12 anos, viajou com mercadores para a Índia e a Pérsia e passou vários anos estudando com os santos de lá. No capítulo IV, versículo 1, o nascimento de Jesus é descrito da seguinte forma: "... tinha chegado o momento de o Juiz compassivo reencarnar em forma humana." O termo "reencarnar" é altamente significativo para nós, pois deixa quase explícito que Jesus encarnara antes em forma humana.

O relato prossegue para afirmar que na Índia Jesus estudou os Vedas ou orações de Brahma, aprendeu a curar males físicos com orações e ensinou as Sagradas Escrituras ao povo. Ele também estudou os Sutras e os manuscritos sagrados de Buda e dele se diz que pregou em toda parte "a suprema perfeição que o homem é capaz de atingir". Depois que Jesus voltou à Palestina e assumiu seu ministério nessa região, os mercadores voltaram ao Oriente com a notícia de que "o grande e justo Issa, em que se havia manifestado a alma do Universo", fora torturado e morto.

> A terra tremeu e os céus choraram, por causa do grande crime cometido na terra de Israel. (I,1)[15]

A semelhança entre os ensinamentos de Jesus e as filosofias religiosas dos países que ele supostamente visitou tem sido também comentada[16]. Um líder religioso indiano observou:

> A voz de Jesus é, verdadeiramente, a voz do ser eterno. Por meio Dele, expressa-se o chamado do infinito ao finito, o chamado do ser cósmico ao indivíduo, o chamado de Deus ao homem. Sua voz divina é a mesma, portanto, que a voz dos Vedas e dos Upanishads, que a voz do Corão, que o Zendavesta, que o Dharmapada e todas as outras escrituras das grandes religiões do mundo.[17]

Até mesmo a expressão "duas vezes nascido" ou "nascido de novo", que Jesus usou, foi associada com a Índia, em que as duas castas mais elevadas para os hindus são chamadas de os nascidos duas vezes[18].

A mensagem mais importante a ser extraída da possibilidade de Jesus ter mesmo visitado outras terras e estudado outras religiões é muito positiva. Ela fala da universalidade de todas as formas iluminadas de pensamento religioso, que se baseiam na crença num único Deus. Se, de fato, Jesus teve em encarnações anteriores influência sobre essas outras expressões religiosas da crença em Deus, então o fato de tê-las estudado poderia servir-lhe tanto de revisão da sua mensagem como de afirmação do seu envolvimento anterior com elas. Essas viagens e estudos, no mínimo, serviram para prepará-lo para o seu ministério na Palestina, para o estabelecimento de uma nova religião que determinaria os séculos vindouros, e para as provações que redundariam em sua morte, ressurreição e consecução da condição crística perfeita.

Os anos anteriores ao ministério de Jesus, portanto, segundo Cayce e outros estudiosos, não foram de ociosidade e nem meramente um período de simples aprendizado de carpintaria com José em Nazaré. Pelo contrário, foram anos nos quais o jovem Jesus estudou toda uma variedade de filosofias espirituais constituídas à base da fé no único Deus. Foi um período em que ele tomou consciência da sua verdadeira identidade e missão na vida, e em que esteve envolvido com o aperfeiçoamento de suas habilidades como adepto espiritual e iniciado total nos mistérios terrestres de Deus.

CAPÍTULO 15

JESUS, SEU MINISTÉRIO

Apareceu na Palestina um homem que ainda vive e cujo poder é extraordinário. Tem o título, que lhe foi dado, de Grande Profeta. Seus discípulos chamam-no de o Filho de Deus. Ele ressuscita os mortos e cura todo tipo de doença.

(Relato de Publius Lentulus ao imperador romano Tibério)[1]

O povo judeu estava esperando pelo messias prometido. A opressão em que vivia espelhava os sinais proféticos da época do seu aparecimento. A maioria daquelas pessoas suportava as adversidades de então quase com alegria, em virtude da promessa messiânica que certamente viria a se cumprir.

Nessa época, surgiu um profeta vindo do deserto proclamando: "Arrependei-vos, porque o Reino dos Céus está próximo. Preparai o caminho do Senhor, endireitai as suas veredas. (Mateus 3:2-3) Esse mensageiro carismático parecia ser o messias que libertaria o povo de Deus do opressor.

Grandes massas de povo dirigiam-se para as encostas do rio Jordão, logo ao norte do Mar Morto, para ouvir esse homem chamado João, que transmitia sua mensagem poderosa de arrependimento e libertação. Foram muitos os que aceitaram essa mensagem e, num ritual tomado de empréstimo aos essênios, foram batizados por ele nas águas do Jordão.

João negava que fosse ele o messias, mas prometia que viria um, depois dele, "cujas tiras da sandália eu não sou digno de desamarrar". (Mateus 3:11)

Em uma dessas ocasiões, quando um homem saiu do meio da multidão e entrou nas águas rasas para o batismo, João deu sinais de tê-lo reconhecido. Inesperadamente, deteve-o com a palavra: "Sou eu que devo ser batizado por ti." O estranho porém insistiu, dizendo: "Seja assim por agora." E João colocou as mãos nos ombros do homem e mergulhou-o na água.

> E eis que os céus se abriram e ele viu o Espírito de Deus descendo como uma pomba e vindo sobre ele; e eis que uma voz vinda

dos céus dizia: "Este é o meu Filho amado, em quem me comprazo."
(Mateus 3:16-17)

O batismo de Jesus anunciou formalmente o início do seu ministério e da sua adesão pública às obras de Deus. A cena ocorreu no mesmo ponto do rio Jordão em que, de acordo com a tradição, Adão se colocou para suplicar a misericórdia de Deus depois de ter pecado e ter sido banido do Éden. Também é o mesmo local onde Josué escolheu para cruzar o Jordão a fim de entrar na Terra Prometida com os israelitas, séculos antes. Todos esses foram atos da mesma alma e presságios simbólicos das razões para o presente ministério de Jesus: o pecado original e, pela redenção, a entrada final do povo de Deus na Terra Prometida.

Tanto João Batista quanto Jesus pregavam o batismo em sinal de arrependimento pelos pecados cometidos. Por que então, se Jesus era perfeito, precisava ser batizado? Essa questão tem sido longamente debatida pelos teólogos, e pode muito bem ser respondida pela suposição de que Jesus teve vidas passadas imperfeitas.

A história do Novo Testamento nos diz que Jesus, a seguir inspirado pelo Espírito, seguiu para o deserto circundante para um período de recolhimento que durou 40 dias. Em vez de uma espera de 40 anos, que como Josué ele havia suportado em virtude da falta de fé dos israelitas, Jesus teve de esperar durante 40 dias enquanto sua fé era testada e comprovada.

No deserto perto de Guilgal, em que Josué tinha feito uma parada e acampado antes de dar início à conquista militar da Terra Santa, Jesus também parou antes de ir adiante com seu ministério. De maneira semelhante, Henoc e Hermes também se haviam dirigido para o deserto, ou para um lugar alto, a fim de meditar antes de receber a revelação divina.

A Bíblia registra três tentações que Satanás apresentou a Jesus. Como tinha jejuado e não havia comido em seus 40 dias no deserto, a primeira tentação foi a de transformar as pedras em pão. A segunda foi a de saltar de um pico elevado e sair incólume da prova, para demonstrar que era o filho de Deus. E a terceira era curvar-se diante de Satanás e adorá-lo; em troca, ele prometia dar a Jesus todos os reinos e toda a glória do mundo. Em todas as três, Jesus perseverou e venceu o demônio e suas próprias dúvidas e desejos pessoais. Depois disso o diabo partiu e os anjos vieram para servir a Jesus.

Jesus teve de suportar tentações físicas, mentais e espirituais. O alimento era tentador aos seus desejos físicos; o espetáculo público de saltar incólume era dirigido ao seu ego mental; a oferta de submeter-se ao diabo para conquistar o mundo era uma tentação para que subvertesse sua missão espiritual. Jesus teve êxito, agora, onde antes havia fracassado. Sua tentação original, no deslumbrante Jardim do Éden – obter conhecimento antes de estar pronto para ele, desafiando o plano de Deus – tinha sido de novo enfrentada e vencida no frio deserto da Judéia, perto de Jericó. Ele tinha que "reparar aquela que tinha sido Sua falha no princípio", como Adão. (2067)

O verdadeiro ministério de Jesus começou logo depois, quando ele ouviu que João tinha sido preso por Herodes. Dirigiu-se a Cafarnaum e à região costeira da Galiléia e começou a pregar que o reino dos céus estava próximo.

O primeiro milagre documentado de Jesus ocorreu num casamento em Caná, na Galiléia. Os casamentos judaicos eram festivos, e as comemorações geralmente duravam uma semana inteira. Uma leitura de Cayce acrescenta alguns detalhes ao relato bíblico do ato de Jesus transformar água em vinho quando este estava para acabar:

A moça que estava se casando era filha de uma prima de Maria, filha de uma irmã mais nova de Isabel; e o nome da noiva era também Maria. Esta é que ficou conhecida como "a outra Maria", ao contrário do que pensam alguns.

O costume exigia que houvesse um banquete de carneiro assado com molho de ervas, pães preparados de modo especial, de acordo com o costume e a tradição daqueles que seguiam de perto a lei de Moisés, seus costumes e ordens.

A família de Maria estava presente, assim como a do noivo.

Este, de nome Roael, era um dos filhos de Zebedeu; ele era o irmão mais velho de Tiago e de João, que mais tarde se tornaram muito amigos de Jesus e seus ardorosos discípulos.

O Mestre, voltando com aqueles seguidores, foi naturalmente falar com Sua mãe. Ao se inteirar da comemoração, Ele também – com seus seguidores – foram convidados a ficar para a festa.

Também fazia parte do costume servir muito vinho. O dia era o que hoje chamaríamos de 3 de junho. Havia muitas flores e coisas do campo, mas só uma parte delas era necessária. Pois, conforme o costume prescrevia, preparavam-se mais carnes, com certas ervas e vinhos.

O dia tinha sido lindo; a noite estava agradável; a lua, cheia. Tudo isso fez com que a comemoração fosse regada de quantidades cada vez maiores de vinho, resultando em mais alegrias e mais dança – que ocorria na forma de roda, como era costume, não só daquela terra então, mas como existem agora na sua terra e estão sendo revividas.

Com todas essas atividades, como indicamos, o vinho escasseou. Lembrem-se, os filhos de Zebedeu estavam entre os da classe superior, como se diria; não eram os mais pobres. Essa era a razão de Maria ter servido ou preparado a festa para sua parenta. 5749-15

Cafarnaum tornou-se o centro e o lar do ministério de Jesus. A cidade era famosa por seu comércio e sua indústria pesqueira. Situava-se na costa noroeste do Mar da Galiléia. Nessa região ele reuniu seus doze discípulos, embora Cayce diga que André esteve com Jesus no Jordão e junto dele durante a tentação. (341-19)

Podemos apenas conjecturar acerca do significado da escolha dos discípulos e dos relacionamentos passados que Jesus pode ter tido com cada um deles. Como indicamos no capítulo sobre José, uma das leituras de Cayce dá a entender que o jovem discípulo João, a quem Jesus era muito afeiçoado, fora o pai de José, Jacó. As leituras indicam também que André esteve com o Mestre quando ele foi Amilius e Hermes. (341-1) É tentador especular um pouco mais a respeito dos seus envolvimentos passados com os outros discípulos.

Como era a época da Páscoa judaica, Jesus e os discípulos viajaram até Jerusalém para a observância desse feriado. Enquanto estavam lá, o grande amor do Mestre pela casa de Deus veio à tona quando ele expulsou os cambistas e mercadores. Estes haviam profanado a casa de oração, transformando-a em local de negócios ou "covil de ladrões". Seguramente, a influência de suas experiências como sacerdote, guardião e construtor do Templo, em suas vidas como Asaf e Jesuá, estava agora se manifestando. Há também um significado simbólico na agressividade exibida por Jesus enquanto expulsava os vendilhões do templo. Segundo ele, nosso corpo, que é a morada da alma, é um templo em que podemos nos encontrar com Deus. Para tanto, é necessário domar o físico e controlar os desejos e as atividades materiais.

A conduta de Jesus no Templo pode, no entanto, ter se aproximado de uma agressividade injustificada. João 2:17 afirma que, depois de Jesus ter expulsado os vendilhões e mercadores, seus discípulos lembraram do que tinha sido escrito: "O zelo da tua casa [da casa de Deus] me devorará." Essa citação procede do Salmo 69, no qual o rei Davi escreve para o músico-chefe – Asaf – em relação à casa de Deus:

> Pois o zelo da tua casa me devora, e os insultos dos que te insultam recaem sobre mim. (versículo 9)

Aparentemente, os discípulos ligaram essa citação com Jesus – talvez em razão de um elo reconhecido entre ele e Asaf.

Depois de um breve ministério na Judéia, Jesus voltou à Galiléia. A caminho, passou pela região dos samaritanos e parou em um poço perto de Sicar, que antes fora conhecida como Siquém.

Jesus permaneceu junto ao poço enquanto os discípulos foram até a cidade para obter alimentos. Enquanto descansava, uma mulher samaritana aproximou-se do poço para pegar água. Para surpresa dela, Jesus pediu-lhe da sua água para beber. Ela era samaritana e os judeus consideravam-nos inferiores. Ela, porém, atendeu ao pedido de Jesus e deu-lhe de beber da água daquele poço profundo. Jesus prometeu dar-lhe da "água da vida", com a qual nunca sentiria sede. Incapaz de compreender o sentido das palavras dele, ela ficou estupefata quando ele falou em detalhes da vida pessoal dela. E então Jesus revelou-lhe que era o messias que havia sido prometido por Deus.

Quando os discípulos voltaram com a comida, ficaram surpresos com a recusa de Jesus em comer, mas ele explicou: "Meu alimento é cumprir a vontade daquele que me enviou e concluir a sua obra." Ele tinha de terminar o trabalho iniciado havia eras, que consistia em reencaminhar a humanidade até o Pai.

Quando a mulher voltou para a cidade, ela espalhou a boa nova daquele homem estranho, e Jesus e seus discípulos foram acolhidos com boa vontade e permaneceram vários dias ministrando ensinamentos às pessoas. Muitos samaritanos acreditaram em Jesus como resultado de seus ensinamentos. Esse ministério não-judaico serviria como um importante precedente e exemplo para os primeiros cristãos na divulgação do evangelho de Jesus aos gentios.

O poço de Siquém havia sido cavado originalmente por Jacó, pai de José. Assim, provavelmente, Jesus já havia bebido dessa água anos antes, quando fora José. Ele havia sido enviado especificamente até ali pelo pai, Jacó, para verificar se seus irmãos estavam bem. Chegando a Siquém, ficou sabendo que eles haviam partido em direção a Dotan. Quando Jesus foi enviado à terra pelo Pai celestial a fim de verificar o bem-estar de seus irmãos, descobriu que também estes tinham se extraviado e afastado das diretrizes e do conhecimento do Pai. É interessante observar que, nos seus legados finais aos filhos, esse poço e o território que lhe é adjacente foram legados por Jacó a José.

A vida anterior de Josué também apresenta paralelos com a visita de Jesus. Nessa mesma cidade de Siquém, quando fora Josué, o Mestre tinha agrupado as tribos de Israel para que renovassem sua aliança com Deus. Nesse local, Josué também tinha proclamado sua fé pessoal em Deus, ao pronunciar com veemência: "Quanto a mim e à minha casa, serviremos ao Senhor." Bastante apropriado, portanto, que na sua visita final a Siquém, a sede do Mestre tenha sido mitigada por uma estranha, e que ele e seu séquito tenham sido recebidos e acolhidos nessa cidade. Desse modo, a água da vida oferecida por Jesus baseava-se num compromisso ou pacto de fé com Deus, semelhante ao feito por Josué.

Quando Jesus voltou para a Galiléia, uma imensa multidão reunia-se para ouvi-lo, à medida que ele ia atravessando os montes e verdes vales. De maneira suave e persuasiva, ele apresentava sua mensagem sobre a disponibilidade do reino de Deus. Muitas vezes, à noite ou no sábado, ele falava na sinagoga local a multidões ávidas por ouvir suas palavras.

Quando chegou à sua cidade natal, Nazaré, falou nessa sinagoga num sábado. Foi ali, como vimos no capítulo sobre Melquisedec, que Jesus leu algumas passagens do livro de Isaías. Na escolha dessas passagens e na sua afirmação de que a escritura se cumpria naquele dia, ele criou uma possível identificação com a vida de Melquisedec. De acordo com uma antiga profecia messiânica, Melquisedec "redivivo" ou reencarnado era aquele de quem se esperava que pregasse "o ano da graça do Senhor" da profecia de Isaías, que Jesus disse estar se cumprindo naquele dia.

Jesus disse para a platéia, em Nazaré, que, como o profeta Elias que escolhia as cidades às quais era enviado, ele também não tinha a liberdade de celebrar o culto divino em qualquer lugar. A falta de fé do povo da sua própria terra ou cidade limitava, nesses locais, a realização de milagres; portanto, voltou a Cafarnaum e retomou ali seu ministério de curas. Assim, de volta às mesmas regiões em que, como Josué, tinha lutado e matado, Jesus ensinou e proveu alívio e bem-estar físico às pessoas à sua volta.

Boa parte dos ensinamentos de Jesus consistia em parábolas simples que ilustravam certas verdades para os menos instruídos e, ao mesmo tempo, confundiam seus adversários mais eruditos. Nelas, Jesus costumava valer-se de temas e histórias relacionadas com a terra. Assuntos como ovelhas, trigo, sementes e colheitas de uva nos parreirais eram coisas com as quais o povo rural simples da Galiléia podia se identificar. Esse estilo também era semelhante aos motivos agrícolas encontrados na bíblia do Zoroastrismo, o *Zend Avesta*, cujos conceitos Jesus havia apresentado na sua encarnação anterior como Zend.

Jesus amava verdadeiramente as crianças e freqüentemente falava delas. Edgar Cayce deu uma explicação para a sentença de Jesus: "A menos que vos torneis como criancinhas, nenhum de vós entrará": o reino de Deus é alcançado quando nos tornamos tão capazes de perdoar, tão generosos e tão dependentes quanto as criancinhas. (1532)

Em breve, a popularidade de Jesus e algumas de suas afirmativas começaram a gerar controvérsias. Os fariseus, instruídos e rigorosos, ressentiam-se do livre acesso ao reino de Deus que Jesus prometia ao povo.

De acordo com ele, a observância ritual das leis não era necessária. Ele dizia que os pecados podiam ser perdoados, e associava-se pessoalmente aos párias sociais. Seu insulto máximo foi ter condenado publicamente e zombado da autoproclamada piedade farisaica.

Às vezes, em suas curas, Jesus perdoava os pecados daqueles que curava. Imediatamente os sacerdotes começaram a questionar a autoridade e o poder que Jesus tinha para perdoar pecados. A Bíblia registra que Jesus silenciou esses críticos perguntando-lhes se era mais fácil curar ou perdoar pecados. Cayce acrescenta um importante elemento à lógica da refutação de Jesus: "A idéia era que o *pecado* havia causado a perturbação física." (5749-14) Nesse sentido, a lei do carma estava no cerne da pergunta e da resposta, e aparentemente era aceita tanto por Jesus como pelas autoridades religiosas da época. Cayce também explicou por que o Mestre perdoava os pecados em alguns casos, mas em outros não:

Os pecados são por atos e omissões. Os pecados por ato foram perdoados, ao passo que os por omissão foram relembrados – até pelo Mestre. 281-2

Jesus mantinha freqüentes reuniões especiais com seus discípulos, porque reconhecia que as multidões não estavam prontas para o verdadeiro significado e espiritualidade de seus ensinamentos. Pelo menos parte de seu famoso "sermão da montanha", por exemplo, foi dada em particular aos seus seguidores mais próximos. Depois da morte de Jesus, vários "evangelhos secretos" foram atribuídos a diversos apóstolos e supostamente considerados ensinamentos e interpretações dados por Jesus a uns poucos eleitos. Alguns desses "evangelhos secretos" e outros livros que tais ainda existem hoje, embora não tenham sido considerados canônicos pela Igreja. Muitos desses textos contêm conceitos, como o da reencarnação, que, como já vimos, são muito próximos à filosofia e às interpretações dos ensinamentos de Jesus feitas por Edgar Cayce.

Embora em certo sentido as regras de Jesus parecessem mais fáceis que a rigorosa observância das antigas leis conforme a advogavam os sacerdotes ortodoxos, por outro lado elas exigiam um padrão muito elevado de conduta individual e coletiva. Elas enfatizavam o espírito mais do que as palavras da lei e insistiam em que o amor devia ser o motivo predominante nos relacionamentos humanos. Não havia limite para quantas vezes deveria ser praticado o perdão, e cada qual é perdoado por Deus na mesma medida em que perdoa os outros. De acordo com Jesus, mais importante do que a conduta da pessoa é o conteúdo de seus pensamentos e intenções. Esses padrões não entram necessariamente em conflito com a lei de Moisés; em essência, representam uma ênfase diferente da então adotada pelo clero convencional.

O ministério de Jesus na Galiléia durou perto de três anos. Próximo do fim, seus confrontos com os líderes religiosos e as autoridades do governo tornaram-se ainda mais acerbos e radicais. Jesus recebeu a notícia de que João Batista tinha sido decapitado por ordem de Herodes Antipas, e com isso deve ter reconhecido que teria de enfrentar graves dificuldades logo mais adiante. Cada vez mais ele dava instruções particulares a seus discípulos, e boa parte destas antecipava o momento em que ele não estaria mais com eles. Jesus chegou inclusive a dizer-lhes que seria morto mas ressurgiria depois de três dias.

Jesus sentiu profundamente a morte de João. As escrituras relatam que, depois de saber dessa notícia, ele se dirigiu a um local no deserto, fora de Betsaida, onde presumivelmente meditou e orou a Deus. Afinal de contas, João era primo de Jesus, seu aluno e iniciado na Grande Pirâmide do Egito, aquele que o havia batizado e o grande profeta Elias que havia reingressado no mundo para preparar o caminho para Ele.

Foi durante esse período que Jesus falou com seus discípulos a respeito das especulações públicas acerca das vidas anteriores que ele mesmo teria vivido. Freqüentemente identificava-se como "o filho do homem". Essa expressão era usada pelos essênios, pelos nazarenos e por outros para designar o messias que tinha vindo à terra muitas vezes para dar ajuda à evolução espiritual da humanidade. Seu uso por Jesus, diante desse significado contemporâneo, é necessariamente significativa: constitui-se em aparente afirmação de suas múltiplas vidas na terra.

Em breve visita a Betsaida, quase cinco quilômetros a leste de Cafarnaum, Jesus falou para uma multidão embevecida e depois, milagrosamente, alimentou 5.000 pessoas com apenas cinco côdeas de pão e dois peixes. Segundo Edgar Cayce e o Novo Testamento, essa milagrosa alimentação efetivamente ocorreu em duas ocasiões diferentes, embora na segunda vez tenha envolvido apenas 4.000 pessoas. (1532 e Marcos 6:34-44, 8:1-10)

Pouco tempo depois, Jesus foi com Pedro, Tiago e João até uma alta montanha. Ali transfigurou-se diante deles. Seu rosto brilhava como o sol e a irradiação que dele emanava era pura luz. Com ele apareceram Moisés e Elias, e Deus identificou Jesus como seu Filho Eleito ou Bem-Amado. Simbolicamente, tanto Moisés como Elias tinham sido predecessores essenciais do Mestre. Moisés tinha estado com Jesus quando ele era Josué e lhe havia preparado o caminho para que conduzisse os israelitas até a Terra Prometida de Canaã. Elias tinha voltado como João Batista, o Precursor, que havia preparado o caminho para Jesus mostrar como chegar até a Terra Prometida do Pai.

Então os amigos advertiram Jesus de que ele deveria sair daquela região, e ele deixou a Galiléia pela derradeira vez, dirigindo-se com seus discípulos para a Judéia, onde já havia predito que terminaria por encontrar a morte. Jesus passou os últimos sete meses antes da crucificação nessa viagem. Seu ministério final seria concretizado ao longo do percurso.

Em vez de tomar a estrada que levava direto para o sul, através da Samaria, Jesus e seu grupo foram rumo ao leste, contornando as colinas centrais dessa região, antes de se dirigirem para o vale do Jordão, rumo a Jericó. Ao percorrer esse caminho, ele pode ter-se recordado de ter feito a viagem inversa, séculos antes, como o comandante militar conquistador Josué. Perto do término da viagem, Jesus também foi recebido como herói pela multidão em Jerusalém, mas ali iria terminar sofrendo humilhações e difamações públicas. Josué tinha resolvido evitar um confronto com o poder militar de Jerusalém e havia marchado ao redor da cidade. No entanto, capturara seu rei e o havia enforcado pessoalmente em uma árvore.

Quando chegaram a Jericó, Jesus curou um cego e falou para multidões imensas. Sua fama o precedia, e até o cobrador-chefe de impostos, Zaqueu, foi ouvi-lo e permitiu que Jesus ficasse em sua casa. Quando Josué, anos antes, havia se aproximado da cidade de Jericó pela primeira vez, seus dois espiões e representantes tinham sido acolhidos e abrigados no local por uma mulher de reputação duvidosa, chamada Rahab, a prostituta. Agora Josué, como Jesus, recebia a hospedagem de Zaqueu, cujo trabalho como coletor de impostos também era por muitos considerado indecente. A casa de Rahab tinha sido construída nas muralhas de Jericó, o que criava um excelente posto de observação para se acompanhar a atividade da cidade inteira. Também Zaqueu obtivera uma boa posição de onde ver o Mestre, tendo trepado a um sicômoro. E, como Rahab e sua casa, que tinham sido salvas por Josué depois da destruição de Jericó, Jesus prometeu a Zaqueu: "Hoje, a salvação entrou nesta casa [...]" (Lucas 19:9)

Jesus e seus discípulos passaram quase sete meses na região de Jericó, embora fizessem diversas visitas a Jerusalém para participar das principais comemorações religiosas.

Enquanto esteve em Jerusalém, Jesus ensinou no Templo a natureza do reino de Deus. A simplicidade e a sabedoria de suas palavras espantavam a todos os que o ouviam, provocando o aumento do número de seus seguidores. Tanto os fariseus como os saduceus, no entanto, se uniram na convicção de que Jesus devia ser silenciado.

Sem sucesso, tentaram encurralá-lo por suas próprias palavras. Uma adúltera foi trazida até ele e perguntaram-lhe se ela deveria ser apedrejada, segundo a lei de Moisés. A Bíblia registra que ele escreveu no chão e disse: "Aquele dentre vós que não tiver pecado que atire a primeira pedra." (João 8:7) Como os que a acusavam saíram e não ficou ninguém para condená-la, Jesus acrescentou que também ele não a condenaria. As leituras de Cayce indicam que houve dois casos parecidos, mas distintos, de mulheres adúlteras que foram levadas até Jesus. Perguntaram especificamente o que Jesus tinha escrito no chão. Em um caso, que ele disse envolver Maria Madalena, as palavras eram: "Aquilo que condenava cada pessoa que olhava por sobre o Seu ombro enquanto Ele escrevia." (295-8) Quanto ao outro, Cayce disse que Jesus escreveu o seguinte: "'Medi, Medici, Cuí', ou a expressão de misericórdia e não sacrifício." (1436)

Durante suas visitas a Jerusalém, Jesus e seus discípulos costumavam pernoitar na aldeia vizinha de Betânia, onde eram hospedados pela família de Maria, de Marta e de Lázaro. As leituras de Cayce indicam que essa Maria é Maria Madalena, e que ela havia sido prostituta na cidade galilaica de Magdala. (295-6) A tradição católica romana, em certos textos, sustenta a identidade entre as duas Marias, mas o relato bíblico não faz essa ligação de maneira clara. Depois de seu confronto com Jesus, ela voltou para a casa da família em Betânia e, provavelmente, foi a chave da ligação de Jesus com essa família.

Jesus havia desenvolvido uma estreita ligação com eles e, em determinada ocasião, foi chamado às pressas para curar Lázaro, que tinha adoecido enquanto Jesus pregava do outro lado do rio Jordão. Antes que Jesus chegasse, Lázaro morreu e Jesus chorou ao saber da morte do amigo. Um dos grandes milagres de Jesus ocorreu nessa oportunidade, quando fez Lázaro levantar de entre os mortos, depois de o mesmo estar sepultado há quatro dias. Cayce disse que Lázaro tinha morrido vítima da mesma doença que hoje chamamos de febre tifóide, e que muitos que testemunharam seu retorno da morte ficaram profundamente tocados com o acontecido e tornaram-se seguidores dedicados de Jesus.

Algumas pessoas tentaram descobrir vínculos românticos entre Jesus e Maria Madalena. Cayce foi certa vez questionado a respeito dessa possibilidade e de se Jesus teria alguma vez tido esse tipo de relação com alguém. Ele respondeu assim:

Maria, irmã de Marta, era uma prostituta – até a purificação; ela não foi alguém que Jesus tenha amado, embora Ele amasse a todos. As amizades mais próximas de um amor físico ou filial eram com as crianças – e não com as pessoas da idade do Mestre. 2067-7

Ao se aproximar a época da Páscoa, Jerusalém estava alvoroçada com a notícia de que Jesus tinha ressuscitado Lázaro de entre os mortos, e circulavam rumores de que ele era o messias. Os altos sacerdotes e fariseus decidiram em conselho que Jesus deveria ser condenado à morte para que os romanos não se alarmassem com esse poder e popularidade, e por causa disso punissem toda a nação judaica.

Quando Jesus entrou em Jerusalém vindo de Betânia, poucos dias antes da Páscoa, veio montado em um jumento, mas foi recebido pela multidão que o saudava agitando folhas de palmeiras. Cayce descreve esse acontecimento:

E quando se ouviram os gritos de "Hosana!" e houve as procissões, a entidade teve estranhos sentimentos... e o deslumbramento foi mais de adoração.

Pois, como ele mesmo disse naquele dia de comemorações ... se as pessoas não tivessem gritado "Hosana!", as próprias pedras, árvores e a natureza inteira que por ali havia teriam se indignado pela oportunidade perdida de os filhos do homem proclamarem o grande dia do Senhor!

... vocês não conseguem vislumbrar o lugar ... a cidade de muitos ruídos estranhos, de muitas luzes estranhas, de muitos costumes desconhecidos ... e então essa nova experiência Daquele que trouxe esperança e alegria para quem ... tinha males no corpo, tinha perdido as esperanças pelo apego às coisas materiais e aos antigos preceitos da tradição? E não conseguem ver a grande multidão quando todos se despojaram de suas túnicas, sim, tanto os de alta como os de baixa posição. 1468-1

Em procissão triunfal, a massa humana seguiu Jesus através da cidade, rumo ao Templo.

Toda vez que Jesus se acercara de Jerusalém pelo leste, vira uma cidade majestosa cujo recorte contra o céu era dominado pela cúpula dourada e fulgurante do Templo. Uma cidade diferente da cidade que existia à época de Davi, Jerusalém tinha sido destruída, reconstruída e completamente transformada por Herodes com palácios, viadutos, teatros e outros monumentos públicos. Essa cidade era uma fonte de orgulho nacional para os judeus e um local especial até mesmo para os romanos. Quando Jesus viu Jerusalém em seus derradeiros dias, anteviu sua destruição iminente e chorou.

Contemplando o declínio de Jerusalém, ele deve ter sido arrebatado por recordações de sua alma. Diz a tradição que, como Adão, ele tinha passado uma parte da sua vida em Jerusalém e que seu corpo tinha sido, enfim, enterrado no Gólgota. Como Melquisedec, tinha sido o rei da cidade. Josué não havia conquistado Jerusalém, mas a havia cercado com a nova nação israelita. Asaf tocara e cantara ali para os reis Davi e Salomão, e Jesuá tinha voltado a Jerusalém, do cativeiro na Babilônia, para resgatar a cidade e seu templo. Não é de espantar, portanto, que Jesus tenha lamentado pelo destino de Jerusalém, e que, em suas profecias a respeito do reino vindouro de Deus, ele tenha falado de uma nova Jerusalém.

O ministério tradicional de Jesus estava completo. Ele havia pregado e demonstrado uma nova dimensão de amor e serviço pelos nossos semelhantes. Sua mensagem tinha sido transmitida em locais e por meio de eventos que, numa concretização poética, eram reflexos de suas vidas pregressas. As sementes da nova religião tinham sido semeadas, e um grupo seleto de seguidores – fracos e inexperientes, mas cuidadosamente escolhidos – tinha recebido instruções especiais e até mesmos secretas para a disseminação e a divulgação da palavra de Deus. O ministério de Jesus fora pontuado por parábolas de profundo simbolismo e significado, e contara com os milagres – milagres que excediam tudo o que os antigos profetas de Israel haviam podido realizar.

Estava pronto o palco para a Paixão de Jesus e para o mais importante e decisivo de todos os milagres.

CAPÍTULO 16

JESUS: SUA MORTE E RESSURREIÇÃO

Ensinamos a sabedoria de Deus, misteriosa e oculta, que Deus, antes dos séculos, de antemão destinou para a nossa glória. Nenhum dos príncipes deste mundo a conheceu, pois, se a tivessem conhecido, não teriam crucificado o Senhor da Glória.

(I Coríntios, 2:7-8)

O primeiro dia da Páscoa é marcado por uma festa ritual tradicional. Ao pôr-do-sol, Jesus e seus discípulos encontraram-se na casa de um amigo para partilhar com ele a refeição. Esse foi o evento que daí em diante ficou conhecido na cristandade como "A Última Ceia".

Depois de uma leitura mediúnica, feita em 1932, Edgar Cayce não voltou à consciência depois de ouvir a sugestão habitual, mesmo depois de ela lhe haver sido dirigida por três vezes. Então ele começou espontaneamente a descrever a Última Ceia, com lindos detalhes. Em virtude de sua qualidade incomum, segue-se a íntegra da transcrição das suas palavras:

A Ceia do Senhor – com o Mestre –, vejam o que tiveram para cear: peixe cozido, arroz com alho-porró, vinho e pão. Um dos jarros em que o vinho era servido estava quebrado: na asa e no bico.

A túnica do Mestre não era toda branca, mas cinza perolado – numa cor única –, presente de Nicodemos ao Senhor.

O de melhor aparência entre todos, claro, era Judas, ao passo que o mais jovem era João – de rosto oval, cabelos escuros, face lisa – e o único de cabelos curtos. Pedro, rude e bem-disposto – sempre de barba muito rente, áspera, não inteiramente limpa; ao passo que a de André era o oposto exato: muito rala, mas propensa a ser mais longa dos lados e sob o queixo – longa no lábio

superior —, ele usava túnica sempre preta ou quase cinza e calção listrado; as de Felipe e Bartolomeu eram vermelha e marrom.

O cabelo do Mestre é quase vermelho, propenso a formar cachos mas não em proporção feminina, nem fraco – *forte*, com intensos olhos penetrantes de cor azul ou cinza-claro.

Seu peso é de no mínimo 85 kg. Longos dedos delgados, unhas bem tratadas. Uma unha mais longa, no entanto, no dedo mínimo esquerdo.

Joviais – mesmo na hora da provação. Gracejando – até mesmo no momento da traição.

A bolsa está vazia. Judas parte.

Jesus reparte as últimas porções de vinho e pão, nos quais oferece os emblemas que deverão tornar-se tão preciosos a cada um de Seus seguidores. Deita de lado Seu manto, feito de uma única peça – enrola uma toalha na cintura, feita de linho azul e branco, enrola as pregas e ajoelha-se primeiro perante João, depois diante de Tiago e a seguir diante de Pedro – que se recusa.

Depois aquele pronunciamento: "Aquele que quiser ser o maior seja o servo de todos."

Ele toma da gamela sem alças, feita de madeira. A água vem dos pés de maxixe, e está em *shibboleths* de boca larga, os quais ficam sobre tripés na casa do pai de João, Zebedeu.

E, então, o "Está terminado".

Eles cantam o Salmo 91 – "Quem habita na proteção do Altíssimo pernoita à sombra do Todo-Poderoso, dizendo ao Senhor: Meu abrigo, minha fortaleza, meu Deus, em quem confio!"

Jesus também é o músico, pois é Quem dedilha a harpa.

Saem para o jardim. 5749-1

A Bíblia não diz quem é o autor do Salmo 91. Não se pode deixar de conjecturar que talvez tenha sido Asaf, o músico-chefe de Davi e uma encarnação pregressa do Mestre. O linguajar e as mensagens são muito semelhantes aos de outros salmos atribuídos a Asaf. Certamente, na função de músico tangendo a harpa, pode-se perceber em Jesus a influência da vida de Asaf.

Jesus deu um significado simbólico a essa ceia, dizendo que o pão representava o seu corpo e o vinho o seu sangue, os quais seriam entregues para a salvação de muitos. Esse significado simbólico pode ter, em parte, sido tomado dos essênios, os quais davam uma ênfase simbólica especial ao pão e ao vinho. Quando a cerimônia estava concluída, Jesus disse que não beberia mais do fruto da videira "até o dia em que beberei o vinho novo no Reino de Deus". (Marcos 14:25)

Uma outra leitura descreve o simbolismo e o sentido de Jesus ter lavado os pés de seus discípulos.

Embora fosse o líder, o profeta, o Senhor, o Mestre de todos eles, Jesus representava – pela humildade do ato [de lavar os pés] – a atitude à qual cada

um chegaria se viesse a conhecer o verdadeiro relacionamento com seu Deus e com seus semelhantes. 5749-10

Ao fim da ceia, Jesus orou a Deus:

> "Pai, é chegada a hora; glorifica a teu Filho para que o teu Filho te glorifique; assim como poder sobre toda a carne, para dar vida eterna a todos os que lhe deste! [...]
>
> "Eu te glorifiquei na terra, tendo concluído a obra que me encarregaste de realizar. E agora, Pai, glorifica-me, junto de ti, com a glória que Eu tinha junto de ti antes que o mundo existisse."
>
> (Excerto de João 17:1-5)

Nessa prece, Jesus se refere ao seu poder sobre toda carne; é a obra que Deus tinha entregue a Adão. Ele também pede a glória que havia tido junto a Deus antes que o mundo existisse, não a glória que tivera antes de entrar na terra como Jesus. Com isso, talvez estivesse querendo dizer que ele ainda não havia alcançado sua glória completa quando veio como Jesus. Sua prece e sua súplica estão em harmonia com a imagem do Mestre traçada por Cayce – um Mestre cuja missão veio se estendendo ao longo de inúmeras vidas, até se completar na de Jesus.

Jesus orou especificamente por seus discípulos e observou que não tinha perdido nenhum deles, exceto "o filho da perdição" (João 17:12). Ao pedirem a Cayce uma explicação do significado dessa expressão, sua resposta conteve uma advertência para cada um de nós.

Daí o que se diz daquele que se revoltou contra o trono do céu e que se manifestou na carne e naquele que O traiu.

Então todos são filhos da perdição – ou deixam que essa força se manifeste através deles – esses que O negam, ou que O traem, ou que se apresentam de uma forma e – no ambiente da terra ou por ambição pessoal – ou por vantagens – agem de maneira diferente; pois esses não fazem senão persegui-lO, negá-lO e traí-lO. 262-93

Depois da partida de Judas e de terem cantado o Salmo 91, Jesus e os discípulos caminharam até um olival ou jardim de oliveiras chamado Getsêmani. Muitas vezes antes eles haviam se encontrado ali, no sopé do Monte das Oliveiras.

Jesus predisse a falta de fé de seus discípulos durante a noite, e disse a Pedro que ele negaria o Mestre três vezes antes que o galo cantasse. Levando Pedro, Tiago e João, ele se embrenhou um pouco no jardim para poder orar. Os extenuados discípulos logo caíram no sono, e três vezes Jesus voltou até onde estavam e percebeu consternado que eles não tinham vigiado.

Nesse momento solitário e crítico, Jesus enfrentou a tentação de evitar a crucificação. A Bíblia registra que, mergulhado em dúvidas e angústia, ele suou sangue e suplicou a Deus que "aquele cálice" fosse afastado dele; mas, em vitória ostensiva sobre si mesmo e entrega a Deus, proclamou: "Não a minha, mas a tua vontade seja feita." Tinha sido vencida a derradeira batalha daquela alma. O Evangelho de Lucas fala do aparecimento de um anjo vindo do céu, nesse instante, para fortalecê-lo.

Essa entrega de si mesmo é, sem sombra de dúvida, a mais eloqüente mensagem de todo o ministério de Jesus. A transgressão primeira de Adão – e o pecado de cada um de nós – tinha sido a de colocar o eu adiante de Deus. As preleções de Cayce desafiam a nós todos a adotar o mesmo padrão de desprendimento e de visão de que Jesus foi exemplo:

Orem também vocês para que estejam prontos na hora da tentação e da provação; para que possam dizer, como Ele o fez: "Não a minha, mas a Tua vontade seja feita em mim e através de mim; que eu possa estar contigo na condição anterior à criação dos mundos – e tenha consciência dela." 3188-1

... pois Ele prometeu que não seremos castigados além daquilo que somos capazes de suportar, e aquele que agüentar até o fim será cingido com a coroa da vida eterna! 2466-1

Quando Jesus voltou pela terceira vez até onde estavam os discípulos adormecidos, disse:

> Basta! A hora chegou! Eis que o Filho do Homem está sendo entregue às mãos dos pecadores. Levantai-vos! Vamos! Eis que o meu traidor está chegando.
>
> (Marcos 14:41-42)

Judas e uma multidão de seguidores aproximaram-se do grupo. Judas chamou Jesus de "Mestre" e beijou-o em sinal de reconhecimento, identificação e traição. Os guardas agarraram Jesus e o arrastaram até o palácio de Caifás para ser julgado por blasfêmia perante os setenta membros do sinédrio. Cayce apresenta uma versão um pouco diferente da acusação:

Estas eram as condições vigentes quando esse homem, esse profeta, esse mestre foi apresentado às autoridades, para um julgamento civil; as autoridades alegaram que ele tinha deixado de pagar os impostos, ou que antes seus seguidores haviam tentado impedir a cobrança da taxa, dos tributos a serem pagos. Foi essa a maneira pela qual apresentaram sua acusação, e não aquela que, inclusive, consta do Texto Sagrado. 1151-3

O sinédrio era composto pelos principais sacerdotes, anciãos e escribas. Eram os descendentes das antigas famílias regentes, cuja posição havia sido estabelecida séculos antes, depois do fim do cativeiro na Babilônia. Eram pessoas de poder considerável, mas não tinham autoridade perante a lei romana para mandar executar uma sentença de morte.

Uma outra leitura identifica um dos membros do sinédrio:

A entidade estava em meio aos que zombavam, no seio do próprio sinédrio; pois a entidade, então chamada Samaleuen, representava as tribos de Rubem e pertencia à linhagem particular dessa casa. Pois representava o mesmo que havia vivido aqueles incidentes no início da separação da casa, pois a entidade era o próprio Rubem! 693-3

Como Rubem, essa alma já tinha participado do julgamento e da punição do Mestre. A alma do Mestre, como José, tinha sido traída e abandonada por Rubem e por seus outros irmãos. Deve-se notar, contudo, que Rubem tinha objetado a que José fosse morto. Ele propusera que o jogassem no poço. Não são dados mais detalhes de suas palavras por ocasião do sinédrio e sua providência com respeito a Jesus.

Nas leituras de Cayce, Jesus é descrito como uma pessoa bem-disposta durante o julgamento e, inclusive, durante o caminho até a cruz.

O julgamento – que não teve o aguilhão da dor, como tantas vezes se diz, mas antes de júbilo pela oportunidade de imputar a si tudo aquilo o que corrigiria o relacionamento do homem com o Pai – pois aquele homem, por meio do seu livre-arbítrio, havia introduzido o pecado nas atividades dos filhos de Deus. Ali *Seu Filho* estava trazendo a redenção ao verter seu sangue, para que todos pudessem se libertar. 5749-10

Pois, saibam – só aqueles a quem Deus é favorável têm a capacidade de rir, até mesmo quando surgem as nuvens da dúvida ou quando irrompem todas as espécies de perturbação. Pois, lembrem-se, o Mestre sorriu – e riu, muitas vezes – até mesmo a caminho do Getsêmani. 2984-1

Durante a noite toda, Jesus foi ridicularizado, blasfemado e esbofeteado.

Na manhã seguinte, Jesus foi levado à presença do governador romano, Pilatos, para ser julgado da acusação de não ter pago o imposto devido a Roma e a César. Depois de interrogar Jesus e saber que ele era da Galiléia, Pilatos enviou-o a Herodes, que estava de passagem pela cidade, e cuja jurisdição abrangia a Galiléia. Herodes não achou Jesus culpado de algo que merecesse a pena de morte e, por isso, devolveu-o a Pilatos que, então, tentou libertá-lo. O povo, no entanto, exigiu que ele fosse crucificado e instou para que Barrabás, e não Jesus, fosse libertado segundo a tradição da festa da Páscoa, em que se perdoava um criminoso. Rendendo-se à pressão do público, Pilatos sentenciou Jesus à morte pela crucificação mas, simbolicamente, negou sua responsabilidade por esse ato lavando as mãos.

O Mestre, como Adão, tinha evitado responsabilizar-se por seus atos, dizendo a Deus que a mulher que Ele lhe dera o havia enganado: a queda era culpa dela. Agora, na prova final, Jesus enfrentou e teve de suportar a mesma briga da responsabilidade e isenção da culpa por parte de Pilatos.

Depois de Jesus ter sido condenado pelo sinédrio, a Bíblia registra que Judas devolveu os trinta dinheiros de prata aos chefes dos sacerdotes e teve remorso pelo seu ato de traição. Em seguida, retirou-se e se enforcou.

Tal como Jesus, que foi vendido por trinta peças de prata, o Mestre, como José, tinha sido vendido por vinte dinheiros de prata (embora o historiador judeu Josephus documente que o verdadeiro valor da transação também foi de trinta dinheiros). A venda de José tinha sido proposta por seu irmão, Judá. A semelhança dos nomes e dos incidentes em que cada um deles esteve envolvido desperta especulações a respeito da possibilidade de Judá e Judas terem sido uma e a mesma alma.

A razão de Judas ter traído Jesus tem sido tema de conjecturas que atravessam toda a história. Edgar Cayce certa vez ouviu a seguinte pergunta:

Q.27. O propósito de Judas Iscariotes ao trair Jesus era forçá-lO a firmar-Se como rei e então instalar Seu reino?

R.-27. Foi antes o desejo do homem de forçá-lo e o cumprimento daquilo que Jesus disse durante a Ceia. 2067-7

Uma outra leitura indica que os amigos de Judas tentaram proclamar Jesus o libertador do povo, que assim se livraria do cativeiro (1179-7). A impaciência com o plano de Deus, que Jesus havia demonstrado no início como Adão, agora estava sendo enfrentada por ele em Judas e seus amigos.

Os soldados puseram uma coroa de espinhos na cabeça de Jesus e um junco em sua mão direita, escarnecendo-o e chamando-o de "rei dos judeus". Por volta das nove horas da manhã, Jesus foi conduzido através das ruas até um outeiro fora dos muros de Jerusalém, conhecido como Gólgota ou Calvário. Era ali, segundo algumas fontes tradicionais, que os ossos de Adão estavam enterrados em repouso perene.

Com outros dois prisioneiros atados a cruzes ao seu lado, Jesus foi pregado na sua. Quando a cruz foi erguida na posição vertical, Jesus ficou suspenso entre a terra e o céu.

... para que aqueles que olhassem, que contemplassem, ficassem sabendo que eles – eles mesmos – teriam de passar pela mesma estrada, crucificando em seus corpos aquilo que seria a satisfação dos desejos, aquilo que serviria à exal-

tação de si mesmos e não à do mandamento que Ele havia dado: "O novo mandamento que vos dou é que vos ameis uns aos outros." 897-1

Até no momento da mais profunda agonia, Jesus reconheceu a declaração de fé e lealdade de um dos ladrões na cruz e prometeu-lhe: "Em verdade eu te digo, hoje estarás comigo no paraíso". (Lucas 23:43)

Também estava atento ao bem-estar de sua mãe e até ao dos seus inimigos. Pediu ao discípulo João que cuidasse de sua mãe e, num ato de suprema e sublime caridade, pediu: "Pai, perdoa-lhes pois não sabem o que fazem". (Lucas 23:34)

Na Cruz Jesus foi abandonado por todos os seus discípulos, exceto um; no entanto, o poder e o valor da paciência podem ser vistos em sua tolerância para com eles. Nos anos que vieram, eles voltaram para testemunhar as obras e a ressurreição de Jesus e, no devido tempo, sofreram seus próprios martírios. É uma demonstração eloqüente da importância da paciência, da tolerância e da clemência, para cada um de nós, no trato com nossos semelhantes.

Cayce diz que as mulheres que estavam presentes à crucificação eram as da própria família de Jesus, a mãe de João e Tiago, Maria Madalena e outras desse grupo. (5749-10)

Enquanto pendia da cruz, Jesus perguntou: "Meu Deus, meu Deus, por que me abandonaste?" As leituras de Cayce afirmam que Jesus passou por uma temporária ausência de Deus para que o restante de nós não precisasse passar pelo mesmo abandono (2466). Uma possível tradução das palavras de Jesus, pronunciadas originalmente em aramaico, seria: "Meu Deus, meu Deus, para isso eu fui poupado"[1]. Realmente, para chegar até esse momento, o Mestre tinha sido poupado, desde o momento em que, como Adão, tinha pecado e sido expulso do Éden.

Perguntaram a Jesus por que, já que era Filho de Deus, ele não se salvava. A resposta que uma leitura nos dá é a seguinte:

Embora vocês saibam que Jesus tinha o poder para descer da Cruz, o poder de curar, o poder de sobrepujar a morte, Ele não Se prevaleceu de nada disso. Por quê? [Ele foi] *Reanimado* pelo Pai porque a vida vivida entre os homens, suas relações com os homens trouxeram somente esperança, paciência, amor e resignação! Sendo essa então a lei de Deus em forma manifesta, Ele *se tornou* a lei, manifestando-a diante dos homens; para que como homem, e vocês homens, tornem-se uma coisa só com o Pai.

Pois, enquanto não se tornarem em propósitos e atos um salvador – sim, um deus – para seus semelhantes, vocês não se apossam da *personalidade*, da *individualidade* de DEUS – quer dizer, a vida... a eternidade, a esperança e o amor! 1158-12

A Bíblia diz que, da hora sexta à hora nona, ficou muito escuro, e um terremoto ocorreu no instante em que Jesus morreu. As leituras de Cayce confirmam esses fenômenos naturais incomuns e descrevem o grande medo e o pânico que tomaram conta das pessoas. (333, 1747)

Jesus falou que estava com sede, mas recusou a oferta de vinagre e fel que lhe teria mitigado a agonia.

Diz o Evangelho de João que, antes de morrer, Jesus sabia "que tudo estava consumado". (João 19:28)

Logo depois, disse: "Está terminado" ou "Está consumado" (João 19:30), e entregou o espírito. O primogênito de Deus, nosso Irmão Mais Velho, o Bom Pastor, o Mestre, o Caminho – agora, o Cristo – estava morto. A missão iniciada eras atrás, sustentada ao longo de numerosas existências, tinha sido cumprida até o fim.

Para certificar-se de que Jesus estava morto, um dos soldados "traspassou-lhe o lado com a lança e imediatamente saiu sangue e água". (João 19:34) Pediram a Edgar Cayce que esclarecesse esse versículo:

O cumprimento do princípio "Sem sangue não pode haver remissão dos pecados". Portanto, Seu sangue foi vertido como sinal do sacrifício do justo pelos injustos, para que todos vocês possam partilhar da mesma luz com o Pai.
5749-10

Segundo Mateus e Lucas, o véu do Templo se rasgou de alto abaixo quando Jesus morreu. Tradicionalmente, o véu separava o Santo dos Santos do resto do Templo, e uma vez ao ano era suspenso pelo Sumo Sacerdote quando fazia uma oferenda sacrificial pelos pecados do povo. A morte de Jesus serviu de sacrifício permanente a Deus pelos pecados da humanidade. O véu que separava simbolicamente a humanidade de Deus foi rasgado porque essa separação não existia mais; agora as pessoas tinham acesso direto a Deus.

A Bíblia relata que Jesus foi prontamente retirado da cruz para que não permanecesse nela durante o sábado. Um autor, depois de analisar o *Evangelho Secreto de Pedro*, opina que o precedente de ser retirado antes do pôr-do-sol tinha sido aberto anos antes por Josué (o Mestre) quando insistiu para que os reis que ele tinha mandado enforcar fossem retirados das árvores antes do ocaso[6]. Essa experiência pregressa de Josué enforcando os cinco reis estrangeiros, inclusive o de Jerusalém, pode explicar por que a morte de Jesus aconteceu por crucifixão em uma árvore ou cruz de madeira.

O corpo de Jesus foi colocado no sepulcro novo de um amigo, José de Arimatéia. E, tal como Josué tinha feito antes com os reis, o sepulcro ou túmulo foi lacrado com uma pedra. Guardas romanos foram colocados à sua frente.

As leituras de Cayce dizem que uma mulher ajudou a preparar "os panos de linho em torno da cabeça do Mestre, quando Ele foi enterrado por Josephus e seus amigos" (1081), e que uma outra

... ajudou a preparar ... a mortalha final, depois de ungido o corpo do Santo – em vez das ervas a mortalha que Madalena e Maria e José (Josie) e a mãe do Senhor tinham preparado. Os lenços que estavam em torno de Sua cabeça, e com aqueles selos mais tarde foram feitas imagens em relevo ... 649-1

[Ela preparou] Os lacres do Santo, como os do filho de Davi; a pêra com o sino, com as romãs de ambos os lados. 649-2

Em capítulos anteriores, foram citadas lendas segundo as quais o local da criação de Adão tinha sido Jerusalém, e que o túmulo final de Adão e Melquisedec seria ali também. Nesse caso, fechou-se um ciclo da história e o Jardim do Éden tornou-se o Jardim do Getsêmani.

A Bíblia registra que Jesus ficou três dias no túmulo. Na manhã do terceiro dia, Maria Madalena (e talvez também Maria, mãe de Jesus) foi até lá para terminar os ritos fúnebres costumeiros, mas encontrou a lápide afastada para um lado e o túmulo vazio. Maria Madalena correu então até Pedro e João e, juntos, eles verificaram que o sepulcro estava como ela o havia descrito. Pedro e João partiram e, chorando, Maria viu um anjo dentro do túmulo. Quando se virou, Jesus apareceu à sua frente.

Assim, quando alguns dos Seus entes queridos e alguns de Seus irmãos vieram, naquela linda manhã, depois que souberam das novidades, os que montavam guarda ouviram um estrondo e viram uma luz e – "a pedra fora afastada!" Então entraram no jardim, e ali Maria foi a primeira a ver o Senhor ressuscitado. Depois vieram os Seus irmãos com as mulheres fiéis, os que amavam Sua mãe, os que faziam companhia a ela no luto, os que estavam tomando as providências necessárias para que a lei fosse cumprida e não houvesse nenhuma profanação do solo em volta de Seu túmulo. E estes também, Seus amigos, Seus entes queridos, Seus irmãos, viram os anjos. 5749-6

Jesus apareceu primeiro para aquela que tinha sido uma adúltera mas que havia sido perdoada por Ele e cuja vida mudara. Certa feita, Jesus também havia, elogiado a atenção e a fidelidade de Maria Madalena, mais do que as de sua irmã Marta, que se incomodava mais com os deveres domésticos. Maria Madalena, aparentemente, tinha se tornado uma pessoa importante entre os seguidores de Jesus.

...[ela] foi a mesma para quem o Mestre apareceu primeiro, na manhã da ressurreição; a mesma a quem recorriam em busca de conselho muitos dos apóstolos e líderes durante aqueles acontecimentos, da maneira que são citados nos vários relatos preservados até o presente em forma de documentos...

... ela achou que Ele fosse o jardineiro. Isso indica toda a desesperança, todo o sofrimento que é possível existir na desesperança. No entanto, *júbilo*

seria o estado a se esperar, não a separação que se percebeu naquele momento. Isso é voltar atrás, o acreditar na separação – quando há júbilo, como se manifesta em "Meu Senhor e meu Deus". 295-8

Daí em diante, Jesus apareceu para vários discípulos e, depois de algum tempo, para todos eles. A caminho de Emaús, onde como Josué ele tinha parado o sol, Jesus ressuscitado esteve com dois de seus seguidores. Em um aposento do piso superior onde os onze discípulos estavam reunidos, Jesus subitamente apareceu e mostrou – especialmente para o cético Tomé – as cicatrizes em suas mãos e no lado do corpo. Depois, apareceu-lhes novamente na Galiléia e no Mar de Tiberíades, onde fez com que pescassem uma imensa quantidade de peixes. Jesus então comeu com eles e ordenou a Pedro que "apascentasse minhas ovelhas". Essa ordem, porém, não foi dada somente a Pedro.

E assim possam vocês, da mesma forma como foi dito ao seu próximo, ao seu irmão no Senhor, "Alimentar meus cordeiros... alimentar meus carneiros". É essa a obra das suas mãos, agora; e ela não é executada para que vocês sejam citados pela obra realizada, mas em nome da união de propósito e vontade para levar ao coração dos homens, repetidas vezes, *esperança* e encorajamento; e para semear, reiteradas vezes, a semente que dá os frutos do Espírito... paciência, gentileza, generosidade, amor fraternal, resignação! Pois contra esses frutos não existe lei. 1529-1

Aparentemente, os discípulos e seguidores de Jesus acharam que era seguro voltar da Galiléia a Jerusalém. A seguinte leitura de Cayce descreve algumas das atividades do grupo depois da ressurreição.

... depois de terem regressado da Galiléia e das atividades que ali tiveram até a ascensão (que ocorreu cinqüenta dias após a ressurreição), Maria, a mãe de Cristo, passou a morar na casa ou lar de João – que se uniu ao grupo em Betânia; pois João, como já é bem sabido, era o mais rico dos discípulos de Cristo. Seu patrimônio, em dinheiro americano, seria estimado hoje em algo próximo a 250.000 dólares; ou os bens que tinha, por ter poder semelhante aos do poder romano e judeu daquele período. 295-8

Mais tarde, Jesus encontrou seus discípulos em Jerusalém e disse-lhes que "permanecessem" ali até terem recebido o poder do Espírito Santo. Ele os conduziu ao longo da estrada que levava à vizinha cidade de Betânia, onde os abençoou.

Foi ali que Jesus ascendeu ao céu.

...[Havia] quinhentas pessoas contemplando-O quando Ele entrou na glória e viu os anjos, ouviu-os anunciando que o evento um dia viria a ocor-

rer – mas só para aqueles que acreditam, que têm fé, que anseiam e aguardam vê-lO tal como Ele é. 3615-1

A missão de nosso Irmão Mais Velho – o Cristo – estava concluída. Sua consumação veio com a entrega de si mesmo que Jesus efetuou e com sua morte e ressurreição. Com sua morte, ele mostrou o caminho do desprendimento; sua ressurreição assinalou que Deus reconhecia que estava superado o castigo pelo pecado do homem, ou seja, a morte.

O período da ressurreição – aqui estamos diante daquilo em que *todos* vocês podem se glorificar. Pois, sem o fato de Ele ter superado a morte, essa experiência inteira teria sido inútil. 5749-10

Pois a morte não tem aguilhão, não tem poder sobre aqueles que conhecem a ressurreição ... como a ressurreição trouxe até a dimensão consciente do homem o poder que Deus dera ao homem de poder reconstruir, ressuscitar, até mesmo cada átomo de um corpo doente, para que possa ressuscitar inclusive cada átomo de uma alma doente pelo pecado, ressuscitando a alma para que ela viva para sempre na glória de um Cristo ressuscitado, reavivado, na alma e no coração dos homens! 1158-5

Em outra leitura, Cayce expressa-se da seguinte maneira:

Mas, quando o Príncipe da Paz veio à terra para completar Seu PRÓPRIO desenvolvimento aqui, *Ele* venceu a carne e a tentação. Então, tornou-Se o primeiro de todos os que venceram a morte no corpo, permitindo-Lhe iluminar e reanimar aquele corpo a tal ponto que pôde erguê-lo novamente, mesmo depois que os fluidos desse corpo tinham sido drenados e escoados pelos furos que os pregos tinham feito em Suas mãos, e pela lança que tinha traspassado Seu flanco. 1152-1

Deus revogou a sentença de morte que Ele mesmo impusera ao Mestre no Éden, quando, na pele de Adão, ele pecara. O Mestre agora havia quitado o ônus do pecado.

Com isso, a humanidade inteira também podia neutralizar o aguilhão da morte – o castigo por desobedecer as leis de Deus. A morte, porém, só poderia ser vencida por uma entrega completa e total do eu à vontade de Deus. Jesus apresentara o segredo paradoxal para obter a liberdade da alma: a pessoa deve perder a própria vida para ganhá-la; ao nos desvencilharmos do eu – do egoísmo –, encontramos a nossa verdadeira natureza.

Tudo estava consumado. Terminara a longa viagem. Pela primeira vez em todas as Suas visitas à terra, o Mestre pôde então elevar-se até o abraço vitorioso com o Pai, e ascender até a glória que O havia aguardado desde o início dos tempos.

Em meio ao clamor dos anjos e dos exércitos celestes, havia coros entoando louvores e cânticos de alegria pelo Bem-Amado do Pai, que amara tanto Seus irmãos e irmãs a ponto de por eles sofrer e Se doar inteiramente. Em troca, pediu apenas que eles se amassem uns aos outros.

Através do exemplo visível do Mestre – o Cristo –, a trilha agora está desmatada; o caminho está todo assinalado e iluminado para que outros o percorram. E a persistente lembrança da morada do Pai – verdadeiro lar da alma – agora está viva no coração e na mente dos que buscam.

CAPÍTULO 17

JESUS: SUA VOLTA

Do mesmo modo Cristo, tendo sido oferecido uma vez para tirar o pecado de muitos aparecerá uma segunda vez, não para lutar contra o pecado, mas para salvar os que estão esperando ansiosamente por ele.

(Hebreus 9:28)

Os essênios e outros esperavam por um messias sofredor, sacerdote e rei. Essas expectativas eram baseadas em profecias do Velho Testamento e em outros textos[1].

Evidentemente, Jesus correspondeu ao conceito de um messias sofredor, mas os aspectos sacerdotal e régio não eram tão evidentes. Os escritores do Novo Testamento empenharam-se bastante em suplementar esses elementos faltantes. A Epístola aos Hebreus analisa em detalhes o novo sacerdócio que Jesus estabeleceu através da sua ligação com Melquisedec. Os evangelhos assinalam a descendência do Rei Davi, e Jesus foi jocosamente ungido como "o rei dos judeus"; os incidentes habituais da realeza e da majestade, porém, estiveram notoriamente ausentes da vida de Jesus.

O ministério régio de Jesus foi mencionado pela primeira vez nos livros de Henoc, e é citado muitas vezes tanto no Antigo como no Novo Testamento. Seu verdadeiro reinado, contudo, deverá ocorrer em sua Segunda Vinda, tema que é uma das matérias principais do Novo Testamento.

Boa parte do capítulo 24 de Mateus é um relato que Jesus faz da sua futura volta. Ele descreve guerras e outras iniqüidades e refere-se às abominações profetizadas por Daniel como sinais da época em que regressará. Adverte a respeito dos falsos profetas, mas promete abreviar os dias de desolação por amor dos seus eleitos. O sol e a lua escurecerão, e então o sinal do Filho do homem aparecerá no céu. Ele será visto "descendo nas nuvens do céu, com poder e grande glória", e os anjos "reunirão os eleitos dos quatro ventos, de uma ponta do céu à outra".

Uma passagem anterior de Mateus diz:

> Pois o Filho do Homem há de vir na glória do seu Pai, com os seus anjos, e então retribuirá a cada um de acordo com as suas obras. Em verdade Eu vos digo que alguns dos que aqui estão não provarão a morte até que vejam o Filho do Homem vindo em seu Reino.
>
> (Mateus 16:27-28)

A volta de Jesus foi, por isso, considerada iminente pelos seus seguidores. Uma leitura de Cayce explica o significado da citação acima, indicando que foi malcompreendida pelos que a ouviram. Na realidade, ela queria dizer o seguinte:

Aqueles que deram ouvidos às palavras do Mestre e que agiram de acordo com elas estarão em forma manifesta na terra nos períodos de realização, na terra, das profecias citadas. 262-60

Em outras palavras, vão reencarnar na época do Seu regresso.

A volta de Jesus, ou a sua Segunda Vinda, provavelmente deve ser entendida em mais de um nível. Primeiro, relaciona-se com a infusão da Consciência Crística numa pessoa. Pode também referir-se à vinda da Consciência Crística em escala nacional ou internacional, em nossas ligações interpessoais, ou como o "milênio" prometido. Finalmente, pode significar o retorno físico e concreto de Jesus, nos céus e do modo como partiu. Nessa oportunidade, ele fará o juízo final.

Jesus prometeu estar com aqueles que por Ele chamarem, em qualquer era e local.

Ele está por toda a terra hoje? Sim, naqueles que rogam por Ele, em todos os cantos... e Ele vem novamente nos corações e almas e mentes daqueles que buscam o Seu caminho. 5749-5

Outra leitura de Cayce diz que ele não está em presença corpórea na terra, mas que "pode vir quando quiser para aquele que quiser unir-se a Ele, e pelo amor age para que isso seja possível". (5749-4) Ainda:

Existe então esse acesso, esse caminho que leva ao Trono da graça, da misericórdia, da paz, do entendimento, no teu próprio íntimo. Pois Ele prometeu encontrar-te no teu próprio templo, no teu próprio corpo, através da tua própria mente... E então ingressar no Santo dos Santos, no seio da tua própria consciência; volta-te para dentro; vê o que te tocou. E Ele prometeu encontrar-te aí. 922-1

O véu que isolava o Santo dos Santos no Templo foi simbolicamente rasgado e retirado com a morte de Jesus. Agora estamos livres para encontrar Deus – e o Mestre – no interior do nosso templo corporal. Paulo nos recorda: "Não sabeis que sois um templo de Deus e que o Espírito de Deus habita em vós?" (I Coríntios 3:16)

O capítulo 20 do Apocalipse nos diz que Satanás ou o demônio ficará preso por mil anos, durante os quais sua influência na terra não será sentida. Os eleitos de Jesus governarão a terra com ele, dessa vez; eles são chamados os da "primeira ressurreição". Depois, Satanás ficará à solta novamente pela terra, por mais algum tempo. A "segunda ressurreição" ocorrerá algum tempo depois, no juízo final, quando Satanás será expulso em definitivo.

Algumas passagens da Bíblia parecem referir-se a esse período de mil anos, ou milênio, em conexão com a Segunda Vinda de Jesus. A seguinte leitura de Cayce, aparentemente proferida por João, o Amado, também se refere ao milênio:

Q.-7: Quando Jesus, o Cristo, vier pela segunda vez, Ele vai restabelecer Seu reino na terra? Esse reino vai durar para sempre?

R.-7: Leiam as promessas Dele nas palavras que Ele proferiu e vocês anotaram, como "eu mesmo disse". Ele governará por mil anos. Então Satanás será solto por um pouco de tempo. 5749-4

Uma outra leitura acrescenta:

... por mil anos Ele andará e conversará com os homens de todos os continentes. Depois, em grupos, em multidões, e depois esses da primeira ressurreição reinarão por mil anos; pois então será a época em que virão materialmente as mudanças. 364-8

No decorrer desse milênio, haverá, aparentemente, uma nova era de amor e entendimento entre as nações e no trato das pessoas entre si. A tortuosa e enganadora influência do demônio estará ausente. Essa era parece ser caracterizada por uma volta do Mestre – ou, pelo menos, do seu espírito. O tempo todo será Ele o monarca regente – finalmente, o messias-rei.

Há outras referências bíblicas à Segunda Vinda que parecem dizer respeito à volta do Cristo no momento do juízo final, no fim deste mundo. Ele voltará nas nuvens da maneira como foi visto quando partiu. E há leituras de Cayce que falam dessa maneira:

Pois Ele virá tal como vocês O viram partir, no corpo que ocupou na Galiléia. O corpo que Ele formou, que foi crucificado na Cruz, que se levantou do túmulo, que caminhou à beira-mar, que apareceu a Simão, que apareceu a Felipe, que apareceu até mesmo para "mim, João". 5749-4

Quando será o seu regresso de fato? Embora uma leitura de Cayce indique que o ano de 1998 pode, de alguma forma, estar relacionado com a volta do

Mestre, as preleções e a Bíblia concordam que somente Deus – nem mesmo o Mestre – sabe quando Ele regressará.

Q.-10: ***Ele disse que viria de novo. E o que entender de Sua Segunda Vinda?***

R.-10: A época ninguém sabe. Como Ele mesmo disse, nem mesmo o Filho. Somente o Pai. Não enquanto Seus inimigos – e a terra – não estiverem completamente submetidos à Sua vontade, aos Seus poderes.

Q.-11: ***Estamos nós agora entrando no período de preparação para a Sua vinda?***

R.-11: Antes, entrando no período de provações. 5749-2

... como foi prometido pelos profetas e sábios de antigamente, o tempo – e a metade do tempo – tem sido, está sendo cumprido nesta época e nesta geração e... logo irá novamente aparecer na terra aquele através de quem muitos serão chamados a ir ao encontro dos que estão preparando o caminho para o Dia do Senhor na terra. O Senhor, então, virá "do mesmo modo como vocês o viram partir". 262-49

Como os essênios e outros foram necessários à preparação do nascimento do Mestre como Jesus, também é necessária uma preparação para o seu regresso. Ele virá novamente "quando aqueles que são Seus tiverem deixado o caminho livre, desimpedido". (262-49) Pois ele não pode vir enquanto não houver a súplica para que regresse. (1908-1)

O preparo para a sua volta exige expectativa e um elevado padrão de conduta individual.

Faze com que a tua vida diária seja isenta de críticas, condenações, ódio, inveja. E tal como concedes poder ao Espírito da Paz, que o Príncipe da Paz, o amor de Deus, possa manifestar-Se. 3976-23

A crônica do Mestre, portanto, não é uma coisa contida ou confinada, e não ficou concluída há 2.000 anos. Pelo contrário, está em andamento e aumentando – estendendo-se rumo à eternidade. Ele está diariamente disponível para todos os que confiam Nele. Além disso, ele também busca fazer parte do governo das nações do mundo. E virá de novo – em toda a Sua glória – para julgar este mundo. O Seu reino não terá fim e se estenderá pela vastidão do céu. Esse é um reino que ele conquistou e ao qual nos convida com um aceno, a cada um de nós.

CAPÍTULO 18

A MENSAGEM DE ANTIGAMENTE

Mas o Conselheiro, o Espírito Santo, que o Pai enviará em meu nome, esse vos ensinará tudo, e vos fará lembrar de tudo o que Eu vos disse.

(João, 14:26)

Os autores do Novo Testamento estavam preocupados com a Segunda Vinda de Jesus e não interessados nas questões da morte e do além. Eles estavam convencidos de que o Seu regresso era iminente, e isso tinha precedência sobre tudo o mais. Qual era a importância das vidas seguintes se o juízo final estava tão próximo que nem a morte física seria experimentada? Pelo mesmo motivo, não havia necessidade de se anotar os pronunciamentos e a filosofia de Jesus, pois eles poderiam ser lembrados de memória até o fim dos tempos. Afinal de contas, Jesus havia prometido a seus discípulos que eles veriam o Filho do homem voltando em Sua glória.

Foi somente quando alguns discípulos envelheceram e outros de fato sofreram a morte que o valor de se fazer um registro histórico de Jesus e seus ensinamentos tornou-se evidente. Mesmo então, os relatos não enfatizavam as doutrinas metafísicas ou a filosofia, mas só diziam como ser salvo. Os escritos estavam imbuídos de um zelo missionário que insistia na salvação pela fé. Essa mensagem era "a boa nova", ou seja, o sentido literal do termo "evangelho". Ela se centrava mais nas experiências espirituais do que numa ideologia doutrinária.

O leitor que ainda sente dificuldade para entender o conceito de vidas anteriores do Mestre, e insiste em que essa espécie de conhecimento tem de estar esclarecido nas escrituras, deve ter sempre em mente o que se acabou de esclarecer.

Deve também recordar-se de que as ocasionais declarações existentes no Novo Testamento e a história completa de Jesus e dos mistérios de Deus não poderiam ser divulgadas para o público em geral. Paulo e outros insistem em que houve uma mensagem que não foi escrita porque as pessoas ainda não estavam prontas para recebê-la.

> O homem não espiritual não aceita o que vem do Espírito de Deus, porque lhe parecem loucura, e não pode entendê-las porque elas se discernem espiritualmente. (I Coríntios 2:14)

> Quanto a mim, irmãos, eu não vos pude falar como a homens espirituais, mas tão-somente como a homens carnais, como a crianças em Cristo. Dei-vos a beber leite, não alimento sólido, pois não o podíeis suportar; e nem mesmo agora podeis [...] (I Coríntios 3:1-2)

Jesus falava também da necessidade de não divulgar o pleno conhecimento aos que não eram espiritualmente avançados. Depois de afirmar aos seus discípulos: "Aquele que tem ouvidos, que ouça", Jesus prosseguiu:

> A vós foi dado o segredo do reino de Deus; aos de fora, porém, todas estas coisas são ditas em parábolas.
> (Marcos 4:11)

E as parábolas de Jesus são justamente o estofo dos evangelhos.

O famoso teólogo Orígenes, dos primórdios da Igreja, observou que "os assuntos divinos são transmitidos aos homens de maneira relativamente secreta". Sabiamente comentou que "são tanto mais secretos quanto maior é a descrença ou o demérito do indivíduo"[1]. E depois acrescentou:

> Essa sabedoria, portanto, está escrita clara e perfeitamente em nossos corações, se nos houver sido revelada segundo a revelação do mistério, que foi mantido em segredo por longas eras, mas agora está sendo transmitido através dos escritos proféticos e do aparecimento de nosso Senhor e Salvador Jesus Cristo, a quem pertence toda a glória para todo o sempre.[2]

É essencial examinar os escritos proféticos e doutrinais da época de Jesus – que, em muitos casos, não constam da Bíblia – para assim encontrar a verdadeira filosofia básica dos primeiros cristãos, tal como a receberam de Jesus. "Não seria razoável insistir em que só são verdadeiras aquelas coisas que se podem encontrar na Bíblia, e que ninguém tem permissão para investigar mais além"[3].

Houve versões secretas de alguns evangelhos e outros livros que os primeiros autores cristãos alegavam conter significados ocultos, compreensíveis somente aos iniciados na espiritualidade. Alguns desses documentos ainda existem mas, em geral, o significado deles é dificílimo de entender. Examinamos muitos desses trabalhos, assim como textos escritos por grupos antigos que afirmavam conhecer o significado secreto e oculto das revelações de Deus ao homem. Com muita freqüência, esses documentos estão de acordo com a doutrina de Cayce a respeito das muitas vidas do Mestre. Essas fontes incluem também dados obtidos de recentes achados arqueológicos, os quais, em geral, ainda não foram combinadas às interpretações cristãs tradicionais dos evangelhos.

É absolutamente necessário que o Cristianismo reexamine suas origens e primeiras doutrinas. Esse exame deve ser feito à luz desses documentos, só recentemente localizados, e também dentro do contexto de outras fontes antigas que, no passado, foram rejeitadas como heréticas, com ou sem motivos sólidos. Como diz um especialista:

> A Igreja de hoje, ainda gemendo sob o jugo das loucuras doutrinais postuladas pelos Concílios desde o século IV, ainda não começou seus estudos teológicos, e negam-se ao leitor comum da Bíblia os comentários e as notas que o introduziriam nas interpretações essênia e judaica.[4]

Está na hora de o Cristianismo redescobrir sua mensagem de antigamente.

Num livro do início do Cristianismo, intitulado *Atos de Tomé*, o rei Misdaeus pergunta a Judas Tomé o nome de seu Mestre, e Judas responde: "Por ora, não podes ouvir o seu verdadeiro nome; mas o nome que lhe foi dado é Jesus Cristo."[5] Como vimos, a Bíblia registra conversas entre Jesus e seus discípulos quanto ao que eles e o público em geral pensavam que ele fosse ou, ainda, sobre qual eles achavam que fosse o seu verdadeiro nome. Da mesma forma como o indicam os *Atos de Tomé*, a Bíblia registra apenas o momento em que Pedro responde que Jesus era o Cristo, o filho de Deus. *O Livro Etíope de Henoc* também indica que o Filho do homem só foi revelado por Deus aos santos e eleitos. (1 Henoc 62:7) Mas Jesus usou comprovadamente certos termos e títulos para designar a si mesmo na Bíblia que, se forem examinados mais a fundo, indicam quais são os seus verdadeiros nomes, identificando-o e ligando-o a vidas anteriores.

Um desses títulos é o de "Filho do homem". Ele foi mencionado em capítulos anteriores, mas merece mais alguns comentários em vista da forte identificação de Jesus com o mesmo.

O significado hebraico de "Filho do homem" é o de membro da raça humana, mas como homem concebido por Deus e não como o homem que hoje conhecemos, no seu estado atual. Esse título é usado na Bíblia em Daniel 7:13, numa designação messiânica de "um como o Filho do homem" que irá aparecer nas nuvens perante o Ancião dos Dias e receberá seu reino eterno, abrangendo todos os povos e nações. Esse título aparece com freqüência nos livros henoquianos, os quais foram altamente prezados pelos essênios e pelos primeiros cristãos. O termo messiânico "Filho do homem" pode, na realidade, ter-se originado dos livros de Henoc, os quais, como o livro de Daniel, serviam-se desse título para referir-se a um messias vindouro. Jesus usou o título "filho do homem" oitenta e duas vezes nos evangelhos para referir-se a si mesmo. Naqueles tempos, era um termo messiânico de uso corrente e do qual Jesus se valeu abundantemente para a sua identificação. Como vimos antes, o mesmo foi usado várias vezes na história para fazer referência a Adão e Henoc.

O "Verdadeiro Mestre" ou "Mestre da Justiça" dos essênios, tão assiduamente mencionado nos seus documentos, representava o Filho do homem. Os essênios acreditavam que essa alma vinha de tempos em tempos e habitava entre os humanos "para nos chamar de volta ao nosso melhor eu, ao caminho do cuidado para com os outros, ao amor e à bondade do coração"[6]. Ele é o nosso lar e a meta que almejamos atingir. "Através dele, em espírito, alcançamos infinitas maravilhas e incomparáveis glórias."[7] Em alguns dos capítulos anteriores, vimos que esse messiânico Mestre da Justiça era identificado nos documentos essênios como Asaf e, talvez, como José. Esperava-se que ele voltasse como o messias.

O Filho do homem também era conhecido dos gnósticos e de outros grupos cristãos da época como o Homem Celestial ou Homem do Céu, que desce à terra de tempos em tempos como mero mortal para dar ao povo diretrizes espirituais. Esse título de "Homem Celestial" era outra designação para o Mestre da Justiça dos essênios, que no final dos tempos voltaria como o messias.[8]

> Quando temos acesso ao legado dos essênios, somos capazes de apreciar o que eles estavam tentando transmitir. Era pelo alto propósito de redimir o Eleito e, enfim, a terra mesma, e de incorporar os fiéis à personalidade messiânica, que o Homem Celestial, a cuja imagem Adão fora criado, encarnou-se no Verdadeiro Mestre no Final dos Tempos.[9]

Alguns dos seguidores de Jesus reconheceram o aparecimento de Adão em Jesus, e podemos observar essas concepções nos escritos de Paulo. Ele escreveu sobre o primeiro e o último Adão e ligou este a Jesus – para Paulo, o messias e verdadeiro mestre do final dos tempos.

Esse Homem Celestial, Adão Kadmon, Homem do Céu ou Homem Arquetípico, está associado à Sabedoria e é assim chamado em muitos desses textos antigos[10]. A caracterização de Hermes como a personificação da Sabedoria, analisada no capítulo sobre Hermes, também deve ser considerada.

O capítulo 8 dos Provérbios é tido como um culto à Sabedoria. Seu significado implícito e sua identificação oculta com o Homem Celestial, o messias, podem agora, no entanto, servir de material a conjecturas. É possível que esse capítulo seja de autoria de Asaf, uma encarnação do Mestre, em vista da semelhança de linguagem e estilo com os salmos de Asaf, e o fato de que Asaf foi contemporâneo de Salomão, a quem normalmente se atribui a compilação dos provérbios. Ouçamos novamente as palavras de Provérbios 8:22-31:

> O Senhor me criou no princípio de sua obra, e antes de suas obras mais antigas.
> Desde a eternidade fui estabelecida, desde o princípio, antes do começo da terra.
> Antes de haver abismos eu fui gerada, quando não existiam os mananciais carregados de águas.
> Antes que as montanhas fossem moldadas, antes das colinas, eu fui gerada;
> ele ainda não havia feito a terra com seus campos, nem sequer o princípio do pó do mundo.
> Quando assentou os céus, lá eu estava,
> quando traçava um círculo sobre a face do abismo
> quando firmava as estrelas no alto,
> quando organizava as fontes do abismo;
> quando estabelecia um limite ao mar, para que
> as águas não ultrapassassem o seu mandamento;
> quando assentava os fundamentos da terra,
> eu estava ao lado dele como um mestre-de-obras;
> e eu era o seu encanto todos os dias,
> folgando diante dele em todo o tempo,
> folgando no seu mundo inabitado
> e achando as minhas delícias com os filhos dos homens.

O excerto acima serve perfeitamente como versão poética e linda do relato feito por Edgar Cayce sobre a criação e o papel que o Mestre desempenhou na mesma.

Uma outra doutrina essênia, e dos primórdios do Cristianismo, foi a do Logos ou Verbo. O Evangelho de João começa com essa terminologia. Fílon, historiador judeu do século I d.C., escreveu sobre os essênios egípcios, conhecidos como terapeutas. De acordo com eles, esse Verbo, ou Logos, exemplifica e ilumina o caminho para todos os mortais em trânsito para que encontrem o caminho de volta a Deus e novamente se tornem Filhos de Deus. Os terapeutas – e aparentemente Fílon – acreditavam que o Verbo ou Logos fora o primogênito de Deus, o Início (Adão), e estava encarnado em Jesus. Hermes também foi chamado de "o Logos". Outro vocábulo para "logos" é "nous" ou mente. Em dois documentos gnósticos, pelo menos, Hermes também é chamado de "O Nous"[11].

Outro legado dos essênios é uma ênfase marcante no messias sacerdotal, identificado como Jesus Cristo na Epístola aos Hebreus. O elo, aqui, é traçado por meio de uma ligação com Melquisedec o qual, de acordo com Cayce, foi uma encarnação do Mestre.

Outro título significativo é o de "O Eleito". Essa foi uma designação de Deus para Henoc, assim como para o messias, no *1 Henoc*. Em Lucas 9:35, Deus diz na transfiguração: "Esse é o meu Filho, o Eleito; ouvi-o." É uma identificação possível de Jesus com Henoc, efetuada pela mais alta fonte.

Jesus deu a si mesmo o nome de "bom pastor". Essa mesma designação fora usada em documentos antigos para Hermes e para Zend.

No Antigo Testamento, o messias era chamado o "ramo", a vinha da videira de Israel. (Jeremias, 23:5) O sacerdote Jesuá foi identificado com o ramo messiânico. Jesus também usou a terminologia da videira e do ramo. Talvez porque Israel não o tenha reconhecido e confirmado como o messias, Jesus se apresentou a eles, de modo substitutivo, como "a videira". Seus discípulos tornaram-se os "ramos" (João 15:5).

O primeiro mártir cristão, Estêvão, chamou Jesus de "O Justo". (Atos 7:52) Essa designação traz à mente o título essênio messiânico de "Mestre da Justiça", bem como o nome de Melquisedec, cujo verdadeiro significado é "rei (ou Senhor) da Justiça".

Todos esses títulos e filosofias são importantes para nós porque parecem identificar Jesus com pessoas que Edgar Cayce afirmou terem sido encarnações anteriores do Mestre. Essas identificações, muitas vezes declaradas pelo próprio Mestre, não podem ser consideradas apenas como coincidências ou acidentes. O modo e o contexto como foram apresentadas endossam o conceito de que a missão completa do Mestre desenrolou-se ao longo de múltiplas vidas.

Como vimos, vários grupos acreditavam que o messias ou Jesus tinha vindo à terra em mais de uma ocasião para o nosso progresso espiritual.

Vem se tornando cada vez mais evidente, a partir dos documentos que hoje temos à disposição, que os essênios prepararam o caminho para a igreja cristã e que "ajudaram a moldar tanto o corpo como a alma da Igreja"[12]. Os primeiros cristãos – os seguidores de Jesus – eram essênios ou, no mínimo, quase-essênios, como um estudioso os denomina[13]. Podemos nos lembrar que os essênios acreditavam que a alma que seria do messias tinha vindo à terra várias vezes para a salvação da humanidade. Por exemplo, tinha sido o Mestre da Justiça da ordem.

Entre os gnósticos, que abrangiam um grande número e variedade de facções, havia cristãos que também acreditavam que a vida de Jesus não fora a primeira daquela alma. Já falamos sobre os gnósticos e os conhecemos tanto através dos olhos de seus críticos como de seus próprios textos, inclusive os recentemente localizados em Nag Hammadi, no Egito. O desaparecimento dos gnósticos ocorreu em resultado de um esforço organizado por parte da Igreja que pretendia codificar sua teologia num credo simples. Com base nos escritos gnósticos, sabemos atualmente que eles tinham acerca de Jesus muitas tradições que eram secretas e "ocultas" às massas que, no século II, tornaram-se a igreja "católica"[14]. O texto gnóstico "Testemunho da Verdade" condena os cristãos ortodoxos, que professavam o Cristianismo e falavam em nome da religião, mas não sabiam de fato quem era o Cristo[15].

Há, porém, outros grupos cristãos dos primórdios, tais como os nazarenos, os ebionitas, os elcasitas, que acreditavam nas múltiplas vidas do messias ou Cristo e cujas origens e identidades não são muito bem conhecidas. Redescobri-las será algo muito revelador.

Pouco depois da ascensão de Jesus, os apóstolos e outros que lhe tinham sido próximos estabeleceram a Igreja de Jerusalém. Ela se tornou a Igreja-Mãe do Cristianismo e foi liderada por Tiago, irmão de Jesus, até seu martírio em 62 d.C. Os que haviam fundado essa Igreja e pertenciam a ela eram judeus e conhecidos como nazarenos. Eles apregoavam muitos dos antigos costumes judaicos e, como se vê no Novo Testamento, tiveram dificuldade em adaptar-se à expansão defendida por Paulo e outros aos gentios do mar Mediterrâneo.

Depois da destruição de Jerusalém em 70 d.C., a Igreja-Mãe deslocou-se para a outra margem do rio Jordão, no distrito de Pela. Suas facções, daí em diante, foram variadamente conhecidas como os nazarenos, os ebionitas e os elcasitas. Sua crença nas múltiplas vidas do Mestre está documentada não só pelos próprios mas também por seus adversários, entre os quais incluíam-se cada vez mais os cristãos gentios. São Jerônimo diz, com desdém, a respeito dos ebionitas, no século IV d.C.:

> São esses chamados nazarenos que acreditam em Cristo, Filho de Deus, nascido da Virgem Maria, mas que, querendo ser tanto judeus como cristãos, não são nem uma coisa nem outra.[16]

Por outro lado, os ebionitas consideravam-se a verdadeira igreja-mãe do Cristianismo, os "guardiães da verdade tal como está em Jesus"[17]. Também se sugeriu a existência de ligações históricas entre esses ebionitas judeu-cristãos e os essênios de Qumram[18].

As Igrejas gentílicas de Roma e do Oriente, contudo, desenvolveram-se basicamente a partir dos ensinamentos de Paulo. Este concentrava-se totalmente na crucificação, na ressurreição e na ascensão de Jesus, não demonstrando interesse pelos detalhes da vida de Jesus ou pelo que ele tinha dito ou ensinado. Pode até ser que Paulo não tivesse tido conhecimento desses detalhes. A promulgação desses aspectos foi deixada para a Igreja de Jerusalém e seus sucessores imediatos.

À medida que as Igrejas Romana e Oriental foram se organizando melhor, começaram a simplificar sua teologia para poder ampliar seu poder de atração e acomodar os ritos e crenças religiosas das populações grega e romana que eram por ela servidas. Numerosos Concílios foram convocados nos séculos IV e V, e certas crenças da Igreja-Mãe original, dos judeu-cristãos, foram declaradas heréticas. Como vimos antes, a crença nas múltiplas vidas do Mestre foi uma delas. Essas igrejas judeu-cristãs declinaram e foram praticamente eliminadas pela maré muçulmana que em seguida se alastrou pelo Oriente Médio.

Quando analisamos os textos do início da Igreja ortodoxa, vemos que se trata de uma nova religião, obcecada pelo repúdio à "heresia". Achados arqueológicos feitos neste século permitem-nos examinar com objetividade algumas dessas crenças heréticas e compará-las com as doutrinas padronizadas e bem-conhecidas. Quando discernimos as fontes dessas supostas "heresias", percebemos que muitas delas podem ter sua origem nos apóstolos e nos discípulos que conheceram Jesus pessoalmente, e talvez até no próprio Mestre. No lugar delas foi imposta uma teologia simples, autoritária, hierárquica, fanática, promulgada cerca de duzentos anos ou mais depois da morte de Jesus. Era uma ortodoxia que enfatizava o batismo ritual, a confissão do credo da Igreja, a participação nos cultos e a obediência ao clero. Refletia medo, não só de certas facções cristãs, mas também da percepção individual íntima de Deus e da orientação interior ditada pela alma.

Nesse sentido, as Igrejas Romana e Ortodoxa Oriental, no afã de padronizar a teologia cristã, perderam alguns dos ensinamentos originais de Jesus. Eles foram mantidos pelos nazarenos, pelos ebionitas, pelos elcasitas e por outros, até que esses grupos foram relegados ao esquecimento alguns séculos depois. Os grupos em questão não se compunham de extremistas ou de fanáticos, mas de remanescentes do círculo íntimo de fiéis seguidores de Jesus. São eles que devem ter mantido os ensinamentos de Jesus – até os mistérios ocultos – na sua forma mais pura e livre de adulterações.

Uma de suas crenças mais importantes é a convicção de que o Mestre veio muitas vezes para ajudar os irmãos perdidos a voltar para o rebanho do Pai.

CAPÍTULO 19

NOSSA HERANÇA

O próprio Espírito se une ao nosso espírito para testemunhar que somos filhos de Deus. E se somos filhos, somos também herdeiros; herdeiros de Deus e co-herdeiros de Cristo, partilhando seus sofrimentos para partilhar também a sua glória.

(Romanos 8:16-17; Bíblia de Jerusalém)

Dispersas pelo passado, acariciando as folhas do tempo como uma brisa refrescante, pessoas muito mais avançadas espiritualmente que os seus contemporâneos vieram à Terra, em períodos decadentes da história humana. Essas figuras chegaram em ocasiões de grande importância, e num padrão ou esquema que insinua a interferência da sabedoria e orquestração divinas. Se se pode dizer que a humanidade progrediu espiritualmente durante essas permanências registradas na terra, e se cada um desses progressos pode ser atribuído aos esforços religiosos de mortais, então esses poucos pioneiros espirituais tiveram um papel catalisador notável na evolução espiritual da humanidade. As leituras de Cayce indicam que a alma do Mestre esteve envolvida em todos os movimentos espirituais que ensinaram que Deus é Uno.

A história do Mestre estende-se desde o Éden até o Egito, a Pérsia, a Babilônia, a Judéia – e, inclusive, até a fabulosa Atlântida. E, claro, existe a cidade de Jerusalém, em que ele viveu as mais variadas experiências: a realeza, o sacerdócio no Templo e, finalmente, a crucificação. Talvez essas experiências em Jerusalém tenham sido em si a concretização da expectativa pela vinda de um messias régio, sacerdotal, sofredor.

Há várias outras vidas do Mestre a cujo respeito podemos apenas especular. Talvez ele tenha dedicado algumas encarnações a locais que hoje conhecemos como Índia, China, Japão, Europa e Américas, mas não existem registros a esse respeito. É possível que Edgar Cayce tivesse identificado claramente essas outras áreas das vidas do Mestre se a sua audiência tivesse tido outra bagagem cultural que não a judeu-cristã. Mas podemos suspeitar que o selo do Mestre se fez imprimir em todas as verdadeiras religiões e que suas pegadas são visíveis nas areias de todas as nações.

Cada uma das vidas do Mestre serve-nos de exemplo vivo a ser seguido por nós. Amilius, o espírito. Adão, o criado. Henoc ou Hermes, o Grande sábio e Iniciado. Melquisedec, o sacerdote místico. José, chefe de Estado clemente. Josué, o fiel líder guerreiro. Asaf, o artista. Jesuá, o sacerdote e escriba. Zend, o líder espiritual. E Jesus, que amou e sofreu até o fim para chegar à condição crística. O padrão de cada uma dessas vidas do Mestre é repleto de energia e vida pelo poder de sua condição crística final.

O termo "Cristo" vem do vocábulo grego *christos*, que significa "o ungido". Por meio desse nome, os cristãos historicamente têm confessado sua crença de que Jesus foi o messias[1].

Q.1- Qual é o sentido e o significado dos termos Jesus e Cristo, para sua correta compreensão e aplicação...?

R.1- ... Jesus é o homem – a atividade, a mente, os relacionamentos que teve com os outros. Sim, Ele gostava da companhia de amigos, Ele era sociável. Era amoroso, gentil. Ficou fraco, abatido, e não obstante adquiriu a força que prometeu ao tornar-se o Cristo, ao realizar-se no mundo e superá-lo! Vocês ganham forças – de corpo, mente, alma e propósito – por meio desse poder de Cristo. O *poder*, portanto, está em Cristo. O *padrão*, em Jesus. 2533-7

A Consciência Crística é descrita em outra leitura como "a consciência, no íntimo de cada alma, impressa como padrão na mente, esperando para ser despertada pela vontade, pela consciência da união da alma com Deus". (5749-14)

Há várias questões filosóficas que preocuparam o Cristianismo ao longo da história, mas que só parecem ser respondidas por meio das vidas de Jesus e dos conceitos que isso acarreta, segundo as leituras de Edgar Cayce. Nossa herança é assim esclarecida e ganha uma significação mais nítida.

Muito tem-se debatido em torno do papel da graça na anulação dos efeitos dos nossos pecados e erros – o nosso carma. A dedução que se pode fazer das leituras de Cayce é que a graça não apaga automaticamente o pecado. Antes, o texto reconhece a iniciativa divina e o poder purificador da graça, mas condiciona sua atuação ao uso da graça ou do perdão para o bem dos outros.

Pois só se vocês perdoarem os que os culparam injustamente, que os caluniaram sem motivo, é que o doador da vida e da luz poderá perdoá-los... 3660-1

Um tema bastante próximo a esse é o da fé *versus* obras. A salvação vem através da fé ou dos atos que tivermos praticado? Um relato do Novo Testamento diz que somos salvos pela fé e "não pelas obras, para que ninguém se encha de orgulho". (Efésios 2:9) Um outro, no entanto, diz: "Assim também a fé, se não tiver obras, está morta." (Tiago 2:17) A resposta de Cayce parece ser uma combinação de ambos esses conceitos. A fé é determinada não só pelas obras que se vêem, mas mais seguramente pela motivação interior da fé e do amor, exemplificados em nossos atos de delicadeza, paciência, cooperação, tolerância, eqüanimidade e misericórdia para com nossos semelhantes. Desse modo, a salvação vem através da fé, mas a verdadeira fé é caracterizada por certas obras espirituais.

Foi Jesus um homem que se tornou Deus, ou Deus que se tornou um homem? Essa questão foi um dos principais temas debatidos no primeiro Concílio da Igreja, em Nicéia, no ano de 325 d.C. Um teólogo cristão de Alexandria, chamado Ário, alegou que Jesus foi um homem que se tornou Deus por meio de sua fé total e irrestrita aceitação da vontade divina. O Concílio dividiu-se por causa dessa questão mas, no final, terminou condenando a idéia e mandou Ário para o exílio. O Concílio de Constantinopla, em 553, ao condenar o origenismo, também abordou a polêmica de ter ou não Jesus herdado sua condição crística ao longo de vários corpos e nomes. Esse concílio, no entanto, terminou com uma certa ambigüidade ao expressar que a referida crença era heresia, a menos que a pessoa também admitisse que Deus havia Se humilhado e tornado homem. As leituras de Cayce dizem que o Mestre deixou voluntariamente sua situação ao lado de Deus e errou e sofreu, através de muitas vidas, até retornar à condição de divindade. Quando se tornou Jesus, já havia completado a volta a Deus, mas optou por terminar sua missão terrestre. Enquanto Jesus, ele foi, portanto, tanto Deus como homem.

Seremos nós mesmos deuses em processo de vir a ser? Será blasfêmia semelhante crença? Ao se defender de uma acusação de blasfêmia, Jesus, reiterando, referiu-se à sentença do Salmo do Antigo Testamento que diz "vós sois deuses". Ele também disse: "O que eu faço vós também podeis fazer" – querendo aparentemente dizer que até nós podemos alcançar a condição crística ou de divindade. A filosofia espiritual das leituras mediúnicas de Edgar Cayce baseia-se na convicção de que a humanidade, pela misericórdia divina e seguindo o exemplo ditado por Cristo, pode atingir sua condição de divindade perdida, aquele estado original de perfeição e união de propósitos entre nossa vontade e a de Deus.

A herança que o Mestre nos deixou também é de responsabilidade e dever.

Quando Jesus disse na cruz: "Tudo está consumado", queria dizer que sua missão terrestre de mostrar o caminho da superação do pecado tinha sido levada até o fim. Isso foi feito mediante o confronto com os erros pregressos e a vitória sobre eles. Essa concepção é plausível dentro de uma possível interpretação de suas palavras, a saber, "a dívida está paga". A filosofia do teólogo do século XX, Rudolph Steiner, sugere, de modo semelhante:

> Efetivamente, uma interpretação do carma [e da reencarnação] é essencial ao entendimento do que significa a doutrina cristã tradicional de que, ao passar pelo Mistério do Gólgota, Cristo redimiu o homem de seus pecados.[2]

O propósito que tinha originalmente levado o Mestre a ingressar no plano da terra estava cumprido: ele nos havia mostrado o caminho de volta à glória de Deus. A dívida terrestre, em que ele havia incorrido ao longo do caminho, também estava paga. Mas sua obra não estava concluída; foi entregue nas mãos daqueles dentre nós que ainda estamos presos à materialidade e ao plano terrestre. Enquanto a última ovelha não estiver de volta no rebanho do Pai, o trabalho do Mestre não terá terminado. Nosso desafio é completar esse trabalho da alma do Mestre que, com tanta habilidade, completou sua parte terrestre do mesmo e prometeu estar conosco para sempre.

E como vocês querem ser o canal que apressa aquele dia glorioso da vinda do Senhor, então ajam com empenho para que suas mãos consigam concretizar as maiores manifestações do amor do Pai na terra. Pois, à guarda de vocês, e aos Seus filhos e filhas, ele delegou a salvação do mundo, da alma dos homens... 262-58

O significado do nascimento e da missão de Jesus aplicam-se, por conseguinte, a cada um de nós:

Pois, quando vocês contemplam a face do amigo, do próximo, do adversário, do inimigo, estão contemplando a imagem de seu Salvador.

Pois todos vocês são Dele, comprados não só pelo nascimento do Deus-Menino na carne mas também pela morte, para que todos vocês saibam que Ele, seu irmão, Salvador, Cristo, foi e é o Caminho até o Pai neste plano material.

Pois, da mesma forma como ele escolheu entrar, também vocês entraram. Assim como Ele escolheu viver, possam vocês viver. Pois Ele escolheu dar a Si mesmo para que pudesse haver um entendimento maior, um conhecimento maior; sim, a manifestação da sabedoria de Deus, de que Deus é amor, vertido sobre os filhos dos homens, nesta sua experiência. 262-103

Finalmente, de que modo a idéia e o significado das vidas anteriores de Jesus afetam o Cristianismo convencional?

Em grande medida, não se fazem necessárias mudanças básicas no comportamento cristão. Os ingredientes essenciais do Cristianismo fundamental permanecem intactos. A salvação baseia-se no arrependimento, na fé e num total comprometimento com Deus, como ficou exemplificado pela vida de Jesus. De qualquer maneira, como as leituras de Cayce dizem respeito ao assunto da reencarnação em geral, se a concepção for espiritualmente útil, use-a; se não for, descarte-a.

Por outro lado, muitas pessoas encontram nas várias vidas de Jesus uma herança bastante positiva. Por meio de um conhecimento interior, elas reconhecem uma história praticamente perdida no Cristianismo, mas que, de fato, fez não obstante parte de crenças messiânicas antigas e mostrou-se um elemento indispensável da fé de muitos dos primeiros cristãos. Para estes, as vidas do Mestre eram uma rica e poderosa herança.

Essas pessoas percebem que a história do Cristo não está limitada à história de Jesus. Pelo contrário, está revestida de uma missão e tradição que vêm desde Adão – ou melhor, desde que Amilius foi formado em espírito —, passando por uma sucessão de figuras lendárias e importantes na história do mundo. O papel do Mestre torna-se, portanto, mais amplo e mais abrangente na sua concepção. O Cristianismo fica mais rico quando representado por um mural tão deslumbrante, por uma tapeçaria tão maravilhosamente tecida.

Para essas pessoas, nossa dívida com Jesus Cristo é muito maior do que a concebida pelo Cristianismo convencional. O sofrimento, os cuidados e o amor do Mestre foram dados livremente, não numa vida apenas, mas em muitas. Podemos realmente reconhecer na religião que ele fundou uma nova dimensão da consciência humana, cujo lema é o amor.

Sem o impacto de seus múltiplos aparecimentos, a história de Jesus é como ouvir uma orquestra tocando apenas com sua linha de percussão. A batida básica está presente, mas a harmonia, os tons e subtons e toda a beleza do conjunto da música em suas muitas partes estão ausentes. Com o conhecimento de suas vidas, começamos a ouvir o concerto completo em toda a sua glória, eloqüência e capacidade de inspiração.

Também podemos agora, com mais facilidade, identificar-nos com a vida de Jesus e discernir como ela se aplica a nós. Começamos a compreender a credibilidade da declaração de Jesus a seus seguidores de que eles – e nós – podemos fazer as coisas que ele fez – e até mais. Afinal de contas, o Mestre experimentou tudo o que pode acontecer conosco. Ele não é só Deus, cuja experiência de vida como Jesus seria sempre e essencialmente diferente da nossa. A história dele é a nossa história, é a nossa esperança. Trata-se de uma narrativa resgatada do passado que não só afirma a sua divindade como enfatiza a sua humanidade, e exemplifica o caminho de volta ao Pai.

... tal como o filho entrou na terra através de todas as eras, cujo tempo o homem mediu, houve o crescimento; esse crescimento promoveu a intenção de que o mundo, a terra e a plenitude nela existente fossem um exemplo *vivo da glória* do Filho. E *muitas* foram as imperfeições que o homem contou – e contudo em todas foi tentado, inclusive naquela experiência em que "sem pecado" Ele apresentou Seu corpo diante do Trono da graça e da misericórdia... 262-82

Tal como ele, que progrediu do erro à perfeição, também nós possamos fazer o mesmo percurso. Até mesmo o seu papel de salvador nos acena com o clímax do nosso crescimento espiritual.

... *cada uma* das almas, todas elas, *devem tornar-se, devem ser salvadoras* de alguma alma! Para inclusive *compreender* o propósito da entrada do Filho na terra: que o homem possa andar mais perto, sim, ter a porta aberta, ao próprio coração do Deus vivo! 1472-3

E como tornar-nos "salvadores" de alguma alma?

... sorria para aquele que está abatido e triste; levante o fardo daquele que julga ser o seu pesado demais, com delicadeza, carinho, clemência, paciência, misericórdia, amor fraternal. E quando você manifestar estas virtudes para o seu semelhante, os caminhos e portões que levam à glória vão abrir-se à sua frente. 272-8

Uma perfeição como a de Jesus parece excessiva enquanto não compreendemos que, como Ele, não temos de conquistar tantos atributos numa só vida. Podemos consegui-lo, como lemos no recado freqüentemente repetido nas leituras de Cayce, "um pouco aqui, outro pouco ali, linha após linha, preceito sobre preceito". Nesse processo, aprendemos a paciência da mesma forma como o Mestre a aprendeu, em suas muitas vindas.

Não obstante, a premência do tema da salvação não diminuiu de modo algum ao longo de suas múltiplas vidas. Embora o Pai nos consinta tempo suficiente para concluir nossa viagem de volta para casa, a dor e o padecimento de cometer os erros várias vezes seguidas até que sejam corrigidos ou perdoados pela graça são tão grandes que a tentação de encompridar as provações praticamente não existe.

Desse modo, as vidas do Mestre – a parte desconhecida da história de Jesus – têm a capacidade de transmitir a cada um de nós uma mensagem de esperança e de ação.

Essa é a mensagem que deve unir todas as facções do Cristianismo e juntálas num esforço único. O credo de Jesus e sua teologia são simples. Compõem-se do amor a Deus e a todas as pessoas; esses aspectos são o seu selo distintivo desde o início, e o foram ao longo de todas as suas vidas no plano terrestre.

Encontramos ... argumentos em contrário num movimento que hoje se chama de denominacionalismo, e cada qual afirma ... "Vêde, a menos que façais isto não tendes parte com Ele." "Aquele que me ama observa meus mandamentos." Quais são os mandamentos? "Não terás Deus algum além de mim" e "Ama a teu próximo como a ti mesmo". Nisso se funda toda a lei e todo o evangelho de cada era que disse "Existe UM Deus!" 364-9

O legado de suas vidas também deve levar-nos a perceber que o Mestre não está limitado unicamente ao Cristianismo. Suas vidas tocaram todas as religiões que ensinam que Deus é Uno, e por isso são parte delas. Desse modo, por essa dinâmica, somos todos reunidos no mesmo amor e no ecumenismo.

Finalmente, as vidas do Mestre constituem uma crônica que fala amorosa e pacientemente a cada um de nós. Ela se faz ouvir nas palavras e atos do Mestre que nos foram anunciados em alto e bom som. Diz ela:

> "Volta para casa.
> Volta para casa, ó peregrino, volta para casa.
> Volta para casa, para a glória preparada para ti, desde o início do tempo.
> O Criador anseia por receber-te em casa.
> Fizeste uma longa viagem, vindo de muito longe.
> Volta para casa.
> Volta para casa, pródigo, pois eu também viajei por essa estrada – e fui até a cruz.
> Volta para casa; eu já te mostrei o caminho.
> Volta para casa.
> Vem e segue-me."

E, para o fiel seguidor que responde a este chamado, o Mestre prometeu:

> Ao que vencer concederei que se assente comigo no meu trono, assim como eu também venci e me assentei com meu Pai em seu trono.
> A quem vencer, farei dele uma coluna no templo do meu Deus, e daí nunca mais sairá...
> Quem tem ouvidos, ouça [...]
> (Apocalipse, 3:21, 12 e 22; trad. de G. Lamsa)

NOTAS

Capítulo 1: **Edgar Cayce**

1. Richard H. Drummond, *Unto the Churches* (Virginia Beach: A.R.E. Press, 1978), pp. 17-18.

2. Lynn Elwell Sparrow, *Edgar Cayce and the Born Again Christian* (Virginia Beach: A.R.E. Press, 1985), pp. 45-67.

3. Hugh Schonfield, *The Essene Odyssey* (Longmead, Inglaterra: Element Books, Ltd., 1984), p. 2.

4. Sylvia Cranston e Carey Williams, *Reincarnation: A New Horizon in Science, Religion, and Society* (Nova York: Julian Press, 1984), pp. 213-214.

5. Charles F. Pfeiffer, *The Dead Sea Scrolls and the Bible* (Nova York: Weathervane Books, 1969), pp. 136 e 145.

Capítulo 2: **A história do Mestre por Edgar Cayce**

1. Hipólito, "Refutatio", vol. 10, 2, citado em *The Other Bible*, org. Willis Barnstone (San Francisco: Harper & Row, 1984), p. 636.

Capítulo 3: **Vidas Passadas?**

1. Drummond, *Unto the Churches*, p. 21.

2. Flavius Josephus, *Antiquities of the Jews*, Livro XVIII, 1, (3), trad. William Whiston (Grand Rapids: Kregel Publications, 1960), p. 376.

3. Flavius Josephus, *Wars of the Jews*, Livro II, 8, (10-11), trad. William Whiston (Grand Rapids: Kregel Publications, 1960), pp. 477-478.

4. *Ibid.*, Livro III, 8, (5), pp. 515-516.

5. James Bonwick, *Egyptian Belief and Modern Thought*, reimpressão (Indian Hills: Falcon Wing's Press, 1956), pp. 82-83.

6. Drummond, *Unto the Churches*, pp. 20-24.

7. *Ibid.*, pp. 85-88.

8. F.L. Cross e E.A. Livingstone, orgs., *The Oxford Dictionary of the Christian Church* (Londres: Oxford University Press, 1974), p. 957. E ver R. Bultman, Z.N.T.W., xxiv (1925), pp. 100-146, citado em C.H. Dodd, *The Interpretation of the Fourth Gospel* (Londres: Cambridge University Press, 1970), p. 121.

9. Dodd, *The Interpretation of the Fourth Gospel*, pp. 121-124.

10. E.S. Drower, *The Secret Adam* (Oxford: Clarendon Press, 1960), p. xiv.

11. Cross e Livingstone, *The Oxford Dictionary of the Christian Church*, p. 957.

12. Dodd, *The Interpretation of the Fourth Gospel*, p. 122.

13. Hipólito, "The Refutation of All Heresies", em *The Ante-Nicene Fathers*, 10 volumes, org. Alexander Roberts e James Donaldson (Grand Rapids: Eerdman's Publishing Co., 1965), V:47-58.

14. Joseph Head e Sylvia Cranston, orgs., *Reincarnation: An East-West Anthology* (Wheaton: Theosophical Publishing House, 1981), pp. 321-324.

15. *Ibid.*, p. 42.

16. Dodd, *The Interpretation of the Fourth Gospel*, pp. 99-100.

Capítulo 4: **Amilius**

1. *The Gospel According to Thomas*, trad. A. Guillanmont, Henri-Charles Peuch, Giles Quispel, Walter Till e Yassah Ábd el Misah (Leiden: E.J. Brill, 1959), p. 13.

2. *New Catholic Encyclopedia*, 17 volumes, edição reimpressa (Palatine, Illinois: Jack Heraty & Associates, 1981), XI: 702.

3. Edgar Evans Cayce, *Edgar Cayce on Atlantis* (Nova York: Warner Books, 1968), pp. 59-60.

4. Drower, *The Secret Adam*, pp. 21-22.

5. *Ibid.*, nota 1, p. 22.

6. Hugh Schonfield, org., *The Authentic New Testament*, nota 59, p. 309, citado em Drower, *The Secret Adam*, nota 2, p. 21.

Capítulo 5: **Adão**

1. Manly P. Hall, *An Encyclopedic Outline of Masonic, Hermetic, Qabbalistic and Rosicrutian Symbolical Philosophy* (Los Angeles: Philosophical Research Society, Inc., 1957), p. CXXVI.

2. *Encyclopedia Judaica*, 16 volumes (Jerusalém: Keter Publishing House, 1972), II: 234.

3. *Ibid.*, II: 239.

4. James H. Charlesworth, org., *The Old Testament Pseudepigrapha*, vol. I (Garden City: Doubleday & Co., 1983), p. 152.

5. *Encyclopedia Judaica*, II: 236.

6. *Ibid.*, II: 237.

7. *Ibid.*, II: 241.

8. George W.E. Nickelsburg, "Some Related Traditions in the Apocalypse of Adam, the Books of Adam and Eve and 1 Enoch", em *The Rediscovery of Gnosticism*. Vol. II, Atas da Conferência em Yale, março de 1978, org. Bentley Layton (Leiden: E.J. Brill, 1981), pp. 521-538.

9. Charlesworth, *The Old Testament Pseudepigrapha*, I: 719.

10. James H. Charlesworth, org., *The Old Testament Pseudepigrapha*, vol. II (Garden City: Doubleday & Co., 1985), p. 292.

11. Josephus, *Antiquities of the Jews*, Livro I, 2 (3), p. 27.

12. Birger A. Pearson, "Sethian Gnosticism", em *The Rediscovery of Gnosticism*, vol. II, org. Bentley Layton (Leiden: E.J. Brill, 1981), p. 493.

13. *Ibid.*, p. 495.

14. *Eugnostos the Blessed* (NHC III, 3, 81) e *The Sophia of Jesus Christ* (NHC III, 4, 105), em *The Nag Hammadi Library*, org. geral James Robinson (San Francisco: Harper & Row, 1977), p. 217.

15. *The First Book of Adam and Eve* em *The Forgotten Books of Eden*, org. Rutherford H. Platt, Jr. (Nova York: Bell Publishing Co., 1980), p. 28.

16. Hall, *An Encyclopedic Outline of* … p. CXXVII.

17. Charlesworth, *The Old Testament Pseudepigrapha*, I: 990.

18. *Ibid.*, I: 994.

19. F. Legge, *Forerunners and Rivals of Christianity*, 2 volumes (Nova York: Peter Smith, 1950), I: lxi.

20. Drower, *The Secret Adam*, pp. 92-94.

22. Carl Jung, *Psychology and Alchemy, The Collected Works of Carl Jung*, Bollingen Series XX, 20 volumes (Princeton: Princeton University Press, 1958-1970), XII: 368.

23. Drower, *The Secret Adam*, p. 102.

24. Schonfield, *The Essene Odyssey*, pp. 149-150.

25. *Encyclopedia Judaica*, II: 240.

26 Charlesworth, *The Old Testament Pseudepigrapha*, II: 252.

Capítulo 6: **Henoc**

1. Elizabeth Clare Prophet, *Forbidden Mysteries of Enoch* (Los Angeles: Summit University Press, 1983), p. 27.

2. *Ibid.*, pp. 27-30.

3. *Ibid.*, p. 32.

4. R.H. Charles, org. e trad. *The Book of Enoch* (Oxford: Clarendon Press, 1893), pp. 148-150; citado em Prophet, *Forbidden Mysteries of Enoch*, p. 19.

5. Prophet, *Forbidden Mysteries of Enoch*, p. 34.

6. *Encyclopedia Judaica*, VI:794.

7. Charlesworth, *The Old Testament Pseudepigrapha*, vol. I.

8. *Encyclopedia Judaica*, VI: 795.

9. Charlesworth, *The Old Testament Pseudepigrapha*, I: 9.

10. Nickelsburg, "Some Related Traditions in the Apocalypse of Adam, the Books of Adam and Eve, and 1 Enoch", em *The Rediscovery of Gnosticism*, vol. II, p. 537.

11. Birger A. Pearson, org. do vol., *Nag Hammadi Codices IX and X, em Nag Hammadi Studies*, org. geral James Robinson (Leiden: E.J. Brill, 1981), p. 29.

12. *Encyclopedia Judaica*, VI: 795.

13. Charlesworth, *The Old Testament Pseudepigrapha*, I: 94-96.

14. *Ibid.*, I: 223.

15. *Ibid.*, I: 229-231.

16. *Ibid.*, I: 238.

17. *Ibid.*, I: 229.

18. W.H. Church, "As Above, So Below: An Exploration of the Origins of Hermetic Philosophy", *The A.R.E. Journal*, vol. IX, nº 3 (maio de 1974), p. 91.

19. Carl Jung, *Alchemical Studies, The Collected Works of Carl Jung*, Bollingen Series XX, 20 volumes (Princeton: Princeton University Press, 1958-1970), XIII: 137 n.

20. *Encyclopedia Judaica*, VI: 794.

21. *The Second Book of Adam and Eve* em *The Forgotten Books of Eden*, org. Ruthefor H. Platt, Jr. (Nova York: Bell Publishing Co., 1980), p. 81.

Capítulo 7: **Hermes**

1. *Books of Hermes*, citados em Jessica Madigan, *The Past Lives of Jesus and Mary*, 2 volumes (Los Angeles: Mei Ling Publications, 1970), I: 11.

2. W.H. Church, *Many Happy Returns* (San Francisco: Harper & Row, 1984), p. 78.

3. Hall, *Na Encyclopedic Outline of* ..., p. XXXVII.

4. Manly P. Hall, *Twelve World Teachers* (Los Angeles: Philosophers Press, 1937), pp. 30-31.

5. *Ibid.*, p. 33.

6. *The Encyclopedia of Philosophy*, 8 volumes, org. Paul Edwards (Nova York: Macmillan Publishing Co. e The Free Press, 1972), III: 490.

7. C.H. Dodd, *Historical Tradition in the Fourth Gospel* (Cambridge: Cambridge University Press, 1965), p. 319.

8. Kurt Rudolph, *Gnosis* (Nova York: Harper & Row, 1983), pp. 131-132.

9. Dodd, *The Interpretation of the Fourth Gospel*, pp. 110-112.

10. *Ibid.*, p. 112 e nota 2, p. 125.

11. Church, "As Above, So Below", p. 100.

12. Carl Jung, *Aion*, *The Collected Works of Carl Jung*, Bollingen Series XX, 20 volumes (Princeton: Princeton University Press, 1958-1970), IX ii: 201-202.

13. Pfeiffer, *The Dead Sea Scrolls and the Bible*, pp. 140 e 143.

14. Hall, *An Encyclopedic Outline of* ... p. XLIV e Peter Tompkins, *Secrets of the Great Pyramid* (Nova York: Harper & Row, 1971), p. 218.

15. *Encyclopedia Judaica*, VIII: 372.

16. Charlesworth, *The Old Testament Pseudepigrapha*, I: 228.

17. Jung, *Alchemical Studies*, *The Collected Works of Carl Jung*, XIII: 137 n.

18. Jung, *Psychology and Alchemy*, *The Collected Works of Carl Jung*, XII: 370.

19. Hall, *Twelve World Teachers*, p. 33.

20. Hall, *An Encyclopedic Outline of*..., p. XXXVII.

21. *Ibid.*

22. *Ibid.*, p. XXXVIII.

23. Dodd, *The Interpretation of the Fourth Gospel*, pp. 30-31.

24. Hall, *An Encyclopedic Outline of*..., p. XXXIX.

25. *Ibid.*, p. XL.

26. *Ibid.*

27. Dodd, *The Interpretation of the Fourth Gospel*, pp. 33-34.

28. Robert W. Drajenke, *A Million Years to the Promised Land* (Nova York: Bantam Books, Inc., 1973), p. 71.

Capítulo 8: **Melquisedec**

1. Millar Burrows, *More Light on the Dead Sea Scrolls* (Nova York: Viking Press, 1968), p. 332.

2. *The Jerusalem Bible*, org. geral Alexander Jones (Garden City: Doubleday & Co., 1966), nota g. p. 31.

3. M. Delcor, "Melchizedek from Genesis to the Qumram Texts and the Epistle to the Hebrews", *Journal of Jewish Studies* (1971), p. 122.

4. Church, *Many Happy Returns*, p. 106.

5. *The Jewish Encyclopedia*, 12 volumes (Londres: Funk and Wagnells Co., 1904), VIII: 450.

6. *Ibid.*

7. *Encyclopedia Judaica*, II: 1289.

8. Legge, *Forerunners and Rivals of Christianity*, II: 173.

9. Charlesworth, *The Old Testament Pseudepigrapha*, II: 671 e 673.

10. *Ibid.*, II: 693.

11. Delcor, "Melchizedek from Genesis...", p. 132.

12. Charlesworth, *The Old Testament Pseudepigrapha*, I: 95.

13. W.D. Davies, "Commentary on Habakkuk 7:13", em *Christian Origins of Judaism* (Filadélfia: Westminster Press, 1962), p. 113.

14. Theodore Gaster, *The Dead Sea Scriptures in English Translation* (Nova York: Doubleday & Co., 1956), nota 3, p. 29.

15. André Dupont-Sommer, *The Jewish Sect of Qumram and the Essenes* (Bath, Inglaterra: Vallentine, Mitchell & Co., Ltd., 1956), p. 160.

16. Delcor, "Melchizedek from Genesis...", p. 124.

17. *Ibid.*, p. 250.

18. *Melchizedek* em *The Nag Hammadi Library*, org. geral James Robinson (San Francisco: Harper & Row, 1977), p. 403.

19. *Ibid.*, p. 399.

20. Pearson, org. *Nag Hammadi Codices IX and X*, pp. 28-29.

21. Thomas Sugrue, *There Is a River* (Virginia Beach: A.R.E. Press, 1984), pp. 315-316.

22. *Encyclopedia Judaica*, XI: 1290.

Capítulo 9: **José**

1. Roland DeVaux, *The Early History of Israel* (Filadélfia: Westminster Press, 1978), pp. 303-320.

2. Werner Keller, *The Bible as History* (Nova York: Bantam Books, 1982), p. 89.

3. *Encyclopedia Britannica*, 30 volumes, 15ª edição (Chicago e Londres: Encyclopedia Britannica, Inc., 1977), I: 401-403.

4. Robert Graves e Raphael Patai, *Hebrew Myths* (Nova York: Greenwich House, 1983), p. 27.

5. *Ibid.*, p. 263.

6. Josephus, *Antiquities of the Jews*, Livro I, 3, (3), p. 28.

7. *The Testaments of the Twelve Patriarchs* em *The Forgotten Books of Eden*, org. Rutherford H. Platt, Jr. (Nova York: Bell Publishing Co., 1980), pp. 259-260.

8. *Ibid.*, p. 265.

9. *Ibid.*, p. 267.

10. Charlesworth, *The Old Testament Pseudepigrapha*, II: 187.

11. *Ibid.*, pp. 188 e 196.

12. *Ibid.*, p. 470.

13. *Ibid.*, p. 191.

14. *Ibid.*, p. 197.

15. *Ibid.*, p. 226.

16. Ray Stanford, *The Fatima Prophecy* (Austin: Association for the Understanding of Man, 1972), pp. 43-50.

17. Schonfield, *The Essene Odyssey*, p. 36.

18. *Ibid.*, pp. 37-38.

19. *The Jewish Encyclopedia*, VI: 248.

20. *Ibid.*, pp. 248 e 252.

21. William Neil, *Harpers's Bible Commentary* (Nova York: Harper & Row, 1975), p. 62.

22. *Ibid.*, pp. 54-65.

Capítulo 10: **Josué**

1. David e Pat Alexander, orgs., *Eerdman's Handbook to the Bible* (Herts, Inglaterra: Lion Publishing, 1973), p. 210.

2. *Great People of the Bible and How They Lived* (Pleassantville: The Reader's Digest Association, Inc., 1974), p. 95.

3. John L. McKenzie, org., *Dictionary of the Bible* (Nova York: Macmillan Publishing Co., 1965), p. 351.

4. Alexander, *Eerdman's Handbook to the Bible* p. 210; *Great People of the Bible and How They Lived*, pp. 332-333.

5. Joan Comay e Ronald Brownrigg, *Who's Who in The Bible*, 2 volumes (Nova York: Bonanza Books, 1980), II: 172.

6. Charlesworth, *The Old Testament Pseudepigrapha*, II: 260-261.

7. Comay e Brownrigg, *Who's Who in the Bible*, II: 172.

8. Isaac Asimov, *Asimov's Guide to the Bible, The Old Testament* (Nova York: Avon Books, 1971), p. 208.

9. *Encyclopedia Judaica*, X: 271.

10. *Ibid.*, X: 267.

11. *Ibid.*

12. *Ibid.*

Capítulo 11: **Asaf**

1. Keller, *The Bible as History*, p. 96.

2. DeVaux, *The Early History of Israel*, p. 296.

3. Charlesworth, *The Old Testament Pseudepigrapha*, II: 165.

4. Schonfield, *The Essene Odyssey*, p. 51.

5. Charlesworth, *The Old Testament Pseudepigrapha*, II: 366.

6. Schonfield, *The Essene Odyssey*, pp. 8-9, 44 e 57.

7. *Ibid.*, p. 46.

8. *Ibid.*, pp. 9 e 44-45.

9. *Ibid.*, pp. 50-51.

10. *Ibid.*, p.97.

Capítulo 12: **Jesuá**

1. *Great People of the Bible...*, pp. 196-249.

2. Joan Comay, *Who's Who in the Old Testament* (Nova York: Bonanza Books, 1971), p. 207.

3. *Encyclopedia Judaica*, X: 1.

4. *Ibid.*, X: 2.

5. *Great People of the Bible...*, p. 274.

6. *Ibid.*, p.276.

7. Comentários editoriais na introdução do Livro de Zacarias, na edição New Scofield Reference da *Bíblia Sagrada* (Nova York: Oxford University Press, 1967), p. 964.
8. *Encyclopedia Judaica*, X: 2.
9. McKenzie, *Dictionary of the Bible*, p. 459.
10. Alexander, *Eerdman's Handbook to the Bible*, p. 204.
11. *Ibid.*, pp. 205-208.

Capítulo 13: **Zend**

1. Ruhi M. Afnan, *The Great Prophets* (Nova York: Philosophical Library, 1960), p. 113.
2. *Ibid.*, p. 114.
3. Hall, *Twelve World Teachers*, p. 69.
4. Afnan, *The Great Prophets*, p. 122.
5. Hall, *Twelve World Teachers*, p. 72.
6. John A. Hardon, *Religions of the World* (Garden City: Doubleday & Co., 1968), p. 206.
7. Robert O. Ballou, org., *The Portable World Bible* (Nova York: Penguin Books, 1985), pp. 179-180.
8. Afnan, *The Great Prophets*, pp. 109-110.
9. Hardon, *Religions of the World*, p. 206.
10. Hall, *Twelve World Teachers*, p. 70.
11. *Ibid.*, p. 72.
12. *Ibid.*, p. 74.
13. *Ibid.*, p. 75.
14. Hardon, *Religions of the World*, p. 207.
15. Hall, *Twelve World Teachers*, pp. 76-77.
16. Legge, *Forerunners and Rivals of Christianity*, I: xii.
17. Hardon, *Religions of the World*, p. 205.
18. *Ibid.*, p. 204.
19. Afnan, *The Great Prophets*, p. 119.
20. *Ibid.*
21. *Ibid.*, p. 122.
22. Hardon, *Religions of the World*, p. 208.
23. Ballou, *The Portable World Bible*, pp. 189-190.
24. Hardon, *Religions of the World*, p. 208.
25. *Ibid.*, p. 207.
26. Afnan, *The Great Prophets*, p. 138.
27. *Ibid.*, p. 125.
28. *Ibid.*, p. 131.
29. Jeffrey Furst, *Edgar Cayce's Story of Jesus* (Nova York: Coward-McCann, Inc., 1969), p. 98.
30. Afnan, *The Great Prophets*, pp. 125-126.
31. Joseph Gaer, *What the Great Religions Believe* (Nova York: Dodd, Mead, and Co., 1963), pp. 217 e 227.
32. Citado em Afnan, *The Great Prophets*, p. 110.
33. *Ibid.*, p. 142.

34. *Bíblia Sagrada*, edição New Scofield Reference, p. 993.
35. Drower, *The Secret Adam*, p. 92.
36. Pfeiffer, *The Dead Sea Scrolls and the Bible*, p. 142.
37. John H. Sieber, introdução a *Zostrianos*, em *The Nag Hammadi Library*, org. James Robinson (San Francisco: Harper & Row, 1977), p. 368.
38. Pearson, "Sethian Gnosticism", em *The Rediscovery of Gnosticism*, vol. II, p. 497.
39. Hall, *Twelve World Teachers*, p. 77.
40. *Ibid.*

Capítulo 14: **Jesus: A infância**

1. Anne Read, *Edgar Cayce on Jesus and His Church* (Nova York: Paperback Library, 1970), p. 11.
2. McKenzie, *Dictionary of the Bible*, pp. 758-759.
3. *Ibid.*, p. 668.
4. Schonfield, *The Essene Odyssey*, p. 75.
5. *Ibid.*
6. Legge, *Forerunners and Rivals of Christianity*, p. 155.
7. *Ibid.*, p. 156.
8. *Ibid.*, p. 712.
9. Janet Bock, *The Jesus Mystery* (Los Angeles: Aura Books, 1980), p. 2.
10. *Ibid.*
11. *Ibid.*, pp. 3 e 6.
12. *Ibid.*
13. *Ibid.*, pp. 23, 29, 47-49.
14. *Ibid.*, pp. 207-227.
15. *Ibid.*, p. 207.
16. *Ibid.*, p. 49.
17. *Ibid.*, p. 50.
18. *Ibid.*, p. 74.

Capítulo 15: **Jesus: Seu ministério**

1. Furst, *Edgar Cayce's Story of Jesus*, p. 212.

Capítulo 16: **Jesus: Sua morte e ressurreição**

1. George M. Lamsa, trad., *Holy Bible: From Ancient Eastern Manuscripts* (Filadélfia: A.J. Holman Co., 1957), p. 986.
2. John Dominic Crossan, *Four Other Gospels* (Minneapolis: Winston Press, 1985), p. 153.

Capítulo 17: **Jesus: Sua volta**

1. Pfeiffer, *The Dead Sea Scrolls and the Bible*, pp. 126-134.

Capítulo 18: **A mensagem de antigamente**

1. Orígenes, "The Scriptures Are Divinely Inspired", citado em *The Living Testament (The Essential Writings of Christianity Since the Bible)*, orgs. M. Basil Pennington, Alan Jones e Mark Booth (San Francisco: Harper & Row, 1985), p. 41.

2. *Ibid.*

3. Cranston e Williams, *Reincarnation – A New Horizon in Science, Religion, and Society*, p. 213.

4. Schonfield, *The Essene Odyssey*, p. 147.

5. Rappaport, *Myth and Legend of Ancient Israel*, Vol. III, pp. 97, 200 e 204, citado em Schonfield, *The Essene Odyssey*, p. 126.

6. Schonfield, *The Essene Odyssey*, pp. 136-137.

7. *Ibid.*

8. *Ibid.*, pp. 136-139.

9. *Ibid.*, p. 141.

10. *Ibid.*, p. 164.

11. Tratados nº 25, Códice VI e nº 23, Códice VI. Ver Jean Doresse, *The Secret Books of the Egyptian Gnostics* (Nova York: Viking Press, 1960), p. 243.

12. Dupont-Sommer, *The Jewish Sect of Qumram and the Essenes*, p. 164.

13. *Ibid.*, pp. 148-153.

14. Elaine Pagels, *The Gnostic Gospels* (Nova York: Random House, 1979), p. xix.

15. *Ibid.*, p. 103.

16. Dupont-Sommer, *The Jewish Sect of Qumram and the Essenes*, p. 158.

17. F.F. Bruce, *Peter, Stephen, James and John – Studies in Non-Pauline Christianity* (Grand Rapids: Eerdman's Publishing Co., 1979), p. 118.

18. Pfeiffer, *The Dead Sea Scrolls and the Bible*, p. 144.

Capítulo 19: **Nossa herança**

1. McKenzie, *Dictionary of the Bible*, p. 432.

2. Stewart Easton, *Man and World in the Light of Anthroposophy* (Spring Valley: The Anthroposophic Press, 1982), p. 178.

BIBLIOGRAFIA

Afnan, Ruhi M. *The Great Prophets*. Nova York: Philosophical Library, 1960.

Asimov, Isaac. *Asimov's Guide to the Bible, The Old Testament*. Nova York: Avon Books, 1971.

Ballou, Robert O., org. *The Portable World Bible*. Nova York: Penguin Books, 1985.

Bock, Janet. *The Jesus Mystery*. Los Angeles: Aura Books, 1980.

Bonwick, James. *Egyptian Belief and Modern Thought*, edição reimpressa. Indian Hills: Falcon Wing's Press, 1956.

Bruce, F.F. *Peter, Stephen, James, and John – Studies in Non-Pauline Christianity*. Grand Rapids: Eerdman's Publishing Co., 1979.

Burrows, Millar. *More Light on the Dead Sea Scrolls*. Nova York: Viking Press, 1968.

Cayce, Edgar Evans. *Edgar Cayce on Atlantis*. Nova York: Warner Books, 1968.

Charlesworth, James H., org. *The Old Testament Pseudepigrapha*, vol. I. Garden City: Doubleday & Co., 1983.

——. *The Old Testament Pseudepigrapha*, vol. II. Garden City: Doubleday & Co., 1985.

Church, W.H. "As Above, So Below: An Exploration of the Origins of Hermetic Philosophy". *The A.R.E. Journal*, vol. IX, nº 3: 91-103.

——. *Many Happy Returns*. San Francisco: Harper & Row, 1984.

Comay, Joan. *Who's Who in the Bible*. Nova York: Bonanza Books, 1971.

Comay, Joan e Brownrigg, Ronald. *Who's Who in the Bible*, vol. 2. Nova York: Bonanza Books, 1980.

Cranston, Sylvia e Williams, Carey. *Reincarnation: A New Horizon in Science, Religion, and Society*. Nova York: Julian Press, 1984.

Crossan, John Dominic. *Four Other Gospels*. Minneapolis: Winston Press, 1985.

Davies, W.D. "Commentary on Habakkuk 7:13", em *Christian Origins of Judaism*. Filadélfia: Westminster Press, 1962.

Delcor, M. "Melchizedek from Genesis to the Qumram Texts and the Epistle to the Hebrews". *Journal of Jewish Stdies* (1971).

DeVaux, Roland. *The Early History of Israel*. Filadélfia: Westminster Press, 1978.

Dictionary of the Bible. Organizado por John L. McKenzie. Nova York: Macmillan Publishing Co., 1965.

Dodd, C.H. *Historical Tradition in the Fourth Gospel*. Cambridge: Cambridge University Press, 1972.

——-. *The Interpretation of the Fourth Gospel*. Cambridge: Cambridge University Press, 1970.

Doresse, Jean. *The Secret Books of the Egyptian Gnostics*. Nova York: Viking Press, 1960.

Drower, E.S. *The Secret Adam*. Oxford: Clarendon Press, 1960.

Drummond, Richard H. *Unto the Churches*. Virginia Beach: A.R.E. Press, 1978.

Dupont-Sommer, André. *The Jewish Sect of Qumram and the Essenes*. Bath, Inglaterra: Vallentine, Mitchell & Co., 1956.

Easton, Stewart C. *Man and World in the Light of Anthroposophy*. Spring Valley: The Anthroposophic Press, 1982.

Eerdman's Handbook to the Bible. Organizado por David e Pat Alexander. Hertfordshire, Inglaterra: Lion Publishing, 1973.

Encyclopedia Britannica, 15ª edição, vol. 1. Chicago e Londres: Encyclopedia Britannica, Inc., 1977.

Encyclopedia Judaica, vols. II, VI, VII, X e XI. Jerusalém: Keter Publishing House, 1972.

The Encyclopedia of Philosophy, vol. 3. Organizado por Paul Edwards. Nova York: Macmillan Publishing Co. e The Free Press, 1972.

Eugnostos the Blessed. Em *The Nag Hammadi Library*, organizado por James Robinson. San Francisco: Harper & Row, 1977.

The First Book of Adam and Eve. Em *The Forgotten Books of Eden*, organizado por Rutherford H. Platt, Jr. Nova York: Bell Publishing Co., 1980.

Furst, Jeffrey. *Edgar Cayce's Story of Jesus*. Nova York: Coward-McCann, Inc., 1969.

Gaer, Joseph. *What the Great Religions Believe*. Nova York: Dodd, Mead and Co., 1963.

Gaster, Theodore. *The Dead Sea Scriptures in English Translation*. Garden City: Doubleday & Co., 1956.

The Gospel According To Thomas. Traduzido por A. Guillanmont Henri-Charles Peuch, Giles Quispel, Walter Till e Yassah' Abd al Masih. Leiden: E.J. Brill, 1959.

Graves, Robert e Patai, Raphael. *Hebrew Myths*. Nova York: Greenwich House, 1983.

Great People of the Bible and How They Lived. Pleasantville, Nova York: The Reader's Digest Association, Inc., 1974.

Hall, Manly P. *An Encyclopedic Outline of Masonic, Hermetic, Qabbalistic and Rosicrucian Symbolical Philosophy*, 11ª edição. Los Angeles: Philosophical Research Society, Inc., 1957.

——-. *Twelve World Teachers*. Los Angeles: Philosophers Press, 1937.

Hardon, John A. *Religions of the World*. Garden City: Doubleday & Co., 1968.

Hipólito. "Refutatio". Em *The Other Bible*. Organizado por William Barnstone. San Francisco: Harper & Row, 1984.

——. "The Refutation of All Heresies". Em *Ante-Nicene Fathers*, vol. V. Organizado por Alexander Roberts e James Donaldson. Grand Rapids: Eerdman's Publishing Co., 1965.

Holy Bible, New Scofield Reference Edition. Organizado por C.I. Scofield. Nova York: Oxford University Press, 1967.

Holy Bible, Revised Standard Version, New Oxford Annotated Bible. Organizado por Herbert G. May e Bruce M. Metzger. Nova York: Oxford University Press, 1977.

The Jerusalem Bible. Organizador geral Alexander Jones. Garden City: Doubleday & Co., 1966.

The Jewish Encyclopedia, vols. VI e VIII. Londres: Funk and Wagnalls Co., 1904.

Josephus, Flavius. *Antiquities of the Jews*. Traduzido por William Whiston. Grand Rapids: Kregel Publications, 1960.

——. *Wars of the Jews*. Traduzido por William Whiston. Grand Rapids: Kregel Publications, 1960.

Jung, Carl G. *Aion*. Em *The Collected Works of Carl G. Jung*. Bollingen Series XX, vol. 9 ii. Princeton: Princeton University Press, 1958-1970.

——. *Alchemical Studies*. Em *The Collected Works of Carl G. Jung*. Bollingen Series XX, vol. 13. Princeton; Princeton University Press, 1958-1970.

——. *Psychology and Alchemy*. Em *The Collected Works of Carl G. Jung*. Bollingen Series XX, vol. 12. Princeton; Princeton University Press, 1958-1970.

Keller, Werner. *The Bible as History*. Nova York: Bantam Books, 1982.

Krajenke, Robert W. *A Million Years to the Promised Land*. Nova York: Bantam Books, Inc., 1973.

The Last Jubilee: A Sermon; "Melchizedek Texts". Em *The Dead Sea Scriptures*. Introdução de Theodore H. Gaster. Garden City: Anchor Press/Doubleday & Co., 1976.

Legge, F. *Forerunners and Rivals of Christianity*, vols. I & II. Nova York: Peter Smith, 1950.

Madigan, Jessica. *The Past Lives of Jesus and Mary*, vol. I. Los Angeles: Mei Ling Publications, 1970.

Melchizedek. Em *The Nag Hammadi Library*, organizado por James Robinson. San Francisco: Harper & Row, 1977.

Neil, William. *Harper's Bible Commentary*. Nova York: Harper & Row, 1975.

New Catholic Encyclopedia, vol. XI. Edição reimpressa. Palatine, Illinois: Jack Heraty & Associates, 1981.

Nickelsburg, George W.E. "Some Related Traditions in the Apocalypse of Adam, the Books of Adam and Eve, and 1 Enoch". Em *The Rediscovery of Gnosticism*, vol. II. Organizado por Bentley Layton. Leiden: E.J. Brill, 1981.

Orígenes. "The Scriptures Are Divinely Inspired". Em *The Living Testament (The Essential Writings of Christianity Since the Bible)*, organizado por M. Basil Pennington, Alan Jones e Mark Booth. San Francisco: Harper & Row, 1985.

The Oxford Dictionary of the Christian Church. Organizado por F.L. Cross e E.A. Livingstone. Londres: Oxford University Press, 1974.

Pagels, Elaine. *The Gnostic Gospels*. Nova York: Random House, 1979. Publicado pela Editora Cultrix, com o título de *Os Evangelhos Gnósticos* (1990).

Pearson, Birger A. *Nag Hammadi Codices IX and X*. Em *Nag Hammadi Studies*, organizado por James Robinson. Leiden: E.J. Brill, 1981.

"Sethian Gnosticism". Em *The Rediscovery of Gnosticism*, vol. II, organizado por Bantley Layton. Leiden: E.J. Brill, 1981.

Pfeiffer, Charles F. *The Dead Sea Scrolls and the Bible*. Nova York: Weathervane Books, 1969.

Prophet, Elizabeth Clare. *Forbidden Mysteries of Enoch*. Los Angeles: Summit University Press, 1983.

Read, Anne. *Edgar Cayce on Jesus and His Church*. Nova York: Paperback Library, 1970.

Reincarnation, An East-West Anthology. Compilado por Joseph Head e Sylvia Cranston. Wheaton: Theosophical Publishing House, 1981.

Rudolph, Kurt. *Gnosis*. Nova York: Harper & Row, 1983.

Schonfield, Hugh. *The Essene Odyssey*. Longmead, Reino Unido: Element Books, Ltd., 1984.

The Second Book of Adam and Eve. Em *The Forgotten Books of Eden*, organizado por Rutherford H. Platt, Jr. Nova York: Bell Publishing Co., 1980.

Sieber, John H. Introdução a *Zostrianos* em *The Nag Hammadi Library*, organizado por James Robinson. San Francisco: Harper & Row, 1977.

The Sophia of Jesus Christ. Em *The Nag Hammadi Library*, organizado por James Robinson. San Francisco: Harper & Row, 1977.

Sparrow, Lynn Elwell. *Edgar Cayce and the Born Again Christian*. Virginia Beach: A.R.E. Press, 1985.

Stanford, Ray. *The Fatima Prophecy*. Austin: Association for the Understanding of Man, 1972.

Stearn, Jess. *The Sleeping Prophet*. Nova York: Doubleday & Co., Inc., 1967.

Sugrue, Thomas. *There Is a River*. Virginia Beach: A.R.E. Press, 1970.

The Testaments of the Twelve Patriarchs. Em *The Forgotten Books of Eden*, organizado por Rutherford H. Platt, Jr. Nova York: Bell Publishing Co., 1980.

Tompkins, Peter. *Secrets of the Great Pyramid*. Nova York: Harper & Row, 1971.

Glenn Sanderfur é advogado e ex-presidente do Federal Intermediate Credit Bank, de Louisville. Atualmente, detém o cargo de Diretor de Desenvolvimento da Association for Research and Enlightenment, Inc., onde freqüentemente dá palestras sobre reencarnação e as vidas de Jesus.

O QUE É A.R.E.?

A Association for Research and Enlightenment (A.R.E.®) é o quartel-general internacional da obra de Edgar Cayce (1877-1945), considerado o médium mais bem documentado do século XX. Fundada em 1931, a A.R.E. é uma comunidade de pessoas procedentes de todos os setores da vida e de todas as tradições espirituais, e que encontraram informações significativas nas leituras mediúnicas de Edgar Cayce, com as quais transformaram suas vidas.

Embora o edifício central da A.R.E. esteja localizado em Virginia Beach, Virginia, onde os visitantes são sempre bem-vindos, a comunidade A.R.E. é uma rede mundial de pessoas que dão conferências, realizam atividades educacionais e agremiações pelo mundo todo. Pessoas de todas as idades são convidadas a participar de programas cujos temas vão desde saúde holística, sonhos, reencarnação e PES, até a força do pensamento, meditação e espiritualidade pessoal.

Além de grupos de estudo e diversas atividades, a A.R.E. oferece outros benefícios e serviços aos seus membros: uma revista bimestral, um boletim informativo, excertos de leituras de Cayce, conferências, viagens internacionais, formação curricular em massagem, uma impressionante rede de voluntários, um acampamento para crianças e adultos em sistema de retiro, além de contatos no mundo todo. A A.R.E. também mantém intercâmbio com a Atlantic University, a qual oferece programa para a obtenção do grau de mestre em Estudos Transpessoais.

Para maiores informações sobre as atividades da A.R.E. mais próximas de você, por favor, entre em contato com:

A.R.E.
67th St. & Atlantic Ave.
P.O. Box 595
Virginia Beach, VA 23451-0595
(804) 428-3588

A.R.E. Press

A A.R.E. Press é editora e distribuidora de livros, audioteipes e vídeos que oferecem diretrizes para uma vida mais gratificante. Nossos produtos baseiam-se nos conceitos das leituras mediúnicas de Edgar Cayce, ou compatíveis com os mesmos.

Buscamos, em especial, criar produtos que divulguem a história inspiradora de pessoas que fazem uma aplicação prática do legado de Cayce.

Para obter um catálogo gratuitamente, escreva para A.R.E. Press, no endereço abaixo, ou ligue grátis para 1-800-723-1112. Para qualquer outra informação, telefone para (804)428-3588, ramal 220.

A.R.E. Press
Sixty-Eighth & Atlantic Avenue
P.O. Box 656
Virginia Beach, VA 23451-0656

O CRESCIMENTO ATRAVÉS DA CRISE PESSOAL

Harmon Hartzell Bro e *June Avis Bro*

Este livro inspirador, que se baseia na filosofia, ensinamentos e visões de Edgar Cayce, é um guia que nos ajuda a transformar as épocas de crise, de conflito e de perturbação emocional em oportunidades de crescimento espiritual. Apresentando um programa prático para pessoas que desejam fazer das pedras de tropeço degraus de desenvolvimento, os autores oferecem a garantia de que cada uma das atribulações da vida pode vir a ser uma época de crescimento duradouro.

O Crescimento Através da Crise Pessoal nos mostra como viver excitantes aventuras a partir dos inevitáveis problemas que a vida nos traz. Com ele, os problemas humanos assumem uma nova dimensão, transformando-se em oportunidades divinas para que cresçamos e nos elevemos aos níveis de desenvolvimento material e espiritual que Deus espera de nós.

Para este livro, os autores, Harmon e June Bro, são excepcionalmente bem qualificados. Em primeiro lugar, ambos conheceram Edgar Cayce e trabalharam com ele os últimos anos de sua vida, tendo alcançado, por conseguinte, uma profunda compreensão de sua abordagem e de sua filosofia. Sua longa carreira de ministros, de conselheiros e de conferencistas dedicados a temas relacionados com o desenvolvimento espiritual não se interrompeu desde então.

* * *

COLEÇÃO "EDGAR CAYCE"

SONHOS – Respostas Desta Noite para as Dúvidas de Amanhã
Mark Thurston

O CRESCIMENTO ATRAVÉS DA CRISE PESSOAL
Harmon Hartzell Bro e *June Avis Bro*

REENCARNAÇÃO – Reivindicando o seu Passado, Criando o seu Futuro
Lynn Elwell Sparrow

DESPERTANDO SEUS PODERES PSÍQUICOS
Henry Reed

EDITORA PENSAMENTO

DESPERTANDO SEUS PODERES PSÍQUICOS

Henry Reed

"Existe um momento na terra em que as pessoas, em todos os lugares, procuram saber mais a respeito da mente e da alma."

Edgar Cayce

- O que significa ter poderes psíquicos ativos?
- Qual a origem desses poderes?
- Existem maneiras seguras e efetivas de desenvolver essas capacidades?
- O que sentimos quando percebemos que somos dotados desses poderes?
- Quais são os usos positivos e práticos de nossos poderes psíquicos?

Neste livro prático e singular, o leitor encontrará respostas para essas perguntas e muito mais. Seu autor extrai do trabalho de Edgar Cayce — um homem que encarou de frente os desafios que se apresentam aos que são dotados de poderes psíquicos incomuns — toda uma riqueza e experiência a serem compartilhadas entre todos os que querem conhecer melhor suas capacidades interiores latentes.

Em *Despertando seus Poderes Psíquicos,* Henry Reed — autor conhecido por suas pesquisas sobre sonhos — analisa o trabalho de Cayce e o relaciona com o de grandes pensadores, incluindo Carl Jung, Lawrence Leshan e Rupert Sheldrake, para nos ajudar a compreender a origem e o propósito de nossos poderes psíquicos, a reconhecer nossas capacidades inatas e a desenvolver esses poderes transformando-os em energias inteligentes capazes de modificar a nossa vida.

EDITORA PENSAMENTO

REENCARNAÇÃO
Reivindicando o seu Passado, Criando o seu Futuro

Lynn Elwell Sparrow

Publicado em colaboração com a "Association for Research and Enlightenment, Inc.", que tem realizado e incentivado pesquisas sobre os escritos de Cayce desde 1931, este livro faz parte de uma série de volumes, explorando a filosofia, os ensinamentos, as visões e os métodos de Edgar Cayce — um dos mais importantes médiuns de todo o mundo.

Outrora apenas associada com religiões orientais, a reencarnação, uma das mais antigas filosofias da humanidade, está agora tendo uma aceitação muito difundida no mundo ocidental. Recentes pesquisas de opinião indicam que cerca de 50 milhões de americanos passaram a aceitar o conceito da reencarnação.

Aproveitando seu extenso conhecimento da obra de Edgar Cayce, Lynn Elwell Sparrow oferece aqui surpreendentes conhecimentos sobre a dimensão da alma, sobre a finalidade de cada período de vida e sobre o relacionamento entre almas individuais, além de propor métodos que os leitores podem usar para reconstituir e explorar suas próprias vidas passadas.

A autora oferece conselhos especiais sobre o carma e a graça como instrumentos para sanar memórias desafiantes e criar um futuro melhor, e inclui um exame da interação dessas leis universais. Ela separa a reencarnação do mundo da filosofia e da teologia e coloca-a no lugar que lhe cabe — no âmbito do crescimento pessoal e espiritual.

COLEÇÃO "EDGAR CAYCE"

SONHOS – Respostas desta Noite para as Dúvidas de Amanhã – *Mark Thurston*
O CRESCIMENTO ATRAVÉS DA CRISE PESSOAL – *Harmon Hartzell Bro* e *June Avis Bro*
REENCARNAÇÃO – Reivindicando o seu Passado, Criando o seu Futuro – *Lynn Elwell Sparrow*
DESPERTANDO SEUS PODERES PSÍQUICOS – *Henry Reed*

EDITORA PENSAMENTO

SONHOS:
Respostas desta Noite para as Dúvidas de Amanhã
Mark Thurston

Publicado em conjunto com a Association for Research and Enlightenment, Inc., que tem orientado e encorajado a pesquisa sobre os textos deixados por Edgar Cayce, desde 1931, este volume faz parte de uma série que investiga a filosofia, os ensinamentos, as visões e os métodos de Edgar Cayce.

Neste livro, Mark Thurston vai além da simples interpretação de sonhos, penetrando num plano em que eles são considerados uma fonte incomparável de ajuda na preservação da saúde, no aumento da sensibilidade, na superação de obstáculos ao crescimento pessoal e espiritual e na preparação para acontecimentos futuros. Este guia fascinante oferece conselhos relativos aos muitos tipos de sonhos que ocorrem e ensina como aperfeiçoar a capacidade de recordar os sonhos.

Em *Sonhos: Respostas desta Noite para as Dúvidas de Amanhã*, Thurston nos apresenta inúmeros exemplos de sonhos e de interpretações possíveis, além de exercícios que promovem uma melhor compreensão das experiências oníricas. Há ainda um Dicionário de Símbolos Oníricos de Edgar Cayce.

Assim, com base nas pesquisas feitas na obra desse que é um dos maiores sensitivos de todos os tempos, e em outras fontes, este livro serve de estímulo para que o leitor estabeleça uma base a partir da qual possa interpretar o significado de seus próprios sonhos.

Mark Thurston, Ph.D., tem formação acadêmica em psicologia e escreveu livros sobre meditação, profecia e espiritualidade prática.

COLEÇÃO "EDGAR CAYCE"

SONHOS - Respostas desta Noite para as Dúvidas de Amanhã - *Mark Thurston*
O CRESCIMENTO ATRAVÉS DA CRISE PESSOAL - *Harmon Hartzell Bro e June Avis Bro*
REENCARNAÇÃO - Reivindicando o seu Passado, Criando o seu Futuro - *Lynn Elwell Sparrow*
DESPERTANDO SEUS PODERES PSÍQUICOS - *Henry Reed*

EDITORA PENSAMENTO

Harpas Eternas

Josefa Rosalía Luque Alvarez
(Hilarião de Monte Nebo)

Harpas Eternas é o mais fiel relato sobre a vida do Profeta Nazareno, resultado de mais de vinte anos de pesquisa nos centros culturais da Palestina, da Síria, da Grécia, de Alexandria, de Damasco, de Antioquia e da Ásia Menor, completados pelas informações obtidas nos antigos arquivos essênios de Moab e do Líbano e nas Escolas de Sabedoria fundadas pelos mais ilustres sábios do Oriente.

É a história de Jesus de Nazaré narrada com impressionante riqueza de detalhes sobre todas as etapas da sua vida, detendo-se mais particularmente nos seguintes aspectos:

- As circunstâncias astrológicas em que se deu o seu nascimento.
- A infância em Nazaré na companhia de Maria, de José e de seus meio-irmãos.
- Sua iniciação e educação entre os essênios.
- A juventude e as viagens que fez aos centros culturais mais importantes do seu tempo.
- O quadro social e histórico em que realizou seus milagres.
- A repercussão de seus ensinamentos no ambiente político e religioso da Judéia.
- As convicções que seus contemporâneos tinham acerca de sua missão como o Messias.
- Os incidentes que resultaram na sua condenação à morte.
- Sua ressurreição e ascensão ao céu.

A grandeza do Mestre Nazareno não está fundamentada apenas no seu martírio, mas em toda a sua vida, prova grandiosa e convincente da sua doutrina, que ele construiu sobre estas duas vigas mestras: a paternidade de Deus e a fraternidade entre os homens.

Toda a sua existência foi um vivo reflexo dessas duas verdades incontestáveis, resumo de todo o seu ensinamento, que sempre transmitia a convicção profunda de que só elas podem levar a humanidade à sua perfeição e felicidade: sentir Deus como Pai é amá-Lo sobre todas as coisas; sentir-nos irmãos de todos os homens é trazer o céu à terra.

Harpas Eternas é uma obra de interesse geral pois, na expressão do psicólogo suíço C. G. Jung, queiramos ou não, somos todos cristãos.

* * *

Esta é uma obra editada em quatro volumes que podem ser adquiridos separadamente.

EDITORA PENSAMENTO

CUMES E PLANÍCIES

Os Amigos de Jesus

Josefa Rosalía Luque Alvarez
(*Hilarião de Monte Nebo*)

Harpas Eternas, a narrativa da vida terrena do Messias, que a Editora Pensamento publicou em 4 volumes, termina às margens do lago de Tiberíades, quando Jesus faz suas últimas recomendações aos seus amigos e, principalmente, aos Apóstolos, que o seguiam mais de perto.

Mas, como bem lembra o prefácio de *Cumes e Planícies*, a história não termina aí e, por múltiplas razões que seria fastidioso enumerar, os que amam o Mestre Nazareno ignoram por completo a história dos continuadores da magna obra de redenção e amor iniciada e anunciada por Jesus.

Cumes e Planícies preenche essa lacuna retomando a narrativa desde a reunião dos Apóstolos em Jerusalém, por ocasião da festa de Pentecostes, e, refazendo seus itinerários pelas principais regiões e civilizações do Mundo Antigo, acompanha-os em seu trabalho de evangelização, narrando-lhes as peripécias, as vitórias e o martírio.

As várias histórias que se entrelaçam neste livro são sempre muito ricas em detalhes e, como em *Harpas Eternas*, não se limitam a focalizar os personagens principais – os Apóstolos Pedro, Tiago, João, André, Felipe, Tomé, Bartolomeu e Mateus, Tiago, filho de Alfeu, Simão Zelote, Judas, filho de Tiago, e Matias, eleito para ocupar o lugar de Judas Iscariotes. Este, surpreendentemente, não tem o fim de que falam os Evangelhos, mas recebe o perdão pelo gesto ignóbil que levou o Messias ao Calvário e que lhe valeu a alcunha de Judas, o Traidor.

A história começa quando todos – discípulos, amigos e colaboradores do Mestre, tendo à frente os Apóstolos – , reunidos em torno de Maria, Mãe de Jesus, decidem separar-se para obedecer ao mandado do Messias: "Ide por todo o mundo, proclamai a Boa Nova a todas as criaturas."

EDITORA PENSAMENTO